VINGT CÉSARS ET TROIS PARQUES

DU MÊME AUTEUR

La Nation frein, Julliard, 1956.
La démocratie en vacances, Julliard, 1959.
La littérature à l'encan, Robert Laffont, 1968.
L'usurpation, ou le roman de Marc Aurèle, Fayard, 1979.
Plus loin avec Jean Monnet, CRE, Lausanne, 1983.
Mourir à Sélinonte, Julliard, 1984.
Douze autres Césars, Julliard, 1985.
D'or et de bronze, Julliard, 1986.
Blandine de Lyon, Julliard, 1987, Prix Méditerranée 1987.
Le Sang des Césars, Éditions de Fallois, 1989.
Marc Aurèle, Éditions de Fallois, 1989.

FRANÇOIS FONTAINE

VINGT CÉSARS ET TROIS PARQUES

Éditions de Fallois

PARIS

22, rue La Boétie, 75008 Paris

ISBN 2-87706-232-5

SOMMAIRE

AVANT-PROPOS

L'Histoire romaine a toujours accompagné attentivement les Empereurs jusqu'aux portes de la mort. Leurs derniers instants, leurs derniers mots, qu'ils fussent paisibles ou violents, prenaient une signification formidable car le César qui expire va normalement devenir dieu, ses paroles les plus ordinaires sont des messages surhumains. Si, par exception, sa mémoire va être damnée et ses statues renversées, sa voix sera l'écho des Enfers. Sans doute cette présentation théâtrale a pu rendre suspects certains récits, mais leur diversité (chacun meurt à sa manière très personnelle) est une présomption de véracité, et la variété des sources (chaque historien a fait sa propre enquête) permet des recoupements qui affinent les probabilités. Les relations qui nous sont proposées diffèrent sans se contredire et leurs auteurs rivalisent de précisions. La critique moderne peut contrôler les uns par les autres. Il demeure quelques incertitudes, mais il n'y a plus beaucoup d'espace pour l'affabulation.

La série débute par l'épisode le plus chargé de force dramatique. La mort de César est l'événement par excellence, le chef-d'œuvre des Trois Parques. Le temps en est minuté, l'espace exactement délimité. Ensuite, le modèle étant bien mis en place — on voudrait que tous les moments de l'Histoire eussent une chronique aussi exemplaire que celle des Ides de Mars —, cela devient une mode que de faire revivre la mort des Césars successifs. Aucune n'échappa au voyeurisme des contemporains et pour toutes la concurrence a réduit les risques d'imposture. On peut s'appuyer sur Suétone pour remettre en place Tacite, et réciproquement. Ils puisent aux mêmes archives mais se flattent d'avoir leurs propres témoins. Un siècle plus tard on verra pareille course à l'information entre Dion Cassius et Hérodien. À supposer qu'ils nous aient tous fait faire fausse route, d'autres chroniqueurs de secours nous remettraient sur la voie. Enfin, suprême garantie, les innombrables indices extraits du sol depuis des siècles viennent authentifier, compléter et interpréter les grandes œuvres historiques miraculeusement (bien que partiellement) sauvegardées.

Quelques énigmes subsistent, là où les clefs psychologiques ou une partie de la documentation ont été perdues. Les historiens ne s'en consolent pas. Voyons-y plutôt une chance : la recherche en est stimulée et l'imagination mise au défi. Nous reviendrons en conclusion sur ces mystères résiduels dont nos personnages ont emporté le secret dans la tombe.

Vingt Césars, les vingt premiers représentant quatre dynasties, ont eu des morts dignes de leur vie. Aucune ne fut accidentelle. Dix furent naturelles, dix criminelles, toutes furent conformes à leur personnalité. Elles illustrent parfaitement la phrase de Montaigne : « Où que notre vie finisse, elle y est toute. » Comme la fin qu'on nous promet pour l'Univers, le destin total des hommes est au bout du compte condensé en une fraction de seconde, la dernière.

CÉSAR
OU LA MORT SIDÉRALE

Le volet de la fenêtre qui donne sur le jardin est mal fermé. Un coup de vent le fait claquer et la clarté de la lune tombe sur le lit où dort Calpurnia. Dans son rêve, le bruit et l'éblouissement deviennent en un instant ceux de la foudre qui jette à terre le fronton de la maison où était enchâssée une statuette de Vénus. Elle essaye de fuir la malédiction, mais son corps est alourdi par celui de son mari qui gît sur elle, ensanglanté. Ses appels au secours se nouent en râle dans sa gorge. À ce moment, la porte de la chambre qui communique avec le péristyle paraît s'ouvrir, puis se refermer. Le grincement la réveille, mais elle n'a pas eu le temps de voir l'officier de garde inquiet venu s'assurer que les plaintes n'émanaient pas du lit voisin où dort le maître du Monde. Le volet a été tiré, et la chambre a retrouvé la faible et clignotante lueur d'une petite lampe à huile. Calpurnia respire profondément et cherche de ses mains des choses familières, la fourrure trop lourde qui couvre son lit, la table de nuit tripode où elle a posé ses bijoux et, au-delà, dans le lit jumeau, les formes chaudes de l'homme qui l'occupe. Il n'est pas mort, il se retourne lourdement sur le matelas dur comme les lits de camp où d'ordinaire il appesantit ses courts sommeils. Elle lui prend la main et la serre longuement : elle craint qu'il ne soit guetté par le malheur, elle ne peut ignorer tous les signes néfastes qui se concentrent sur sa tête.

Depuis plusieurs jours déjà elle a deviné que les femmes de sa maison parlaient entre elles de phénomènes extraordinaires qui troublent la nature, tels la naissance d'animaux sans tête, l'apparition dans le ciel de combattants de feu et surtout le comportement sinistre des chevaux de l'armée consacrés après le passage du Rubicon : ne les voit-on pas dans leur paisible retraite s'abstenir tous ensemble de paître et verser des flots de larmes ? Ces récits donnent au rêve de Calpurnia une valeur de prescience, mais peut-être n'y attacherait-elle pas crédit s'ils ne concordaient avec d'autres signes beaucoup plus ordinaires ceux-là, qu'elle capte avec sa très fine intuition politique : César est devenu la cible de tous les comploteurs qui peuplent la République et qui se cachent à peine de vouloir arrêter son ascension vers les cimes. Jusqu'où ne seront-ils pas égarés par leurs peurs, leurs jalousies, leurs ingratitudes ? Elle étreint plus fort la main du dormeur qu'elle ne peut protéger qu'à son insu. Debout, il se moquerait de ses craintes — en réalité, il est lui-même superstitieux au point de ne pouvoir accepter qu'on mette en doute sa chance miraculeuse. Par défi il a congédié, il y a quelques mois, sa garde rapprochée qu'il avait ramenée d'Espagne, il se contente de l'escorte d'appariteurs civils qui lui ménagent un chemin dans les foules trop enthousiastes.

Calpurnia est depuis quinze ans la sage compagne d'un homme démesuré. Elle lui est secrètement indispensable, il la trompe ouvertement, mais elle sait qu'il met plus de vanité, de provocations calculées que de sensualité dans ses conquêtes féminines. N'a-t-elle pas elle-même représenté pour lui naguère autant un désir du moment qu'une opération politique réussie ? Son père était un personnage très influent de la République et elle une belle héritière convoitée. Un César purement cynique eût pu l'abandonner après usage, mais elle sut capter le César humain et fidèle qui coexistait avec l'autre, avec plusieurs autres d'ailleurs dans le même être polymorphe. Qu'il en vienne aussi à être polygame est un nouveau problème plus inquiétant pour elle. Le bruit court depuis quelque temps, elle n'a pu l'ignorer, que César épouserait bientôt Cléopâtre en Orient où il partait dans trois jours pour combattre les Parthes. Là bas il serait Roi des provinces perses qui entreraient dans le domaine de Rome avec le royaume de l'Égyptienne. Elle sait qu'on dit n'importe quoi en ce moment, qu'il règne un climat délétère dans les couloirs du Sénat et sous les portiques du Forum, mais les rumeurs insistantes qui pénètrent jusque dans les cuisines commencent à la troubler. Elle se demande si César ne se laisse pas aller depuis quelque temps à cette paranoïa dont tout le monde le soupçonne, bien qu'elle l'ait, elle, toujours vu maître de lui au plus fort de son ambition. Sa parfaite santé morale serait-elle en train de s'altérer dans sa cinquantaine finissante ?

Elle a peine à croire que ce soit Cléopâtre qui dérange l'équilibre du grand homme. Cette fille, même dans l'éclat de ses vingt-deux ans et les décors fastueux de l'Égypte, n'a encore jamais capté sérieusement la volonté de ses amants. S'il l'avait fait venir à Rome et installée depuis deux ans dans sa belle résidence de la rive droite du Tibre, c'était autant pour jouir d'elle commodément que pour assurer la tutelle romaine sur l'Égypte. D'ailleurs il était bientôt reparti guerroyer en Espagne, ce qui permet à Calpurnia de douter que l'enfant dont Cléopâtre est actuellement enceinte soit des œuvres de César — il manquerait quelques mois au calendrier. Et puis il y a longtemps que César est en peine de paternité, Calpurnia et ses très nombreuses rivales sont arrivées à la même conclusion. Non, ce n'est pas une emprise de l'Égyptienne qu'elle craint, mais un emballement des rêves de puissance d'un conquérant de plus en plus insatiable et pressé qui a sans doute besoin d'une reine dans son jeu. Pour la première fois elle a peur de César — elle a souvent eu peur pour lui, mais maintenant elle a peur aussi pour elle. Elle ne supporterait pas d'être répudiée, ni même d'être rangée en seconde catégorie, épouse républicaine ici, derrière une épouse royale en Orient. Si telle était l'intention secrète de César, comme certains l'insinuent, alors elle pourrait comprendre la sourde opposition qui chemine dans les milieux politiques romains. Mais elle ne veut pas laisser sa pensée aller plus loin sur cette pente sacrilège. Son rôle est de déjouer les pièges que tendent à César ses adversaires potentiels, pas d'entrer dans leur jeu, même si....

César s'agite et prononce des mots en grec, langue des nourrices et des précepteurs de son enfance achetés sur les marchés de Corinthe ou de Smyrne. Son inconscient est peuplé d'expressions et de mythes venus des provinces orientales, sources de l'imaginaire onirique des Romains cultivés. Le rêve qu'il fait en ce moment semble le tirer vers le haut, il essaie de se redresser mais retombe en gémissant. Elle veut relâcher la main qu'elle tient, mais c'est lui qui s'accroche alors à la sienne et la serre fortement. Elle croit entendre qu'il parle de Zeus. Puis il s'enfonce à nouveau dans un sommeil lourd. Elle ne pourra plus dormir. Elle sait maintenant que le matin qui commence, celui des Ides de Mars[1],

1. 15 mars 44 avant J.-C.

sera celui de tous les périls. Elle se reproche d'avoir renvoyé un peu rudement, il y a quelques jours, l'haruspice du Sénat, Spurinna, qui était venu mettre en garde César contre les signes néfastes dont étaient chargées ces Ides. Ce devin, comme tous les gens de son espèce, doit savoir plus de choses qu'il n'en lit dans le foie des animaux. Il a probablement observé les manœuvres qui se développent au sein des groupes influents de la Curie, où l'on retrouve les anciens partisans de Pompée irréconciliables, et les amis insatisfaits, les uns et les autres se liguant au gré de leurs espérances ou de leurs déceptions contre le vent de réformes qui balaye le vieux Forum romain. Peut-être Calpurnia aurait-elle pu tirer quelques informations du vieux Spurinna, mais elle se souciait surtout ce jour-là de protéger la tranquillité de César.

C'était son rôle. Elle aime cet homme à qui tout était possible, qui s'est servi de tous les autres, de toutes les autres, et qui lui est toujours revenu au terme de ses aventures. Elle ne se connaît qu'une rivale, Servilia, qui a été la maîtresse de César il y a trente ans et dont il ne s'est jamais tout à fait détaché. Elle déteste cette autre patricienne, demi-sœur de Caton, égérie du parti républicain, qui a élevé son fils dans le culte d'un grand ancêtre plus ou moins mythique, le régicide Brutus. Que le jeune Junius Brutus fût né de la longue liaison de sa mère avec César, le bruit en a couru naguère, mais là encore les dates et la physiologie rendaient improbable cette filiation. Ce dont Calpurnia est jalouse, c'est moins des charmes de Servilia, âgée aujourd'hui de cinquante-quatre ans, que de l'influence qu'elle exerce à Rome sur les milieux soi-disant démocratiques que César espère toujours utiliser dans ses plans de domination. C'est une erreur, pense-t-elle. Brutus, comme tous ceux qui sont passés par le camp de Pompée, ne sera jamais sûr. Le pardon, les honneurs, la promesse du consulat ne désarmeront pas ce fanatique des idées fumeuses de liberté dont l'oligarchie régnante a besoin pour perpétuer son influence. Sur les ambiguïtés malsaines de la situation politique à Rome, d'où César a décidé de s'éloigner pour au moins deux années, Calpurnia porte le même jugement pessimiste que son père, le proconsul Piso. Mais celui-ci ne souhaite pas intervenir dans les problèmes de son gendre. Il a pris par rapport aux choses du pouvoir une distance aristocratique et se consacre de plus en plus aux lettres. Seule avec son angoisse, la jeune femme se prépare à lutter dès la première heure des Ides contre le sort et, s'il le faut, contre le grand César.

Cette première heure[1] arrive, annoncée par la toute première clarté — le cycle des heures débute au lever effectif du Soleil sur lequel il faut régler les horloges. Cette clarté filtre aux jointures des volets, mais déjà César est debout, il a un cadran solaire dans la tête. Il va, comme chaque matin, après ses cinq heures de sommeil, appeler ses secrétaires. Calpurnia le voit se diriger vers la porte puis chanceler et tomber sur le tapis. Cet instant, qu'elle a déjà vécu plusieurs fois, qui n'a jamais été qu'une brève peur, mais qui doit être un jour fatal, son rêve l'annonçait sans aucun doute. De même qu'il n'a pas poussé un cri, elle est penchée sur lui en silence : ces accidents sont des secrets d'État auxquels il faut toujours être prêt dans la maison de César. Il respire, il est très pâle, il n'a pas le visage révulsé, ce n'est donc pas le mal sacré dont le peuple le croit atteint, c'est encore un de ces brusques vertiges qui le saisissent sans avertissement et qui l'inquiètent au point qu'il a fait placer un bourrelet sous les lauriers dont il est couronné lors de ses sorties publiques. Il va se relever lentement, Calpurnia l'aide sans prononcer un mot — elle seule a le droit de le voir faible et humilié. Mais maintenant elle est bien décidée à agir. Elle pose le manteau rouge brodé d'or sur les épaules de l'*Imperator*. C'est là tout l'habillage du matin pour un Romain qui a dormi avec sa tunique de jour. Il entre dans l'atrium où se pressent depuis l'aube ses officiers, ses amis intimes et ses secrétaires, une petite foule qu'il salue d'un geste affectueux. Il aime ces hommes qui collaborent à ses plans — mais quels autres, à Rome, ne sont pas préposés eux aussi à la gloire de César ? Il travaille à mériter l'unanimité indispensable à l'accomplissement d'un destin dont lui seul semble connaître le sens et les limites. Cependant il s'impatiente maintenant parce qu'il sent et est informé que certains, comme Cicéron, pensent qu'il n'y a décidément ni sens, ni limite à ses ambitions

Or il a au moins deux programmes en tête chaque matin, celui pour la journée et celui pour l'éternité. Chacun doit rentrer dans

1. 7 heures 30.

l'autre et c'est un minutieux ordre de bataille qu'il dicte à trois secrétaires, s'interrompant pour questionner l'un ou l'autre des assistants. Il est assis dans un haut fauteuil doré autour duquel s'affairent un barbier et ses aides, un manucure et un bottier qui lui lace ses *calcei* montants de cuir rouge. On lui apporte ensuite une table servie de pain, de fromage, de raisins et d'eau. Il se contente de boire. Il a trop mangé la veille dans le dîner offert par son ami Lépide, le maître de la cavalerie, ce personnage immensément riche et d'une puissance politique qui le dispute au consul Marc Antoine. Peut-être a-t-il commis là un excès alimentaire qui expliquerait sa nuit agitée et son vertige du lever. Ceux qui le connaissent bien devinent qu'il est préoccupé. La deuxième heure est commencée quand il se dirige vers le *tabularium*, le bureau-bibliothèque des appartements privés, où se trouvent Calpurnia et Antoine. Il est toujours réconforté par la vue de ce personnage à la carrure puissante, qui le suit depuis les Gaules et dont il a fait son plus sûr lieutenant. Il aime l'avoir près de lui mais il le laissera sans doute à Rome pour contrôler ses pairs, patriciens instables que Marc domine par le caractère sinon par l'intelligence. Aux approches de la quarantaine, c'est une force de la nature, viveur, buveur, joueur, généreux et loyal, à César tout au moins. Celui-ci en entrant dans la pièce a compris qu'ils conspiraient à son bien, et cela ne lui déplaît pas. Antoine se dit préoccupé par le rêve que Calpurnia vient de lui raconter et qui s'accorde avec les étrangetés de la nuit et plusieurs autres présages. César affecte de ne pas s'en inquiéter et se flatte au contraire d'avoir rêvé que, volant dans le ciel, il serrait cordialement la main de Zeus. Cette révélation bouleverse Calpurnia car c'est sa main à elle qu'il serrait et elle comprend que Zeus lui signifiait à travers elle qu'il devrait quitter la Terre. Elle se tait mais ne peut dominer son angoisse et tombe en larmes aux pieds de son mari qu'elle supplie de rester à la maison aujourd'hui. Cette maison n'est-elle pas sous la protection du petit temple de Vesta, qu'on voit par la fenêtre, et contiguë à celle des Vestales, qui est sacrée ? Lui-même n'habite-t-il pas ici en sa qualité de Grand Pontife une demeure de fonction inviolable ?

César est troublé. Il n'a jamais vu Calpurnia dans cet état, elle est la femme la moins superstitieuse de son entourage. Il consulte du regard Antoine qui, peu rassuré lui-même, suggère qu'on prenne sur place de nouveaux auspices. L'affaire en vaut la peine puisque la journée s'annonce difficile en tout état de cause : César doit faire au Sénat une communication d'une extrême importance dont Antoine, son collègue au consulat, vient ici régler les derniers détails. Mais encore faudrait-il que l'un et l'autre soient bien d'accord sur le sens de cette communication. Or Antoine commence à se demander si César ne lui a pas dissimulé une partie de ses intentions : veut-il oui ou non qu'on lui décerne dès aujourd'hui le titre de Roi, ou laissera-t-il subsister l'ambiguïté jusqu'à son triomphe sur les Parthes ? S'il pousse le Sénat dans ses retranchements, il prend inutilement le risque d'un conflit constitutionnel car on ne peut plus douter qu'une très forte opposition à ce projet est en train de se lever dans la Curie et même dans une partie de l'opinion publique. La mise en scène des Lupercales, le mois dernier, n'aurait dû lui laisser aucun doute à ce sujet. Or il n'est pas évident qu'il a tiré de cette expérience plus ou moins réussie les mêmes leçons qu'Antoine qui en a gardé, lui, un très mauvais souvenir. Que s'était-il passé ce jour-là ?

C'était au milieu de février, le lendemain du jour où le Sénat lui avait décerné le titre sans précédent de « dictateur perpétuel ». On célébrait sur le Forum le rite immémorial des Luperques, ces hommes-loups qui, dès avant la naissance de Rome, couraient ici même en fustigeant les femmes pour les préserver de la stérilité. César présidait, sur son trône d'or surélevé au pied de la tribune aux harangues, la course joyeuse des dignitaires de la secte dont Antoine était le grand prêtre. Devant la foule enthousiaste, le beau Luperque d'un jour exhibait sa nudité en frappant sur son passage les Romaines avec une lanière de cuir velu. En passant devant César, il se hissa sur l'estrade officielle, saisit une couronne de laurier ornée d'une bande d'étoffe blanche qui se trouvait par là non par hasard, et la posa sur la tête de César. Cette chose et ce geste tout simples avaient une portée symbolique formidable : c'était le diadème des rois d'Orient qui couronnait un Romain, réincarnation pour un instant des Tarquins maudits. Dans la foule, les applaudissements se mêlaient aux huées. L'épreuve n'était pas concluante — car il s'agissait bien là d'un sondage auquel Antoine, avec l'accord de César, s'essayait auprès de l'opinion. César enleva alors le diadème d'un air négligent, mais Antoine crut bon — peut-être était-ce aussi convenu — de le ramasser et de le remettre sur la tête chauve de César. Alors les protestations se firent plus fortes et plus amples que les applaudissements des premiers rangs officiels, et César comprenant le message populaire rejeta avec impatience l'insigne royal et ordonna qu'on le portât sur la statue de Jupiter. Une ovation salua son geste qui semblait mettre fin à une incertitude entretenue depuis quelque temps par ses amis comme par ses ennemis, car le problème avait bel et bien été posé.

Antoine soupçonne maintenant César de l'avoir joué tout au long de cette affaire et de se préparer, avec la complicité du doyen du Sénat, à remettre à l'ordre du jour tout à l'heure son projet de royauté. Des symptômes de mégalomanie s'accentuent dans son comportement. Ainsi avait-il besoin de faire transformer en viager le titre par nature temporaire de dictateur qu'on venait de lui prolonger pour dix ans, honneur déjà très exceptionnel ? Il était évident qu'il sollicitait des privilèges démesurés pour mieux affecter de les mépriser tout en les acceptant. Plus grave encore : aux sénateurs qui lui en apportaient les marques sur le Forum, il y a quelques semaines, il avait infligé la suprême humiliation de ne pas se lever pour les accueillir. Comme les gens murmuraient, il rentra aussitôt chez lui, et retirant avec colère son écharpe de son cou, il cria : « Qu'ils me frappent là si cela les amuse ! » Mais il chargea Antoine d'aller expliquer que s'il ne s'était pas levé, c'est parce qu'il avait la colique. Ces humeurs contrastées sont assurément celles d'un homme perturbé, cela se sent si bien que ses adversaires vont en profiter pour le pousser à bout. Il vaut donc mieux qu'il n'aille pas aujourd'hui s'exposer à leurs coups. Antoine va commander aux haruspices de la Regia — c'est le nom de la résidence officielle où est domicilié César — de consulter les viscères des poulets sacrés.

L'opération prend du temps. César tourne en rond, dictant lettre sur lettre. Son esprit est déjà de l'autre côté de la mer, en Macédoine où sont rassemblées les légions qu'il ira rejoindre dans trois jours et dont il communique l'ordre de marche à son neveu Octave, son nouvel homme de confiance, envoyé en éclaireur. Calpurnia entre et sort nerveusement, tout le monde sait maintenant dans la maison que le programme de la journée est remis en question alors que le Sénat est déjà réuni. Elle apprend que, hier soir au dîner chez Lépide, la conversation étant venue sur la mort, on s'interrogeait sur la plus souhaitable et César, qui signait son courrier tout en mangeant, répondit négligemment : « La plus soudaine et la plus inattendue. » Encore un présage sinistre. La troisième heure est passée[1] lorsqu'Antoine et Calpurnia reviennent avec la réponse des augures : un des poulets n'avait pas de cœur, il ne faut absolument pas sortir ce matin. César les soupçonne d'avoir influencé les sacrificateurs, ils lui jurent que non, mais au fond il est assez disposé à suivre leur conseil. Il n'est plus tout à fait l'homme qui jouait son destin en défiant imprudemment le sort, comme sur le Rubicon, ou même comme à Pharsale et Alexandrie, quatre ans plus tôt seulement. On dirait qu'il s'inquiète d'avoir, à force de triompher, usé son capital de chance. En tout cas, s'il doit encore prendre de grands risques, que ce soit pour de grandes causes, et pas pour des problèmes de protocole avec ces personnages du Sénat dont il ne se sent plus l'obligé. Il est déjà loin d'eux. Ce n'est pas qu'il regrette de leur avoir consacré tant d'années, puisqu'il fallait en passer par eux pour s'élever au-dessus d'eux et pour dominer les Provinces dans lesquelles ils se sont taillé d'abusives prébendes. D'une façon générale il ne regrette jamais rien de ce qui a constitué son destin. Simplement il n'a plus de temps à perdre désormais avec le passé, si nécessaire ait-il été à l'accomplissement de l'avenir, cet avenir qu'il a toujours inventé en avançant.

Il n'a pas la vision d'ensemble de l'œuvre qui l'attend encore, sinon qu'elle occupera à la fois tout l'espace connu des Romains et celui qu'il découvrira pour eux dans sa marche vers l'est. Comment organisera-t-il cet espace, il ne le sait pas mieux qu'Alexandre n'avait imaginé le gouvernement du monde lorsqu'il ramassait un à un les vieux Empires d'Orient. Ce ne sont assurément pas les consuls et les sénateurs qu'il va laisser ici dans leur agitation politicienne qui contrôleront le domaine dont il fera cadeau à Rome. Mais parmi ce collectif de neuf cents hommes, qui viennent de lui jurer fidélité, il dégagera quelques grands administrateurs qu'il placera auprès des rois daces, parthes, scythes et germains, bientôt soumis à sa domination. D'où gouvernera-t-il cet Empire vraiment universel ? Quelle Constitution lui donnera-t-il ? À qui le léguera-t-il ? Il ne veut même pas y penser. Pour le moment, il ne conçoit clairement que la conquête, il n'est

1. 9 heures.

sûr que de la victoire de ses légions, la stratégie est son affaire. Il sait déjà comment il écrasera, en passant, les Daces qui sur le bas-Danube gênent les communications terrestres avec l'Orient. Il a prévu dans tous les détails la campagne parthe après avoir tiré les enseignements des folles erreurs de Crassus, cet incapable, qu'il est censé aller venger. Il s'enfoncera jusqu'au cœur de l'Iran, puis il reviendra par les plaines scythes, au nord de la mer Noire, et prendra à revers la Germanie qu'il n'a pas eu le temps de conquérir en profondeur depuis ses victoires sur le Rhin.

Il n'est pas conscient de faire un rêve fou, il craint moins l'inconnu immense que l'enfermement dans une Rome dont les structures municipales ne sont plus à la mesure de ses responsabilités mondiales. S'il ne veut pas rester le second dans son siècle il doit faire oublier la gloire de Pompée qu'il n'a tout de même pas vaincu pour rien. Il est d'autant plus impatient d'aller au Sénat qu'aujourd'hui c'est dans le superbe théâtre de Pompée, transformé provisoirement en Curie pendant qu'on répare l'ancienne sur le Forum, que se tient la séance ouverte depuis bientôt trois heures pour l'entendre. Il déclare tout à coup qu'il va s'y rendre et commande sa litière. Mais ses amis alertés par Calpurnia se pressent autour de lui, s'accrochent à son manteau, le supplient, il ne peut physiquement avancer. Les officiers de son escorte sont les plus insistants. Il cède enfin et demande à Antoine d'aller dire au Sénat que ses médecins le retiennent ce matin à la maison.

La Regia s'élève sur le bord de la via Sacra qui conduit à travers le vieux Forum au Champ de Mars et au théâtre de Pompée derrière la colline du Capitole. Antoine croise sans le voir dans la foule son collègue Brutus Albinus qui est envoyé par un groupe d'amis sénateurs inquiets du long retard de César. Ce personnage a fait une brillante carrière auprès du conquérant des Gaules qui lui a confié le gouvernement de ces provinces et vient de lui promettre le consulat. Bien plus, il passe pour figurer en second rang sur le testament politique que le dictateur a déposé depuis un an chez les Vestales. Le message qu'il apporte est clair : il faut absolument que César, s'il n'est pas sérieusement malade, se présente devant le Sénat, ne fût-ce que pour lever aussitôt la séance et fixer une nouvelle date. Sinon, les bruits les plus extravagants, par exemple le prochain transfert de la Capitale à Alexandrie, continueront à s'enfler. Il trouve César debout qui lui explique que les poulets n'ont pas de cœur et que Calpurnia a fait de mauvais rêves. Alors il éclate de rire et lance un appel pressant au bon sens de son ami qui ne va pas, pour la première fois de sa vie, faire passer le devoir d'État après les fantasmes d'une épouse trop aimante. Il place les licteurs porteurs de faisceaux de la République devant la litière et prend affectueusement le bras de César pour l'y conduire. Calpurnia, absente un instant, n'a pu intervenir. César est bien soulagé. La haute et confortable litière portée sur les épaules de six hommes s'engage sur la via Sacra, avec son cortège de dignitaires civils et militaires, et elle est bientôt entourée d'une foule de citoyens, comme il est de coutume. Le dictateur est à peine protégé, du moins en apparence. Des secrétaires sténographes marchent à sa hauteur et notent ses instructions. La quatrième heure est passée.

Les encombrements rendent la progression très lente. Il n'est pas question de faire dégager le chemin par la police municipale, encore moins d'encadrer le cortège par une garde militaire. Les sénateurs ont décrété qu'ils se feraient eux-mêmes, sur leur propre vie, les protecteurs du plus illustre d'entre eux. S'il y a un roi à Rome, c'est le citoyen. Il vote très souvent, directement ou indirectement, pour l'élection des magistrats. On le réunit sur le Forum ancien ou sur le nouveau, celui de César qu'on finit de construire à droite, ou encore dans de très grands bâtiments publics, les basiliques, celle de César, la Julia, à gauche, et plus loin sur la plaine du Champ de Mars, les Saepta Julia. Il y a beaucoup d'édifices Juliens ici, parce que César se veut lui-même le fondateur de l'urbanisme romain. Il a ouvert des chantiers gigantesques, aussi ne peut-il pas se plaindre d'être retardé par les travaux qui gênent son itinéraire : à la place des terrains éventrés il retrouvera dans trois ans le haut ensemble monumental dont il a établi les plans avec son architecte, Pomponius. Ces plans visent à désenclaver le Forum actuel que les collines du Capitole et du Quirinal séparent du Champ de Mars, seul espace propice au développement urbain. Rome étouffe dans son Pomerium — ses limites sacrées —, il faut, tout en conservant la ceinture d'espaces verts qui oxygènent la ville surpeuplée, redistribuer les quartiers d'habitation et d'intérêt public. Des procédures d'expropriation sont en cours, des zones entières sont rasées. César dicte : « Où en sont les travaux d'ouverture de la tranchée entre Capitole et Quirinal ? Faire un devis pour le détournement du Tibre de l'autre côté de la plaine du Vatican qui s'intégrera au Champ de Mars, etc. »

Un homme a réussi à se glisser le long de la litière, il n'est pas menaçant, il a les mains en l'air, et dans l'une un papier. Il le tend à César : « Artemidore te supplie de lire cela. » Artemidore de Cnide est un rhéteur bien connu de César qui l'estime et accueille souvent ses requêtes. Mais il a déjà reçu des papiers de ce genre sur son chemin et il va passer celui-ci comme les autres à un secrétaire, quand l'homme insiste : « Lis, lis, c'est très important pour toi. » César garde le papier dans la main, et attend d'avoir fini de dicter. La litière est engagée dans un étroit passage, le vicus Argentarius, qui monte et redescend entre les boutiques des changeurs la crête qu'on va araser. On entre dans le Champ de Mars, terrain traditionnel des exercices militaires, et de plus en plus lieu de promenades, de cultes religieux et de théâtres. Celui de Pompée est un magnifique ensemble de deux hectares bordés de galeries couvertes. À une extrémité, la salle de spectacle de dix-sept mille places, en gradins, où répète en ce moment la célèbre troupe des gladiateurs entretenue par Brutus Albinus. À l'autre extrémité, une salle moins grande mais apte à contenir les neuf cents sénateurs convoqués ce matin. Elle est assez haute pour abriter une statue géante de Pompée nu et tenant un globe dans une main.

César se doit d'apparaître fatigué à ces gens qu'il a fait patienter et qu'il va congédier, et il l'est en effet. Dans cette foule en toge où chacun se pousse pour être vu de lui, combien l'ont accompagné dans toutes les étapes de sa longue et difficile ascension ? Il a cinquante-sept ans et il attend depuis près de quarante ans ce pouvoir total qu'il a ambitionné dès son adolescence, et qui s'est inscrit dans son destin le jour immémorial où Vénus a engendré sa race à travers Énée. Ce pouvoir qu'il a mille fois mérité par ses actions, il va falloir malgré tout faire semblant de le demander une fois encore, la dernière, à ces personnages qui l'ont trop longtemps retardé dans leurs petites chicanes... Combien d'entre eux étaient en Grèce, à Pharsale dans le camp de Pompée, combien en Afrique à Thapsus avec Caton, combien en Espagne, à Munda, avec les débris du parti soi-disant républicain ? Il a amnistié tous les survivants, jamais dans l'Histoire le vainqueur d'une guerre fratricide n'a fait preuve d'une telle clémence. On n'a voulu voir là qu'un calcul intelligent, et pourquoi ne pas le dire, cynique.

N'a-t-il pas permis qu'on exécute des masses de prisonniers gaulois, germains, égyptiens, et est-il si foncièrement humain ? En vérité, il ne s'est jamais posé la question en ces termes, il n'a pas le goût de la philosophie, il a seulement celui de l'action, et l'action à ses yeux ne peut être que positive. Laisser la vie à ses compatriotes, rendre à chaque Romain ses chances, c'est chez lui affaire d'instinct. Cet instinct le pousse irrésistiblement à la sympathie pour toutes les formes de la création, et donc pour les créatures. Il n'aimerait pas qu'on lui parle de la générosité de sa nature, mais plutôt de sa capacité surnaturelle de compréhension des choses humaines. S'il a au fond assez envie d'être roi, c'est parce que ce titre est le seul qui réponde bien à la position intermédiaire entre les dieux et les hommes où le sort l'a placé. Que la décision soit suspendue au caprice de ces petits personnages qui lui doivent tout et cherchent à l'oublier, l'exaspère.

Ils sont massés devant la Curie, d'où ils allaient repartir après le message d'Antoine. Ils acclament le dictateur qui s'est soumis aux règles démocratiques de la politesse. Lui poursuit son inventaire, d'un regard habitué à enregistrer à la fois tous les détails et l'ensemble d'un champ de bataille. Ses vieux compagnons sur lesquels il peut compter sont là : Brutus Albinus à ses côtés, Trebonius, son légat en Gaule et en Espagne pendant dix ans, promis au proconsulat d'Asie, les deux frères Casca dont il a fait la carrière, Cimber qu'il vient de nommer proconsul de Bithynie et du Pont, Galba dont il a financé la questure. Non moins intégrés dans son état-major sont les hommes qui s'entretiennent gravement à l'écart, le premier est Cassius Longinus qui s'est illustré contre les Parthes après la défaite de Crassus — sans doute a-t-il commandé la flotte de Pompée mais César a su utiliser ensuite ses talents militaires. Le second est le fils de Servilia, le jeune Junius Brutus. Tous deux sont en compétition sur un poste important, mais il semble, à les voir aujourd'hui, qu'ils soient réconciliés. Ce sont des hommes énergiques, difficiles, qui joueront certainement un rôle dans un proche avenir. César les tient en observation, il a dit récemment qu'il les préférerait moins pâles et moins maigres, et en effet ils sont tout le contraire du vigoureux Antoine. Brutus est un intellectuel tourmenté, il tient de son oncle Caton un culte fanatique de la vertu républicaine qui lui avait fait rallier le parti de Pompée. Mais après Pharsale il a couru vers César qui lui a ouvert les bras. Avec ses cheveux mal plantés et son front bas, il n'est certainement pas le fils de César, mais d'un individu rugueux. Pourtant l'ancien amant de sa mère le comble d'honneurs.

César avance difficilement. Des importuns le sollicitent. L'un d'eux, un obscur Papillius Laenas, lui parle longuement à l'oreille en prenant des airs mystérieux. César ne comprend rien à son discours et sait gré à Cassius et Brutus d'être venus le débarrasser brusquement de l'importun. Sur les marches de la Curie il trouve l'augure Spurinna et le raille : « Eh bien, les voilà, tes fameuses Ides de Mars pour lesquelles tu as fait tant d'histoires... » À cela l'autre répond d'un air sentencieux : « En effet elles sont arrivées, mais elles ne sont pas passées... » César hausse les épaules. Il a un autre présage en tête, plus sérieux celui-là : les gardiens des Livres Sibyllins, où est écrit tout l'avenir de Rome, ont dit avoir lu que « seul un roi de Rome pourra vaincre les Parthes ». Or c'est justement de la campagne parthique qui commence après demain qu'il va être question aujourd'hui : lui refusera-t-on les moyens de venger l'honneur de Rome perdu là-bas avec les aigles de Crassus?

La cinquième heure [1] est entamée. Il franchit le seuil, devant lui Pompée se dresse immense, impudique. Le trône d'or aux pieds de la statue paraît bien petit. Un appariteur lui retire son manteau d'*Imperator*. Il s'assoit, son stylet à la main, ses tablettes sur les genoux et cherche du regard le consul Antoine qui doit ouvrir la séance. Il l'aperçoit dehors, sous le péristyle, en conversation animée avec Trebonius. Pendant que tous prennent leur place, il va entretenir le groupe de ses amis qui l'entourent. Albinus, Cassius, Brutus, et une vingtaine d'autres parmi lesquels Cimber qui se penche pour réitérer une vieille requête personnelle : le moment n'est-il pas venu de mettre fin au long exil de son frère ? Il prend ses amis à témoin. Le dictateur manifeste une fois de plus de la main qu'il faut attendre, l'autre insiste et embrasse la frange de sa toge, mais, impatienté, il dit non et non. Alors Cimber prend la toge aux épaules, la tire vers le bas, emprisonnant les bras de César qui s'écrie, indigné : « Mais c'est de la violence ! » Cimber est fou, on va l'arrêter, il s'est condamné à mort, la personne du Grand Pontife est sacro-sainte. Mais il entend Cimber appeler : « Qu'attendez-vous, les amis ? » Un des Casca, qui était sur une

1. 10 heures 45.

marche de la statue, derrière le fauteuil, sort un poignard de sa toge, il va frapper Cimber, mais non, c'est César qui reçoit de haut en bas un coup destiné à l'aorte. L'arme est déviée par la clavicule. L'homme blessé rugit, se retourne, enfonce son stylet dans le bras qui tient le poignard, essaie de fuir tandis que Casca appelle son frère à l'aide et qu'il se débat, lui, dans un cercle qui se referme. Il cherche Brutus des yeux, se précipite vers ce jeune défenseur, mais il voit sa face grimaçante, son poignard, d'autres poignards. Alors sa stupeur lui rend les mots de son enfance et c'est en grec qu'on l'entend gémir : « Toi aussi, fils ! » Il a eu une seconde pour comprendre, il lui reste une seconde pour protéger son visage avec sa toge, car si le poignard de Brutus au ventre est douloureux, le coup de Cassius au visage est atroce. Il s'effondre sur lui-même, serrant encore dans sa main crispée le billet d'Athenodore. Il ne saura jamais que vingt amis le transperceront de vingt-trois coups dont un seul était bien ajusté et mortel.

AUGUSTE

OU LA MORT BIEN JOUÉE

Le vieil homme enfoncé dans les coussins de sa litière que balance légèrement la marche souple de ses porteurs, essaye de concentrer sa pensée dont la clarté et la cohérence sont à tout instant, depuis plus de quarante-cinq ans, nécessaires à l'équilibre du monde. Il ne s'est jamais autorisé à dormir au-delà de sept heures par nuit, et encore parce qu'il est assuré que pendant cette période son *genius* veille et que la puissante administration qu'il a donnée à Rome est toujours en alerte. Mais si l'on savait que la somnolence engourdit de plus en plus son cerveau, et qu'il est las de sa charge surhumaine, des forces impatientes auraient vite fait de le jeter à bas de cette litière. Il ouvre grands les yeux, se penche pour fixer de son regard aigu les gens qui le saluent gaiement ou qui tombent à genoux sur son passage. Il est aimé et révéré, par ceux-là du moins, mais ils sont l'immense majorité, des dizaines de millions sur la plus grande partie de la Terre. Son train est simple, quelques prétoriens qui ouvrent le cortège, deux secrétaires qui marchent à côté de lui, auxquels il peut dicter ses ordres et deux autres personnages portant des petites mallettes qui sont sans doute des médecins. Derrière viennent des voitures occupées par des esclaves et des bagages. En vérité il y a eu depuis le matin un important trafic sur la route côtière qui relie la villa impériale de Baïes au port de Pouzzoles, où Auguste doit embarquer pour son autre villa de Capri. Livie, l'épouse de l'Empereur, est déjà passée avec ses amies, très simplement elle aussi. Plus voyants sont les sénateurs, membres du Conseil impérial, et les chefs de service palatins qui suivent, accompagnés d'un appareil important.

Les étapes sont courtes, Auguste est très fatigué. Les jours du mois qui déjà porte son nom (parce qu'il a été celui de son triomphe qui a marqué la fin de la guerre civile) sont lourds en Campanie. La chaleur a réveillé ses troubles intestinaux qui ont toujours été un de ses points faibles — il en a quelques autres avec lesquels il s'est habitué à vivre. Ses maux chroniques, de la gorge, du foie, du colon, du rein (il a des calculs) l'ont à plusieurs reprises dangereusement abattu, mais sa chance, ou plutôt sa prodigieuse volonté l'ont tiré d'affaire et l'on a peine à croire qu'il ait réalisé une œuvre si longue et si riche avec une si mauvaise santé. Dans cette œuvre on ne décèle aucune trace, même secrète, de sa fragilité physique, tout en lui est influx nerveux et instinct de vie supérieurs. Plus il se sent en danger, plus il sait faire face. Il ne se connaît plus aujourd'hui d'adversaire vivant, sinon la Mort qui n'a cessé de rôder autour de lui depuis le jour où elle lui a offert d'un seul coup tout l'héritage de César qu'elle venait de vaincre. Des souvenirs de cette époque, vieille de cinquante-huit ans, lui reviennent de plus en plus souvent à l'esprit, comme s'il était né à la vie à l'instant même où la nouvelle de l'assassinat de son grand-oncle, devenu son père adoptif, avait traversé l'Adriatique. Il était à Apollonie, en Macédoine, attendant l'arrivée imminente de César pour le compte duquel il mettait en ordre de marche les légions rassemblées là pour la campagne d'Orient. Son camarade Agrippa fit irruption dans la chambre où il gisait, souffrant du ventre comme aujourd'hui. « Ils ont assassiné César ! » Il tomba du lit, guéri, décidé. Il serait le vengeur, le successeur.

Qu'était-il alors ? Un petit provincial de dix-neuf ans, qui s'appelait Octave, de lignage obscur, de rang honorable, de moyenne fortune, mais de folle ambition. Pourquoi en effet n'eût-il pas nourri des espérances démesurées puisque la chance voulait qu'un frère de sa grand-mère maternelle se fût fait reconnaître descendant direct de Vénus, puis maître de Rome et des Provinces, et que, demeuré sans héritier après la mort d'une fille unique, il l'eût adopté pour fils ? Dans les trois semaines qui suivirent les Ides de Mars, il était rentré en Italie, seul. Il eût pu y ramener les légions de César mais il était aussi prudent qu'il était déterminé. Passant outre aux supplications de sa mère, il vint à Rome réclamer son prodigieux héritage que Calpurnia avait un peu trop vite remis à Antoine, et il prit à la seconde même l'exacte mesure de la situation. L'instinct chez lui précédait l'expérience en attendant de se nourrir d'elle : ce seront à la longue deux forces phénoménales dont la conjonction lui ouvrira le chemin du pouvoir absolu plus sûrement que les fulgurances du génie de César. Il avait déjà tiré toutes les leçons des superbes audaces de son oncle, il allait tirer tous les avantages de sa gloire sans en risquer tous les aléas. Il a toujours réduit au minimum la part du hasard dans sa carrière, il n'a pas honte de le reconnaître. Il observe que tous ses adversaires se sont détruits eux-mêmes par quelque inconséquence, excès de timidité ou de présomption. Lui, il a pris le temps de calculer chaque chose. On dira que ce temps lui a été plus généreusement donné qu'à d'autres, mais il peut montrer qu'il l'a acheté plus cher que quiconque. Parce qu'il a vécu presque trop, aucune épreuve ne lui a été épargnée.

Toutefois il a dépassé l'âge de l'amertume. Si dans ses assoupissements des scènes trop violentes franchissent tous les barrages de l'oubli qu'il a élevé entre lui et sa jeunesse, il a peine à s'y reconnaître. Est-ce bien lui ce jeune homme au visage anguleux, qui, affectant l'impassibilité mais agité au-dedans par la peur et par la haine, fait exécuter devant lui des centaines de nobles et de chevaliers pris au siège de Pérouse ? À ceux qui lui demandent grâce, il répond sèchement : « Il faut mourir. » Est-ce lui encore qui signe le pacte contre nature avec ses adversaires Antoine et Lépide, qui consent à l'assassinat de Cicéron, et qui ajoute des victimes sur la liste des proscrits ? Oui et non, il se reconnaît surtout comme le vengeur de César, comme le héros qui mit fin à la guerre civile imposée autant par Brutus et ses amis que par Antoine, usurpateur de l'héritage de César et allié objectif de Brutus... Bref, s'il s'est montré impitoyable, c'est par piété filiale, c'est pour préserver Rome des entreprises du fils de Pompée, Sextus le pirate qui affamait l'Italie, et des folies d'Antoine qui allait la donner à Cléopâtre. D'ailleurs tout cela est écrit dans le bronze qui scellera son mausolée, et dans la suite des temps seul restera le bilan de ses actions qu'il a dicté. Il se le récite dans une musique intérieure au rythme du pas des porteurs :

« À l'âge de dix-neuf ans, j'ai levé, par décision personnelle et à mes frais, une armée qui m'a permis de rendre la liberté à la République opprimée par une faction. En récompense le Sénat, par des décrets honorifiques, m'admit dans son sein et me conféra l'*Imperium*... Le peuple me nomma Consul et Triumvir chargé de la Constitution de la République. »

Cette Constitution, il lui a fallu encore vingt ans pour l'équilibrer par touches successives. La République est sa vraie fille, celle de sa passion. L'autre fille, bassement charnelle, a été le fruit d'une erreur, ou plutôt d'un expédient temporaire, son mariage à vingt-quatre ans avec la tante de Sextus Pompée, une Scribonia impossible qu'il a répudiée un an après, dès que l'alliance avec Sextus fut rompue. Il lui arracha leur Julie... là sa mémoire se bloque, il ne veut pas penser à cette fille dénaturée, elle est définitivement morte à ses yeux. Mais l'autre, la République, à laquelle il a tout sacrifié, comment lui survivra-t-elle ? Elle lui est tellement consubstantielle qu'il a peine à imaginer sa propre succession, il s'est toujours gardé d'en définir les mécanismes — cela l'obligerait à revenir aux sources de son propre pouvoir personnel. Il ne sait que trop bien qui prendra sa suite, ce sera l'inévitable Tibère, mais dans quelles conditions, là ce n'est plus son problème... Il a déjà fait beaucoup en adoptant le fils de Livie, à elle de s'occuper du reste le moment venu. Mais ce n'est pas pour demain. Il entend des chants d'enfants, il aperçoit des arcs de triomphe aux portes de la ville où l'on va entrer, des femmes lui lancent des fleurs, le vent léger de la mer rafraîchit l'air, il a un instant de bonheur. Il demande qu'on le redresse sur ses coussins, qu'on le coiffe de son feutre à larges bords, sa vieille petase qui cache sa calvitie, car il doit apparaître dans sa dignité et sa simplicité de *paterfamilias* universel. Il a toujours pensé que le prestige, source de pouvoir, se méritait à tout instant, aux yeux de tout le monde, aux yeux des habitants de Pouzzoles plus encore qu'à ceux de Rome qu'il a renoncé à satisfaire.

La ville entière est sur le Forum, les édiles l'accueillent avec des discours auxquels il fera répondre par un héraut en s'excusant d'avoir la voix trop faible. Il a hâte d'aller s'asseoir sur la terrasse de la villa marine où Sallustius Crispus l'attend avec les dossiers du gouvernement. Cependant, passant devant le port, sa litière est arrêtée par un cortège d'hommes en blanc couronnés de fleurs qui semblent descendre d'un vaisseau de commerce égyptien à quai. C'est une surprise que lui réservent l'équipage et les passagers grecs de ce vaisseau nouvellement arrivé d'Alexandrie qui n'ont pas voulu manquer l'occasion de voir un Dieu vivant. Auguste qui a quelques préventions contre ces Orientaux volubiles et agités, auxquels il a eu affaire dans sa campagne contre Antoine et qui maintenant crient autour de lui comme des fanatiques en balançant des encensoirs, a un premier réflexe de retrait et, pourquoi ne pas le dire, puisqu'il en est coutumier, de peur. Mais son secrétaire grec lui traduit le bruit confus des litanies : « C'est grâce à toi que nous vivons heureux, grâce à toi que nous pouvons naviguer et que nous jouissons de nos libertés et de nos biens, etc. » Alors son vieux cœur quelque peu endurci s'émeut. Cette spontanéité lui est plus agréable que toutes les motions de respect que lui prodiguent les notables italiens. Il décide de distribuer aux gens de sa suite quarante pièces d'or chacun afin qu'ils achètent les marchandises du bateau et il donne rendez-vous à tout le monde pour le lendemain.

Le soir il a du mal à s'endormir. Il a toujours trop chaud ou trop froid et passe son temps à retirer ou à redoubler ses chemises et ses caleçons. Bien qu'il ait peu de goût pour le protocole, sa dignité veut qu'il porte dans ses voyages les signes distinctifs du pouvoir suprême, des manteaux ou des capes couleur pourpre sur sa toge, assez longs pour cacher ses bandes molletières et les prothèses de bois soutenant sa hanche et sa jambe gauches qui ont toujours été un peu faibles. Son lit est transporté l'été sous le péristyle, près du jet d'eau. Il s'est couché sans avoir séjourné dans le bain où se prélassent tous les Romains, il se trempe seulement les jambes dans un baquet d'eau de mer. Bien sûr, il ne ressemble pas, il n'a jamais ressemblé à ses statues qui exposent sur des centaines de Forum, des milliers de places, sa beauté de jeune *Imperator* sous la cuirasse, ou même dans sa nudité apollinienne. Malgré tout, ce n'est pas par hasard que tant de ses figures et de ses formes le représentent aussi harmonieux d'un bout à l'autre du monde. Si les sculpteurs d'Asie, de Grèce, de Gaule le voyaient tel, ce n'est pas seulement un miracle de la propagande de Mécène. Mécène est mort depuis vingt ans, et l'image d'Auguste est toujours celle d'Octave triomphant : il n'est pas loin de croire que quelque chose subsiste en lui de cette séduction supérieure, de ce calme souverain. Du moins se sent-il intérieurement cet homme-là que la victoire avait transfiguré après la bataille d'Actium.

Actium est le zénith de sa vie. Il lui avait fallu un peu plus de treize ans pour éliminer Antoine, le chasser honteusement de l'Occident qu'il avait trahi, l'exposer au monde entier fuyant sur le navire de Cléopâtre, et enfin les acculer tous deux au suicide. Depuis Salamine, quelle bataille navale avait été aussi décisive pour la civilisation ? Sa flotte légère poursuivant jusqu'à Alexandrie les lourds vaisseaux égyptiens, c'était le triomphe du nouvel Apollon qu'attendaient les Virgile et les Horace interprètes des aspirations à la grandeur et au bonheur de l'âme latine. Il n'oublie pas ce que cet âge d'Or devait à ses deux vieux amis, Agrippa et Mécène, l'amiral et le diplomate, mais lui seul était porteur de destin. Son caractère changea, l'insatiable devint satisfait, l'inapaisé se pacifia. Le tueur respecta la vie, même celle de ses adversaires, sauf cas d'extrême nécessité. Mais peut-on parler de son caractère ? Nul n'a jamais connu sa nature profonde, il ne se définira que par ses comportements. Il y veille à tout instant. Il sait qu'on l'accuse d'hypocrisie, même Livie est quelquefois exaspérée par sa capacité de dissimulation.

Livie ? Depuis cinquante ans qu'il vit intimement avec cette femme exceptionnelle, il ne lui a jamais rien cédé par faiblesse, peur ou lassitude. Du moins le croit-il, même si on l'accuse de s'être laissé finalement imposer par elle Tibère, le frère mal aimé de ce Drusus qui était son beau-fils préféré. Mais il pourrait répondre maintenant que Drusus a eu le tort de mourir il y a plus de vingt ans, suivi par d'autres héritiers qu'il avait choisis. Il n'y peut rien si Tibère est le seul survivant des hommes capables de son temps. Qu'on s'en prenne au sort qui a fait disparaître son neveu Marcellus, premier époux de sa fille unique, puis les fils de cette fille et d'Agrippa, ses bien-aimés petits-fils, Gaïus et Lucius. Le vieil homme insomniaque est encore agité par la révolte quand il revoit l'image de ces deux jeunes gens qu'il avait élevés, préparés aux fonctions suprêmes ; deux bons élèves qu'il guidait jusque dans leur écriture et dans leurs récitations du soir. Sur quelles étoiles sont-ils au-dessus de sa tête ? Il voit Vénus où est monté César. Quelques jours après son assassinat une comète était apparue dans le ciel de Rome pour emporter son génie là haut, chez la fondatrice de la race des Jules, comme il l'expliqua au peuple qui le crut. Tibère n'est pas de cette race, c'est un pur Claude, fier de l'être, car les Claudes estiment avoir plus de droits sur la République que les Jules. La République, pensent-ils, a été confisquée par César, défigurée par Auguste. Cela aussi le révolte. Il se dresse dans son lit et appelle son secrétaire qui veille à quelques mètres de lui. Il veut se faire relire les dernières lignes de la table de bronze qu'il vient de faire graver et qui porte le résumé des actes de sa vie :

« Après avoir éteint la guerre civile en vertu des pouvoirs absolus que m'avait conférés le consentement universel, j'ai fait passer la République de mon pouvoir dans celui du Sénat et du peuple romain. Pour honorer cet acte méritoire, par sénatus-consulte j'ai été nommé Auguste. Dès lors je l'ai emporté sur tous en autorité, mais je n'ai pas eu plus de pouvoirs qu'aucun de mes collègues dans mes diverses magistratures. »

Il est satisfait de cet agencement de phrases que personne ne pourrait contredire. Il faudrait fournir la preuve qu'il n'a pas été chargé par un plébiscite italien, gaulois, espagnol, de mener au nom de l'Occident tout entier la lutte contre le despotisme oriental incarné par Antoine et Cléopâtre. Or il a bel et bien reçu et conduit à son terme cette mission de retour à la démocratie et à la paix civile. Et c'est vrai aussi que pour cela il n'a jamais pris plus de pouvoirs qu'il n'était nécessaire. En théorie du moins. Car si pendant des années il s'est contenté d'être simple consul, il détenait l'*Imperium* sur les armées de province, il portait légitimement le nom de son père adoptif César et il s'était fait un prénom de la dénomination archaïque d'Auguste qui lui attribuait une qualité surnaturelle d'augure. Il pouvait dès lors s'offrir le luxe de refuser les titres de roi, de dictateur, et même d'Empereur qu'on lui proposait à l'envi, puisqu'on lui avait déjà reconnu plus d'autorité qu'à quiconque. Il abandonna même le consulat et ne garda que le pouvoir de tribun du peuple dont l'usage tombé en désuétude lui permettait d'intervenir partout où il le voulait. Ces habiletés devraient le faire sourire s'il n'avait pas perdu le sens de l'humour en ce qui le concerne. « Auguste » est maintenant le nom le plus sacré de l'Empire, il est personnalisé et impartageable. Livie elle-même n'a pas pu l'obtenir. Elle l'héritera peut-être à sa mort, si elle lui survit. Mais il vivra cent ans, un présage l'a annoncé : sur le socle d'une de ses statues la foudre a fait tomber récemment le *C* de Caesar et comme *aesar* en étrusque signifie dieu et *C* cent, la chose est claire, il a fini par s'en persuader presque.

Rome est toujours en République, les citoyens votent encore quelquefois pour élire les magistrats, ceux-ci entreront au Sénat où ils voteront les lois, mais on n'attache plus beaucoup d'importance à ces rites que les abus électoralistes avaient dévoyés avant les guerres civiles provoquées par les factions. Plus précieuses que la liberté de se battre sur le Forum sont aujourd'hui la paix et la prospérité dues à Auguste. C'est en tout cas ce que pensent ceux qui ont gardé la mémoire de l'anarchie et des proscriptions fatales aux élites de la génération précédente. Moins concernée est la jeunesse de l'après-Actium qui a grandi dans un climat d'euphorie et qui, elle, revendique moins le droit de vote que le droit au plaisir. Mais ce n'est pas pour restituer aux Romains l'un ou l'autre de ces droits-là qu'Auguste a rétabli l'ordre qui est une fin en soi. Le plaisir, autrement dit la liberté des mœurs, a pu régner à Rome dans une période troublée, c'était une des faces de l'anarchie : quand la licence est générale, celle de tuer ou de se faire tuer est une excuse pour celle de jouir. Octave a connu cette débauche, il en a gardé quelques habitudes perverses. Mais il en vivait alors les risques mortels, des risques qu'il épargne à ses enfants et à ses petits-enfants qui ne lui en sont pas reconnaissants. Ils voudraient pouvoir s'amuser en toute irresponsabilité, sans aucune contrainte. C'est le grand échec de son règne.

Déjà les lois moralisatrices de César ont été bafouées, le divin Jules ne se les appliquait pas à lui-même et l'on ne sait pas du tout s'il eût sévi à son retour problématique. Ces lois reflétaient la nostalgie permanente des chefs de famille romains pour une éthique patriarcale plus ou moins imaginaire. De génération en génération elles revenaient à l'ordre du jour, et il était inévitable qu'elles figurent dans le programme de restauration d'Auguste qui, une fois sorti des excès révolutionnaires, devait donner des gages aux milieux conservateurs. Livie qu'il avait arrachée à ces milieux, et à son mari consulaire dans des circonstances scandaleuses — un coup de foudre et le brusque enlèvement d'une jeune femme enceinte de six mois —, lui avait fait payer son consentement par des exigences d'austérité conformes à son éducation et aussi à sa nature frigide. Elle n'eut pas de peine à le persuader de prendre les mesures les plus sévères contre l'adultère qui devint un délit public : si le mari trompé n'intervenait pas, n'importe qui pouvait prendre l'initiative de l'action pénale. Mais ce n'était pas l'objectif principal d'Auguste dont la liaison avec Terentia, la femme de Mécène, était notoire. Il poursuivait en réalité un mal plus pernicieux de la société romaine, le célibat et la contraception qui ruinaient sa politique de repopulation. Dans les classes dirigeantes la rapide dénatalité devait être compensée par le recours massif à la promotion sociale et à l'immigration qu'il eût fallu au contraire maintenir dans de saines limites. Une série d'incapacités légales et de taxations frappa donc les hommes de vingt-cinq à soixante ans et les femmes de vingt à cinquante ans qui ne se mariaient pas ou n'avaient pas d'enfants. Les veufs et les veuves ne jouissaient que d'un délai minimum pour se remarier. En revanche des avantages de carrière récompensaient les pères de familles nombreuses, et les femmes fécondes jouissaient d'une promotion sociale.

Le bilan de toutes ces mesures est décevant, Auguste en convient, mais du moins a-t-il ralenti une évolution suicidaire pour la société traditionnelle à laquelle il voudrait au contraire assigner une nouvelle mission civique et morale : encadrer et intégrer au mieux cette part immense de l'humanité dont Rome est responsable. Le temps de l'exploitation cynique des provinces est définitivement clos. La République est maintenant impériale, il en est le chef suprême investi par le consentement de tous dans l'intérêt général. La souveraineté romaine est indivisible, elle s'exerce à travers les représentants de l'État, c'est-à-dire du Sénat et du peuple. Comme ces deux forces-là se sont en fait déchargées sur lui du bien public, sa tâche est lourde. Mais elle ne l'accable pas. Il a trouvé, après beaucoup de tâtonnements, dans la partie saine de la première classe, la sénatoriale, et surtout de la seconde, l'équestre, des collaborateurs extrêmement capables. Agrippa et Mécène l'ont puissamment aidé. Peut-être n'eussent-ils rien été sans lui, mais il a su reconnaître qu'il n'aurait pas réussi sa mission sans eux. « Bien des malheurs, a-t-il avoué un jour, m'eussent été épargnés s'ils avaient survécu. »

Car Auguste n'est pas heureux, contrairement à l'image que se font de lui ses sujets. Sans doute a-t-il trop longtemps oublié de l'être et ne s'est-il jamais arrêté au bonheur d'exister, tout simplement. La passion de l'État l'a privé de l'amour de la vie. Il a dû, pour prendre la tête de cet État, dédaigner l'amitié de tous ses égaux, à l'exception du seul Agrippa, et mépriser en eux les dons qu'il n'avait pas : une certaine légèreté de l'être et la générosité. De son regard d'acier il a percé la vaine boursouflure de Cicéron, les ambiguïtés de Brutus, la vulgarité d'Antoine et peut-être aussi la corruption morale de son ami Mécène. Il affecte d'aimer les siens, mais avec une exigence qui ne peut que refroidir les sentiments de ceux qu'il fait servir à son ambition — à ce qu'il appelle, lui, l'intérêt public. Un jour, il a probablement blessé le jeune Marcellus et le puissant Agrippa en jouant devant eux de son anneau d'or sur son lit de grand malade sans décider auquel il le léguerait. Puis il a joué à ce même jeu pendant des années avec son petit-fils Gaïus et son beau-fils Tibère, brisant le moral de l'un et de l'autre. Il n'est pourtant pas cruel. Ce qu'il fait souffrir à son entourage n'est qu'une projection des contraintes qu'il s'impose à lui-même pour subordonner sa vie privée à son œuvre publique. Sa maîtrise de soi est effrayante pour ceux qui ne peuvent ignorer les sentiments qui l'agitent au fond. Ils soupçonnent que son calme est hypocrisie. Aux yeux de tous, son affabilité même crée la distance. Seule Livie le comprend et sait comment l'influencer tout en respectant cette distance. Tous les deux sont des phénomènes de duplicité mais si l'on remonte très loin dans le cours de leurs vies dangereuses, on peut admettre qu'ils n'avaient pas le choix s'ils voulaient s'élever et se maintenir au rang suprême, chacun pour soi et ensemble. La longévité de leur entente laisse présumer des prodiges d'opportunisme combinés avec un grand respect mutuel. Cette étrange alchimie dont Auguste est le grand maître a fait bien d'autres miracles.

Il appellera deux fois encore son secrétaire dans ses insomnies de la nuit pour se faire lire son texte de bronze :

« Par de nouvelles lois prises sur mon initiative, j'ai remis en honneur maints exemples de nos ancêtres, qui tendaient à disparaître de notre siècle, et moi-même j'ai laissé à l'imitation de la postérité beaucoup de mes actes en exemple. Lors de mon treizième consulat, le Sénat, l'ordre équestre et le peuple romain tout entier m'ont nommé Père de la Patrie et ont décidé que ce titre devait être gravé dans le vestibule de ma maison... »

C'est la pure vérité, il n'a pas le sentiment de s'autocélébrer. Il a veillé à la sobriété du style, de même qu'il a toujours vécu dans la maison la plus simple du Palatin (elle n'a que quelques petites pièces) et que la laine de ses toges y est filée sous la surveillance de Livie. Pourquoi les dieux ont-ils voulu que ce tableau d'une existence patriarcale ait été foulé aux pieds par les plus proches et les plus chères créatures qu'il avait élevées selon son rêve ? Quelle Nemesis l'a contraint à appliquer chez lui d'abord la rigueur de ses lois édictées contre le désordre des mœurs ? Peut-être eût-il fermé les yeux sur de banales incartades de ses deux Julies, la mère et la fille, dont il avait jalousement surveillé l'éducation jusqu'à leur mariage, si la publicité de leurs débauches n'avait été portée à sa connaissance par sa police, encouragée dit-on par Livie. Il ne faisait aucun doute qu'elles avaient cherché le scandale. En bravant ses interdits, elles savaient bien qu'elles ébranlaient son œuvre, et au-delà de la libération de leurs sens elles en appelaient contre lui de toutes les libertés. En se prostituant avec une bande de jeunes nobles sur les rostres du Forum, la première Julie — qu'elle soit maudite ! — avait porté atteinte à la sûreté de l'État. Huit ans plus tard, sa fille du même nom — que ce nom soit maudit ! —, dans ses débordements orgiaques chez l'infâme Ovide, s'était mise hors la loi. Les deux ont été déportées à vie, chacune sur une île lointaine. La blessure de ses deux membres qu'il s'est ainsi arrachés à lui-même, alors que le peuple entier l'appelait au pardon, cicatrisera-t-elle jamais ?

Cependant, chez l'homme devenu très vieux, la douleur ne s'attache plus comme naguère aux images du passé, et du coup ces images, affranchies des censures, errent dans le labyrinthe de l'inconscient et débouchent à l'improviste. De seize à soixante-seize ans, il en a accumulé une somme quasi infinie, ce qui lui a permis de se référer en toutes circonstances à une situation déjà vécue. Ces situations ont presque toujours concerné la gestion de l'État et le comportement des hommes vis-à-vis de l'État. Cette très haute spécialisation dans ce qu'on appelle l'expérience politique lui a donné un avantage sur tous ses contemporains, peut-être aussi sur tous ses prédécesseurs, pour articuler l'appareil du gouvernement d'un Empire. La seule difficulté a été de garder la tête froide avec une telle expérience et une telle capacité de manipulation des hommes et des choses.

Octave-Auguste a eu le temps de méditer sur les Ides de Mars : tout montre que César avait déjà pris congé de l'humanité ordinaire quand on l'a assassiné. Il s'était échauffé la tête. Auguste se souvient de l'avoir entendu dire quelques mois avant sa mort : « Il va falloir qu'on s'adresse à moi avec davantage de respect et qu'on tienne mes paroles pour des ordres. » Cette phrase l'avait inquiété comme le signal de l'*ubris* mortelle. Il s'était pour sa part promis de ne jamais se laisser entraîner par l'arrogance hautaine. Tout ce qu'il disait était simple et mesuré, souvent écrit à l'avance, même en vue d'entretiens privés avec son épouse. Sans doute il fit des erreurs, mais rarement par présomption ou pas improvisation. Il écoutait beaucoup, acceptait d'être contredit, et prenait conseil, en particulier de Livie. Mais finalement il décidait seul, dans une chambre haute de sa maison qu'il appelait, on ne sait pourquoi, « sa petite Syracuse », où il travaillait tard la nuit, ce qui l'amenait à se lever tard.

Ce matin aussi il se lève tard et se fait descendre au port où il retrouve ses amis égyptiens de la veille. Il a une idée : les gens de son entourage vont s'habiller des vêtements grecs, plus colorés, plus légers, plus courts, qu'ils ont achetés et ils céderont leurs vêtements romains aux gens du bateau. Chacun devra parler dans la langue de l'autre. Tout se passe au son des cistes et des tambourins, Auguste est ravi, il fait distribuer des cadeaux ramassés sur le marché, encourage tout le monde à danser. De la terrasse où elle fait son courrier, Livie observe cette scène qui ne l'amuse pas du tout. Elle écrit à Tibère qu'Auguste vieillit à vue d'œil, elle n'en veut pour preuve que sa générosité et sa dissipation insolites. Il joue le soir aux dés avec ses amis sénateurs selon sa très ancienne habitude, mais, signe inquiétant, il perd maintenant de grosses sommes alors qu'il gagnait presque toujours. La chance semble l'abandonner. Ce n'est pas le moment pour Tibère de s'éloigner d'Italie, or il va partir pour une nouvelle campagne dans les provinces danubiennes qu'il n'en finit pas de pacifier. Livie lui recommande de retarder son embarquement et de les rejoindre à Naples où Auguste présidera s'il le peut des Jeux athlétiques donnés en son honneur, après avoir passé quelques jours à Capri. Ensuite on fera un bout de route ensemble. Il faut que l'on voie le plus longtemps possible Tibère aux côtés d'Auguste, à la tête des prétoriens, et que l'on veille d'urgence à tous les détails de la succession. Livie souligne *tous.* Tibère comprendra à quoi elle fait allusion.

Les choses se déroulent ainsi. Capri, qu'Auguste adore au point qu'il l'a rachetée à la ville de Naples, sera pendant son court séjour le théâtre de plaisirs honnêtes et puérils. Les îliens et les nombreux touristes sont conviés à des jeux de société et à des dégustations de fruits. Entre deux crises intestinales Auguste se mêle à eux, il a encore quelque air de grandeur avec sa cape écarlate, son grand chapeau de paille et sa canne qui le tient droit. Livie le suit pas à pas, accompagnée de Sallustius Crispus, l'homme de toutes les tâches et de tous les secrets depuis vingt-cinq ans, depuis la retraite de son maître Mécène auquel il a succédé. Ils s'entretiennent gravement tandis qu'Auguste s'égaye — ce tableau insolite montre bien qu'on approche d'une bifurcation de l'Histoire. Au dîner, on entend tout à coup le vieil Empereur déclamer des vers : « La tombe du fondateur que je vois tout en feu... etc. » Il semble avoir une vision. L'étonnement grandit quand il se tourne vers Thrasylle, l'astrologue-confident de Tibère, et lui demande s'il connaît l'auteur de cette citation. Thrasylle est un vrai devin, il a compris qu'Auguste improvisait et lui tendait un piège innocent. Il répond que, quel qu'en fût l'auteur, ces vers sont splendides. De plaisanterie en plaisanterie, mais aussi de crise en crise, l'homme finissant débarque à Naples, ouvre les Jeux, puis insiste pour accompagner Tibère qui l'a rejoint avant de prendre jusqu'à Bénévent la route de Bari. C'est le plan de Livie. Il arrive à Bénévent à bout de forces. Le retour sur la via Popilla est un calvaire, on s'arrête à Nole où il possède une maison de famille. Il s'alite dans la chambre où son père Octavius est mort soixante-dix ans plus tôt.

La nature va lui accorder l'euthanasie qu'il a souvent souhaitée Il sera maître de ses derniers instants comme de toute sa vie. Il ne laissera percer aucun signe d'angoisse devant le mystère de l'au-delà, et pour cause : il est assuré de l'immortalité de son nom, de ses images et de son œuvre, donc de l'essentiel de son être. À peine un serviteur l'aura-t-il entendu à son insu gémir dans la nuit : « Je plains le peuple romain que vont broyer ces puissantes mâchoires. » Tibère est le seul personnage qu'il n'ait jamais pu manipuler. Il ne le comprend tout simplement pas, et il a toujours été mal à l'aise avec lui. Ce n'est pas un adversaire, il n'a rien à lui reprocher, au contraire, le fils de Livie aura été pendant trente ans un collaborateur loyal et son général le plus compétent. Mais l'orgueil, la rigidité de ce pur Claude l'ennuient. S'il a dû l'adopter à la mort de son petit-fils, c'est à défaut de tout autre et s'il a pratiquement partagé le pouvoir impérial avec lui l'an dernier, c'est parce qu'il s'était rendu indispensable. Il a peine à cacher sa contrariété lorsque Livie lui annonce que Tibère a décidé de faire demi-tour dès qu'il a appris l'aggravation de son état. Il pensait en avoir fini avec ce pénible problème de succession forcée, il n'a pas envie d'en reparler. Tibère est son héritier de premier rang sur son testament déposé depuis un an chez les Vestales. Il a déjà l'essentiel du pouvoir. Pour le reste, qu'il s'en arrange avec le Sénat, les prétoriens et l'armée. Quant à lui, il n'a plus rien à lui dire.

C'est à ses amis, et à travers eux à la postérité, qu'il a quelque chose à exprimer. Il sait qu'il n'a plus de temps à perdre. Ce matin, le douzième jour avant les calendes de septembre [1], il demande un miroir et examine longuement son visage qu'il a vu plus rarement dans un reflet direct que sur ses statues omniprésentes. Il est assez sage pour ne pas s'attrister de découvrir certains effets de la vieillesse et de la maladie. Mais il est tout de même surpris par la rapide dégradation de ses traits, les poches sous les yeux, les joues tombantes et les taches de sa peau. S'il n'a jamais eu de coquetterie devant ses sujets, ni même devant ses maîtresses, il en a devant l'éternité où il va se figer. Il lui suffit d'un signe et son barbier a immédiatement tout compris. Des cosmétiques viennent cacher les rides, relever les plis, combler les creux, des poudres rendent les couleurs de la vie. Il peut maintenant faire entrer ses amis. Ils entourent son lit, il leur parle de ce qu'il a voulu réaliser : rendre la paix et la sécurité aux hommes et leur permettre de travailler à la prospérité de l'Empire dont il a porté les limites aux océans et aux fleuves les plus lointains. Aller au-delà ne serait pas sage, précise-t-il. Sa plus grande récompense sera d'être désigné comme le fondateur du régime le meilleur qui ait été donné aux Romains, et que les fondements de l'État demeurent inébranlables tels qu'il les a jetés. Il a réservé pour la fin une formule dans laquelle il résume toute son œuvre : « J'ai reçu Rome de briques, je la laisse de marbre », formule ambiguë comme toute sa vie, et que l'on pourra prendre au sens propre ou au figuré.

Mais c'est assez de gravité. Le silence respectueux de ses amis lui pèse, il ne peut les abandonner dans cette atmosphère glacée. Ne s'est-il pas toujours efforcé de créer la confiance et la familiarité, grâces qui, au fond, ne lui étaient pas naturelles mais hors desquelles il n'y aurait eu pour lui ni sûreté, ni efficacité ? S'il a dans sa vie publique tout fait avec sérieux, il n'est jamais tombé dans l'emphase. Et quel autocrate a autant que lui cherché et obtenu l'approbation de ses sujets ? Alors il va finir sur une question qui appelle traditionnellement une réponse positive, enthou-

---

1. 17 août, 14 après J.-C.

siaste, il va demander : « Dites-moi, mes amis, si j'ai bien joué jusqu'au bout la pièce de ma vie ? » Déconcertés, les assistants restent silencieux pendant quelques secondes dramatiques, insoutenables. Mais le devin Thrasylle a encore compris plus vite que les autres, c'est un Grec d'Alexandrie. Il s'écrie joyeusement : « Oui, Auguste, divinement bien ! » Auguste est illuminé, cela se voit à l'éclat de ses yeux dans son visage emplâtré. « Alors, dit-il, si la pièce vous a plu, applaudissez-la, et tous ensemble manifestez votre satisfaction. » C'est dans un joyeux brouhaha qu'il congédie ses amis. Livie, derrière la porte, est très inquiète, elle pense qu'Auguste délire et que, dans sa surexcitation, il risque de donner des ordre aberrants — par exemple de modifier son testament.

Cependant quand elle se retrouve seule avec lui, il paraît très calme. Il lui demande d'une voix qui s'éteint si l'on parle de son état dans la ville, il voudrait des nouvelles de sa petite-fille Agrippine, la seule qu'il aime beaucoup, et qui est enceinte pour la cinquième fois dans un camp de Rhénanie où son jeune époux, Germanicus, se couvre de gloire. Il a exigé que Tibère adopte ce neveu, fils de Drusus, et Livie sait bien que ces deux-là étaient les héritiers de son cœur. Mais elle, elle n'en a jamais voulu qu'un, Tibère, l'aîné. Elle va gagner pour lui, puisse-t-il arriver ici, aux yeux de tous, avant la mort d'Auguste pour le tableau final... Elle prend la main du vieillard qui s'est assoupi, elle voudrait lui communiquer encore un peu de cette force que, depuis cinquante ans, elle a eue pour lui, pour ce qu'elle pensait être son bien et le bien de l'État. Elle lui a été aussi fidèle qu'il a été abusivement volage, mais cela n'a pas d'importance. Elle va pouvoir continuer son œuvre avec la même exigence, elle sera enfin *Augusta,* il y a consenti sur son testament. Elle serre cette main où elle sent l'anneau d'or qui porte le sceau impérial, un sphinx. Alors il ouvre les yeux et l'on voit qu'il rassemble son dernier souffle. Elle se penche et l'entend murmurer : « Livie, tant que tu vivras, souviens-toi de notre union... » Le sphinx a parlé pour la dernière fois, pour la première fois Livie a pleuré sur lui.

Le moment exact de sa mort restera un secret d'État. Livie et Sallustius Crispus ont encore quelques formalités à régler. Il faut nettoyer le terrain avant que ne s'engage la bataille de la succession. Il y a deux êtres de trop, Julie, la fille d'Auguste, et Posthumus, son petit-fils, tous deux relégués sur des îles, mais chacun, à

Rome, a son clan de fidèles. Auguste les appelait « ses deux chancres ». Eh bien, on va les extirper sur ordre du cadavre, ce cadavre qui servira encore à quelques petites opérations de police. Tibère qui arrive le surlendemain s'enferme un long moment avec lui, un communiqué dira qu'il a recueilli ses dernières volontés. Alors, déjà un peu décomposé, on peut le ramener à Rome où un magnifique cérémonial, minutieusement réglé par son testament, est en train de se mettre en place. De ville en ville, la nuit, il sera porté sur les épaules de chevaliers romains en tunique, sans ceinture et pieds nus. Jusqu'au bout, les deux extrêmes de la gloire et de la simplicité auront marqué l'œuvre du Fondateur.

TIBÈRE

OU LA MORT HARGNEUSE

Ce n'est pas pour jouir du luxe, encore provocant un siècle après sa construction, de la villa de feu Lucullus, que Tibère a décidé d'y faire halte à la pointe du Cap Misène. C'est parce qu'il est à bout de forces et que cette villa devenue résidence impériale devrait être la dernière étape avant son retour par voie de mer à Capri. Stratégiquement, c'est l'escale la plus sûre. Tibère n'est tranquille que sur un promontoire avec la mer à ses pieds : il peut voir venir de très loin les assassins possibles qui auraient choisi la voie maritime, et échapper sur un navire à ceux qui arriveraient par terre. Des navires, il n'en manque pas à Misène qui est la seconde base navale de l'Italie. Ici comme à Capri il y a jour et nuit quelques trirèmes armées prêtes à emmener le vieil Empereur vers une province garnie de légions. Peut-être se fait-il des illusions sur la loyauté de ses légats militaires, mais dans ses pires moments de misanthropie il a toujours cru à la fidélité des soldats au milieu desquels il a passé le meilleur de sa vie. Ce grand aristocrate est un homme de troupe. Il sait, ou du moins il savait coucher sur le sol, partager l'affreux lard. Il résistait à l'exercice mieux que ses légionnaires, il buvait plus qu'aucun d'eux le vin vinaigré et acceptait leurs chants de dérision. Maintenant il se traîne, il est saturé de chair de homard et de crus de Salerne, et il fait disparaître ceux qui se moquent ou pourraient se moquer de lui. Il hait l'humanité entière, y compris lui-même. Le pouvoir absolu, le gouvernement de tous les hommes, la possession de toutes les choses ont gâché son existence, il en est conscient.

Les dieux savent pourtant combien il a voulu l'Empire et quelle somme de bile amère il a accumulée pendant ce quart de siècle où on le lui a fait espérer sans qu'aucune assurance ne lui en soit donnée. Depuis bientôt un autre quart de siècle il le tient — mais comme on tient le loup par les oreilles, a-t-il dit un jour. C'était de toute façon trop tard pour qu'il en jouisse dans la sérénité — il avait alors cinquante-six ans et ne connut pas un instant cet état de grâce qui permet aux jeunes princes de s'installer progressivement dans l'absolu du pouvoir. Toute la faute en incombe à Auguste qui a essayé d'abord une série de candidats préférentiels que le destin lui a retirés, un à un, puis s'est résigné à l'installer dans des positions d'attente incommodes, sans se décider à disparaître malgré sa santé pitoyable. Sans doute Tibère a finalement dépassé lui-même ce record de longévité — plus de soixante-dix-sept ans contre soixante-seize pour Auguste. Mais c'est naturel en ce qui le concerne, la race des Claudes est incomparablement plus solide que celle des Jules. Sa mère, Livie, a attendu quatre-vingt-cinq ans pour lâcher la vie et le pouvoir, pour sa part il n'a encore jamais été malade et n'est pas prêt à entrer dans la mort malgré son universel dégoût. Certains de ses amis parmi ceux qu'il n'a pas contraints au suicide s'y résolvent pourtant volontairement. Que ne les imite-t-il, après s'être si souvent entretenu avec eux de la sagesse stoïcienne qui prône, dans des cas comme le sien, le recours à la mort volontaire ? En vérité, ce qui le retient, c'est l'idée de laisser impunis tant d'ennemis qui souhaitent sa mort, et aussi la certitude qu'ils déchireront son cadavre sur l'escalier des Gémonies. Il a tous les courages physiques, sauf celui d'affronter cette perspective répugnante.

Le médecin Charicles qui est du voyage insiste pour qu'il reste au lit dans la chambre du premier étage dont la terrasse domine la baie de Naples. De là il peut voir Ischia tout près dans la Méditerranée et, à l'est, derrière la pointe de Pouzzoles, la blanche Herculanum et le Vésuve qui de temps en temps lâche des petites fumées pour rappeler qu'il n'est pas tout à fait mort. Par très beau temps, on aperçoit au sud Sorrente et Capri. Là bas est le refuge pratiquement inaccessible où il vit depuis dix ans et qu'il ne quitte que pour des incursions plus ou moins longues sur le continent, sans s'éloigner de la côte campanienne. Il n'est jamais revenu à Rome qu'il a pourtant approchée à plusieurs reprises. Mais ce sont des velléités que brise au dernier moment une force contraire irrépressible. Il vient à nouveau d'en faire l'épreuve. Deux semaines plus tôt il avait atteint, avec sa garde prétorienne et son équipage d'amis et de fonctionnaires, la grande ceinture verte de

Rome dont il voyait les faubourgs. Dix kilomètres le séparaient du Capitole et du Palatin où une armée de serviteurs entretient le palais qui domine le Forum, dans l'attente de son retour, chaque année annoncé puis annulé sans explication. À tout hasard des arcs de triomphe avaient été dressés, et les sénateurs en tenue d'apparat battaient le pavé de leurs talons rouges, à la Porte Capena. Ils étaient peu convaincus du redoutable honneur d'avoir à feindre la joie devant un maître dont le peuple lui-même avait appris à se méfier. Cette fois-ci encore il a rebroussé chemin, au grand soulagement de tout le monde. On raconte dans son entourage qu'il venait de recevoir un signe très inquiétant du Destin : son petit serpent fétiche qui se tenait généralement enroulé autour de son poignet avait été trouvé mort le matin même, déjà à moitié mangé par les fourmis. C'était un serpent apprivoisé et sans venin, mais il impressionnait les visiteurs à l'âme faible. Plus sinistre et de mauvais augure est le scorpion gravé sur le sceau de sa bague : il est immortel et il tuera encore longtemps car il est devenu l'emblème des prétoriens.

On ne cherche pas assez à comprendre les pulsions secrètes qui le repoussent de Rome où il se sent attiré. Vient-il narguer ces hommes qui ne l'ont pas compris, qui ne l'ont pas aidé dans sa tâche, ces chefs de grandes familles sénatoriales des rangs desquelles il est issu et dont aucun César ne saurait se passer ? Il ne sait ce qu'il hait le plus en eux, de leur arrogance ou de leur servilité, et c'est pourquoi il alterne à leur égard la terreur et les prévenances. Mais pour cela il n'a pas besoin de se déplacer, il suffit de ses longues lettres alambiquées qui viennent régulièrement semer le désarroi sur les bancs de la Curie. De plus, il dispose souverainement de la police prétorienne qui reçoit ses ordres secrets et les exécute à la lettre, quand elle n'y ajoute pas ses propres abus comme elle le faisait sous le commandement du traître Séjan, et comme il la soupçonne de le faire maintenant sous le commandement de son successeur, Macro, traître en puissance. Ces circuits-là sont efficaces, ils suffisent à tenir en respect ses opposants et à humilier ses pairs. Mais en réalité, s'il se rapproche de Rome sans pouvoir l'atteindre c'est parce qu'il cherche à exorciser des souvenirs qui hantent ses nuits sans sommeil de Capri. Rome est le lieu de toutes ses amertumes, même les moments heureux là-bas lui ont laissé un goût de malheur.

Il y est né dans une période trouble où le destin n'avait pas encore choisi entre les trois complices d'une alliance explosive, le triumvirat d'Octave, d'Antoine et de Sextus Pompée. Son père, Claudius Nero, membre de l'illustre famille claudienne dont il tient l'orgueil et l'impulsivité, a accumulé depuis le début de la guerre civile tous les choix malheureux, toutes les erreurs politiques. Il devrait être mort, comme Pompée, Brutus et Caton. Les premiers souvenirs de Tibère sont ceux de fuite dans la nuit, porté par Livie sa mère, sur des sentiers marins, embarqué sur des navires fantômes qui d'étape en étape les conduiront ici, à Misène, puis en Sicile, puis en Macédoine, pour trouver enfin refuge à Sparte. La rentrée à Rome s'achètera au prix d'un nouveau retournement de ce Nero quelque peu usé qu'on retrouvera bientôt à la table du jeune triomphateur, un Octave surexcité qui tomba instantanément sous le charme de la très belle Livie. Tibère a des boutons quand il pense à ce sordide marchandage que l'hystérie d'une époque révolutionnaire peut à peine excuser et dont il a été, lui, bien plus que sa mère, la victime expiatoire. Si Livie a été un peu bousculée — elle n'était sans doute pas d'accord sur la manière — elle a trouvé d'immenses compensations dans cet enlèvement que seul Tibère a vécu comme un arrachement. En effet, après avoir été protégé par elle jour et nuit pendant trois ans, il se retrouvait avec un vieux père déçu et replié sur le culte de ses grands ancêtres. Trois mois après, un nouveau-né expédié de la maison d'Octave vint sous leur toit : c'était son frère Drusus, dont Livie était enceinte lorsque le maître de Rome se jeta sur elle.

Quelques années plus tard, le petit garçon de neuf ans lisait d'une voix inaudible sur la tribune du vaste Forum l'oraison funèbre de son père proposé comme modèle de toutes les vertus républicaines comme les hommes illustres de sa race. Il a déjà décidé d'être l'héritier de ces Claudes mythiques, défenseurs intransigeants de l'ordre moral et des libertés publiques. Chacun sait en réalité que ce sont des aristocrates imbus de leurs droits et ataviquement portés aux excès. On en a vu quelquefois d'excessivement bons, mais plus généralement de mauvais. Le petit Drusus sera de toute évidence un des bons. Il est le charme même. De Tibère on ne peut encore rien dire, il est sérieux et secret. Maintenant il vit dans la maison de sa mère où se trouve déjà la jeune Julie, fille d'un premier mariage d'Octave. D'autres enfants pullulent dans la maison contiguë, celle d'Octavie, la sœur, la veuve admirable. Elle a un fils et une fille d'un certain Marcellus, deux filles d'Antoine et, en plus, tous les enfants que cet ancien mari a eus de Cléopâtre ou d'autres. La discipline règne dans l'important pensionnat que gèrent ensemble Octavie avec douceur et Livie avec énergie. Tibère comme tous les autres est soumis à un régime scolaire intense. Octave qui s'appellera bientôt Auguste y veille personnellement. En heures supplémentaires les garçons font de l'instruction militaire, les filles filent la laine...

Les troubles psychiques dont est atteint depuis plusieurs années le vieillard de Misène se sont sérieusement aggravés ces derniers mois. Les intermittences de sa mémoires traduisent un relâchement de sa volonté d'occulter le passé, d'annuler cet « avant » maudit qu'il allongeait à mesure que son âge s'étirait douloureusement. Il y a eu ainsi l'avant ses divorces, l'avant Rhodes, l'avant la mort d'Auguste, puis l'avant celle de Livie, l'avant Séjan, etc. À chaque stade il a pu dire aux rares vieux amis qui ont gardé sa confiance : « Ne parlons plus de cette époque-là, ni de ces gens-là, ils sont sortis de ma pensée. » C'était sans doute la condition qu'il s'imposait pour ne pas vivre en état de déception ou de haine permanent. Il était arrivé l'an dernier au stade du rejet global, interrompant rageusement son tout dernier compagnon, Cocceius Nerva, qui évoquait devant lui un moment heureux de leur amitié : « Je ne me souviens de rien de ce que j'ai été. » Rien, c'est trop dire. Il ne peut censurer les images qui surgissent sans raison apparente du fond de sa mémoire et s'impriment sur le mur de sa chambre avec une douloureuse précision. Celle-ci, par exemple, est vieille de soixante-cinq ans : Octave rentre à Rome, l'Égypte enchaînée à son char. Deux jeunes cavaliers de treize ans l'encadrent, l'un à droite, place de choix, c'est Marcellus, le neveu du triomphateur, le fils d'Octavie, l'autre à gauche, c'est Tibère, son beau-fils. La priorité est déjà donnée au sang des Jules, celui des Claude ne viendra jamais qu'en second, même s'il est notoirement plus noble. Second, Tibère ne s'y résigne pas, surtout lorsqu'il voit Drusus, son frère cadet dont il s'est fait le protecteur, jouir des plus grandes faveurs, surtout lorsque Marcellus, devenu le mari de Julie, disparaît brusquement à vingt ans sans que sa place lui soit offerte. Le nouveau gendre, le nouveau successeur sera Agrippa, un homme de naissance obscure. Tibère devrait avoir compris que sa mère, si puissante et si ambitieuse pour lui soit-elle, n'y peut décidément rien.

Ce n'est pourtant pas faute d'intrigues. Livie avait cru habile, bien des années plus tôt, de l'engager par fiançailles avec une enfant, Vipsania, fille d'un premier mariage d'Agrippa. L'alliance familiale avec ce roturier surpuissant était pour elle une assurance à long terme, bien jouée puisqu'il est devenu, par la mort de Marcellus et par la volonté d'Auguste, l'héritier de premier rang. Octavie elle aussi a cru bien jouer de son côté, mais avec un autre objectif, en sacrifiant sa fille mariée à Agrippa afin que celui-ci devienne libre d'épouser Julie. Elle craignait par-dessus tout que cette Julie dévorée d'ambition et dévoreuses de garçons jetât bientôt ses sorts sur le fils aîné de Livie, comme certaines rumeurs le laissaient penser. Car Octavie la douce est devenue enragée contre Livie, contre toutes les mères de garçons, depuis la mort de son fils unique. Un destin tragique la poursuit. Tibère ne se vexe pas de cette manœuvre matrimoniale, contrairement à sa mère, car Julie ne l'intéresse pas du tout. Bien mieux, il se sent une immense tendresse pour la petite Vipsania Agrippa qu'il épouse dès qu'elle atteint ses quatorze ans. Il en a alors vingt-trois. Ce souvenir irrépressible fait pleurer le vieillard. Car Tibère peut pleurer. Vipsania a vu ses larmes. Drusus aussi, Antonia, l'admirable épouse de Drusus peut-être. Livie, jamais.

Tout aurait pu être si simple désormais dans l'existence des fils de Livie dont l'affection fraternelle, la tendresse conjugale et l'intimité de leurs ménages provoquaient l'admiration de tous les Romains. Leurs carrières militaires parallèles étaient éclatantes. C'est Tibère qui va chercher les aigles prises sur Crassus par les Parthes, c'est lui et son frère qui soumettent les montagnards d'Europe centrale, c'est Drusus qui pénètre en Germanie jusque sur la Weser. Ils ont le goût des campagnes difficiles, méthodiques, dévastatrices. Ils veulent forcer l'admiration d'Auguste dont Drusus gagnera en plus l'affection quasi paternelle. Tibère, qui n'en paraît pas jaloux, garde ses distances. Il n'a cure des sentiments d'Auguste. Ce qui l'intéresse, c'est de s'imposer comme le meilleur de tous. Or les événements semblent l'y aider. Agrippa meurt à cinquante et un ans [1], Auguste ne sait que faire de Julie qui échappe à sa censure. Elle ne supporte plus d'être utilisée à des plans dynastiques et veut vivre sa propre sexualité après avoir

1. 12 avant J.-C.

donné cinq petits-enfants à son père, dont trois héritiers mâles. Ceux-ci sont éduqués par l'Empereur lui-même, mais il leur faudrait un tuteur qui redresserait aussi leur mère. Auguste voit très bien Tibère dans ce rôle ingrat. Il est marié avec une femme qu'il aime ? L'obstacle sera levé, il est divorcé d'office. Il déplaît maintenant à Julie autant qu'il la méprise ? La raison d'État s'en moque, on les accouple. Si monstrueusement endurci que soit devenu le vieux Tibère, il saigne toujours de l'arrachement de Vipsania, le seul amour de sa vie. D'elle il avait déjà un fils, un Drusus II. Il aura tout de même rendu Julie enceinte avant de repartir en guerre, mais leur enfant ne vivra pas. Tout est détraqué.

Le sort s'acharne. Drusus meurt accidentellement au cœur de la Germanie, à vingt-neuf ans. C'est le désespoir dans l'Empire et le désarroi dans la famille impériale. Pour Tibère, c'est une cassure irrémédiable. Il a pu dans une folle chevauchée couvrir trois cents kilomètres en un jour et une nuit, sans escorte, en pays ennemi, pour assister aux derniers instants de son frère. À pied, il ramènera son corps à Rome, puis il reviendra achever les opérations engagées par lui entre le Rhin et l'Elbe. Il est déjà séparé de Julie, mais ce n'est plus cela qui peut gêner son ascension politique : ses capacités militaires et administratives apparaissent désormais indispensables à l'État. Auguste partage avec lui la puissance tribunitienne, il est en quelque sorte vice-empereur, comme Agrippa l'avait été. Toutefois il voit les deux jeunes princes Caïus et Lucius gravir très prématurément la voie des honneurs et s'offrir à l'adulation des Romains. Auguste laisse, comme toujours, l'équivoque s'installer : dans ces cas-là Livie joue le temps et conseille à son fils la patience. Mais Tibère ronge son frein. À trente-six ans, bouillonnant d'énergie, il estime avoir le droit de savoir le rôle qui lui est réservé. Justement, Rome est à nouveau provoquée en Arménie. Auguste lui confie une expédition orientale comme à son meilleur général. À la stupéfaction de tous, Tibère refuse.

Le soleil est tombé sur la mer et la fraîcheur des soirs de mars [1] pénètre dans la chambre. Le vieillard est agité de tremblements, mais c'est parce qu'il ne peut supporter le souvenir d'une époque

1. 17 mars 37 après J.-C.

maudite. Auguste a considéré son refus comme un acte de désertion, sa mère elle-même n'a pas compris sa révolte et n'a pu le défendre. C'était pourtant clair : il abandonnait tous ses postes et allait vivre dans une retraite lointaine, en citoyen privé. Il en avait bien le droit après avoir rendu de si éminents services à sa patrie. Cette attitude superbe de vieux Romain, loin d'émouvoir Auguste, l'exaspéra. Ses plans étaient dérangés, son autorité défiée. Il refusa sa démission. Alors Tibère s'obstina et fit la grève de la faim. Il sait aujourd'hui comment on traite cette sorte de chantage : on nourrit de force les candidats au suicide, ou on les tue, ou les deux successivement. Que sa décision d'alors ait été intelligente, il n'en est pas sûr. Son orgueil avait sous-estimé celui d'Auguste. Au bout de quatre jours, pressé par Livie, l'Empereur le laissa partir mais fit une croix sur son nom. Il embarqua aussitôt à Ostie avec de rares amis, sans témoins, sur un navire marchand à destination de Rhodes. Il ne pensait pas à un exil sauvage, mais plutôt à un congé culturel de durée indéterminée. Il connaissait déjà Rhodes, site touristique très fréquenté et centre avancé d'études d'éloquence et de littérature grecques. Il avait assurément un besoin insatisfait d'activités intellectuelles après des années de vie fruste dans les camps. Il ne fut pas déçu par cette petite Athènes célèbre pour ses écoles de rhétorique, et il s'y fit des amis très savants qu'il s'attacha jusque dans cette autre retraite marine qu'est Capri, à quelques encablures d'ici. Il est d'ailleurs impatient d'aller les y retrouver pour continuer leurs inépuisables recherches d'astrologie et de grammaire.

Il croyait avoir oublié Rome et vivait dans un semi-anonymat la vie d'un simple particulier. Mais les démons du pouvoir retrouvèrent sa trace. Une lettre du Palatin lui signifia, après cinq ans de silence, que sa femme était reléguée sur une île et que l'Empereur, son beau-père, usant de son droit de chef de famille, avait en son absence déclaré le divorce. La chute de Julie, condamnée pour ses débordements insensés, ne le surprit ni ne le peina. Mais elle changeait du tout au tout sa propre position dynastique. Il avait mal joué et la trop habile stratégie de rupture dont il se croyait le maître se retournait contre lui. Il n'était plus le gendre, il ne serait pas le tuteur des fils de sa femme, pas le régent, pas le successeur. Bien pire, il allait perdre, dans quelques mois, à l'expiration de sa puissance tribunitienne de cinq années, toute protection personnelle. Avec ce brutal retour à la réalité commença sa descente aux enfers qui ne s'est jamais interrompue jusqu'à aujourd'hui.

Il veut chasser ce cauchemar et s'agite dans son lit où il était entré dans un demi-sommeil. On l'entend gronder sourdement, on appelle Charicles qui veut prendre son pouls. Mais il l'a deviné, retire son bras et le chasse du geste. Il n'a jamais eu recours aux médecins, jamais pris le moindre remède, et n'accepte de conseils que des astrologues. Il déclare qu'il va se lever et descendre à la salle à manger. Il est essentiel de détromper ceux qui spéculent sur sa fin.

À peine a-t-il mis le pied hors du lit qu'une crampe douloureuse le courbe en deux. C'est évidemment la conséquence du geste imprudent qu'il a fait deux jours plus tôt aux arènes de Circée. Là aussi, pour se prouver et montrer publiquement qu'il était toujours en bonne forme, il avait cru habile de saisir le javelot d'un bestiaire et de le lancer sur un sanglier. L'effort provoqua une déchirure profonde dans son flanc gauche. Maintenant il ne peut plus se tenir droit, pour la première fois depuis soixante-dix-sept ans. C'en est fini de lui s'il ne jouit plus de sa haute taille qui le plaçait au-dessus des autres et dont il ne perdait pas un pouce, pour compenser sa timidité et ses gênes intérieures. Il appelle son masseur et se fait redresser dans d'atroces souffrances. Puis, raide comme à l'accoutumée, il va traverser lentement les salles où les gens de sa suite ont commencé à dîner. Il essaiera en vain de lire dans les regards l'évaluation des heures ou des jours qui lui restent à vivre. Tous sont devenus faux, dissimulés comme lui, pour se protéger de lui. Charicles se penche vers le préfet Macro et chuchote : « Un jour au plus... » L'autre se faufile aussitôt vers la sortie pour aller réajuster ses plans en conséquence, expédier ses ordres.

Tibère prolonge le dîner tard dans la nuit comme pour tromper tout le monde et la Mort elle-même. Puis il se contraint à saluer un à un les convives qui se retirent. Il a placé à sa droite son petit neveu Caïus, âgé de vingt-cinq ans, le seul descendant des Claudes et des Jules qu'il ait épargné. À sa gauche, son petit-fils Tibérius Gemellus, de sept ans plus jeune. Il aurait donné la préférence à ce dernier s'il n'avait un doute sur sa légitimité. Il le regarde encore une fois longuement, dans un ultime scrupule. Non, décidément, il ressemble beaucoup plus à Séjan qu'à son fils Drusus. Caïus observe la scène et s'agite. Tibère le devine. Quand il lui tend sa joue, avant de remonter se coucher, il lui souffle :

« Tu le tueras, puis un autre te tuera. » Le vieux scorpion a jeté son reste de venin. Il est à nouveau couché, épuisé par la comédie qu'il s'oblige ou plutôt, pense-t-il, que tous les autres, tous ceux qu'il méprise, l'obligent à jouer. Un instant le projet d'un dernier acte de cette comédie lui traverse l'esprit : demain il fera semblant d'être vraiment mort, puis, quelques heures après, il se lèvera subitement pour noter le comportement de chacun. Mais il voit le risque : Caïus et Macro auraient déjà pris le pouvoir et personne ne lui obéira plus. Ils l'étoufferont sous son matelas. Ce sont deux vipères. Il sait que Macro tient les sens surexcités de Caïus à travers sa jeune femme Thrasilla, qu'il lui a cédée. Thrasilla, c'est la vengeance posthume de son vieux sorcier Thasille qu'un jour il avait voulu pousser dans un ravin, à Rhodes.

À Rhodes, où il avait basculé dans la plus profonde détresse. Les Grecs, vite avertis de sa disgrâce totale, se détournaient de lui, les dignitaires romains en mission ne profitaient plus des escales pour venir le saluer et d'ailleurs lui-même se méfiait de tout le monde. Il abandonna sa demeure en ville pour un refuge sur un rocher de la côte opposée. De là il pouvait surveiller la mer et les chemins d'accès. Cent fois il crut voir des espions et des navires suspects. Ce n'était plus pour personne un sacrilège de le tuer, peut-être au contraire un exploit digne de récompense. Alors il se résigna à écrire à Auguste, d'abord pour le supplier de modérer son impitoyable sévérité contre Julie, mais venant de lui cette requête fut méprisée, ensuite pour lui dire son souhait de revenir à Rome dans n'importe quelle condition afin de veiller à l'éducation de son fils. La réponse d'Auguste le cingla : « Qu'il ne se préoccupe donc pas d'une famille qu'il a quittée avec tant de désinvolture. » Il atteignit le fond de l'humiliation lorsqu'il dut se rendre au-devant de Gaïus César, l'aîné des enfants de Julie, que son grand-père avait chargé de la reconquête de l'Arménie. Gaïus le reçut avec hauteur lors de son escale à Samos. C'était maintenant un jeune général de dix-neuf ans, prêt à assumer la succession promise. Tibère, blessé dans sa dignité, menacé dans sa vie, conjure alors sa mère de le sauver. Elle lui obtient un vague statut protecteur.

Sa chance tourne à nouveau. Gaïus meurt d'une blessure en Orient[1]. Tibère est autorisé à revenir à Rome, pourvu qu'il n'y

1. 21 février 4 après J.-C.

fasse pas parler de lui. Le malheur des temps le remet finalement en selle. Mais en dix ans il s'est forgé pour toujours une mentalité de proscrit et il n'aura pas assez de tout le reste de sa vie pour faire payer à l'humanité les peurs et les humiliations qui ont couvert son corps d'eczéma et hâté la chute de ses cheveux. Le reste de sa vie, ce sera encore vingt ans d'affrontements douloureux avec sa mère qui lui rappellera jour après jour qu'il lui doit tout et qu'elle a hérité, comme lui, plus que lui, l'autorité d'Auguste. Auguste, qui l'a repris à ses côtés par nécessité, n'est pas le pire de ses ennemis : ce maître de l'opportunisme semble redécouvrir les qualités de l'éternel second qu'il envoie à sa place sur tous les points chauds de l'Empire, et qui le décharge de corvées administratives. Il lui arrive même de lui adresser des lettres affectueuses, lui recommandant de ne pas prendre froid. Tibère les a gardées par dérision, à côté de celles qu'Auguste écrivait naguère à Livie et où se lisent toutes les préventions qu'il avait contre lui. D'ailleurs le vieux s'est arrangé pour coller à ses pas un jeune concurrent, un Claude, son neveu Germanicus, dont l'étoile monte avec fulgurance sur Rome. Tibère est à nouveau pris au piège, il doit veiller sur le couple prestigieux que forment Germanicus et Agrippine — le fils très doué et très aimé de Drusus et la fille très ambitieuse et très féconde de Julie.

De ces deux-là il devra souffrir pendant des années le comble de l'humiliation. Mais son corps puissant et son âme blessée seront plus résistants qu'eux. Au bout de quinze ans, Germanicus disparaît en pleine gloire. Il faudra encore à Tibère supporter pendant douze ans les intrigues et la haine vigilante d'Agrippine et de ses fils qui montent en puissance. Finalement Séjan les exterminera, mais pour son compte propre : c'est ce qu'Antonia, la veuve inconsolable de Drusus, l'amie toujours fidèle, lui révélera longtemps après. Alors il prendra Caïus, le petit Caligula qu'elle a élevé à Rome, sous sa protection à Capri et fera abattre Séjan par Macro. Avait-il assouvi ses vengeances ? Non, il lui restait à détruire des ennemis comme ce Gallus qui a trop bien consolé Vipsania. Pour un soupçon, il a condamné de vieux amis sur le rocher même de Capri où l'on croit entendre les plaintes sinistres des suppliciés. Mais on dit beaucoup de choses incroyables, en particulier sur ses débauches séniles. Que cela soit vrai ou faux ne regarde que lui, le seul problème est de savoir qui a commencé et où sont les ennemis de l'État. Là-dessus il a la conscience tranquille, il est le seul rempart légitime de la République, le dernier peut-être. Il a offert au Sénat le partage du pouvoir, mais le Sénat l'a supplié d'assumer toutes les responsabilités, l'y a obligé malgré lui. Il a dû se battre pour refuser les honneurs inutiles, outranciers, et empêcher qu'on les transfère à sa mère. « Race d'esclaves ! » a-t-il lancé à ces nobles qui le harcelaient dans leurs discours et se couchaient devant ses ordres. Quand Séjan a bien voulu se charger de les mettre à la raison, il lui a laissé Rome et son théâtre d'ombres, et s'est consacré au gouvernement et à la défense de l'Empire. De ses villas de Campanie, de Capri, il y a travaillé jour et nuit, avec quelques secrétaires et des escadrons de messagers. Les provinces sont prospères, les frontières sont gardées, les citoyens se sentent en sécurité. C'est l'essentiel, le reste est méprisable, coupable, condamnable.

Il fait de grands gestes qui réveillent sa douleur. Avec sa canne qui lui sert à appeler ses serviteurs il chasse des ombres qui s'approchent du lit pour son bien ou pour son mal, il y a longtemps qu'il ne sait plus faire la différence. Peut-être est-il déjà dans le royaume de la Mort. Ce n'est pas elle qu'il désire, il appelle à l'aide sa vieille amie la Solitude. Elle arrive, livide, et s'installe. Des heures passent. Il lui semble que le froid gagne ses jambes et va l'envahir peu à peu. Il reconnaît les symptômes que lui avait décrits d'une voix éteinte, il y a quelques semaines, son vieil ami Cocceius Nerva qui s'était laissé mourir volontairement d'inanition devant lui. Cocceius était las de vivre sur cette île luxuriante auprès d'un compagnon déshumanisé. Renonçant à son pacte de fidélité, il résista à ses menaces et à ses supplications. « Je te précède », lui dit-il. Tibère croit qu'il revient le chercher et le tire par la main. Mais il comprend que c'est à son anneau qu'on en veut, cet anneau qui est le sceau de l'Empire, qui dispose de la vie des hommes. Sa main est puissante, elle a tué sans le vouloir d'un seul de ses doigts un camarade de jeu dans son enfance. Elle se crispe sur l'anneau, personne ne pourra plus l'ouvrir dans la rigidité de la mort.

CALIGULA

OU LA MORT BIEN CHERCHÉE

Il n'a dormi que trois heures, ce n'est pas assez pour un simple mortel, c'est encore trop pour un être surhumain. Tout le problème de son ambiguïté est là. Les concessions qu'il doit faire, lui, le maître absolu de tous les hommes, à la commune nature le révoltent. Jupiter dort-il, lui ? Il décide de s'en assurer sur le champ auprès du Dieu dans son temple. Il appelle en frappant sur un gong les factionnaires de sa garde germaine, fait allumer les flambeaux et s'engage dans la galerie qui relie ses appartements du Palatin au Capitole. Cette galerie est sa fierté, elle vient d'être élevée sur ses plans entre les deux collines. Soutenue par un mur haut de cinquante mètres au fond du Forum, elle a nécessité l'expropriation de tout un quartier. Mais il fait terriblement froid en cette nuit du neuvième jour avant les calendes de février [1], une neige fondue poussée par le vent s'engouffre entre les colonnades, Caligula revient sur ses pas et commande un bain chaud. Il est pris de hoquet, il a soupé trop vite hier soir après la représentation du *Laurealus* au Théâtre de Marcellus.

Cette pièce tragique de Catullus, un auteur contemporain, attire les foules. Les vingt mille cinq cents places du théâtre avaient été prises d'assaut dès le matin. On venait surtout pour la scène finale qui représentait le supplice d'un bandit follement audacieux, beau parleur, presque sympathique. Selon l'imagination du metteur en scène, le condamné était soit crucifié, soit déchiré par des bêtes, soit précipité d'un rocher. Quand on disposait d'un vrai bandit et de vraies bêtes, le succès était phénomé-

1. 21 janvier 41 après J.-C.

nal, mais les spectateurs surexcités devenaient incontrôlables, et même dans la loge impériale la sécurité n'était plus assurée. Caligula avait opté hier pour la précipitation dans le vide du bandit et de tous ses complices. Les acteurs étaient alors remplacés par des acrobates professionnels qui s'écrasaient sur des outres pleines de sang de bœuf dont le public était éclaboussé. Le coup avait été si bien réussi que l'Empereur lui-même fut taché de sang, ce qui fit hocher de la tête les augures présents. Après le dîner, le mime Menster dansa sur le théâtre privé du Palatin un ballet grec antique dont seuls quelques érudits, notamment le pauvre oncle Claude, savaient qu'il avait été joué devant Philippe de Macédoine la veille de son assassinat. Claude avait appris à ne rien dire, mais il n'en pensait pas moins. Caligula était un fanatique de Menster. Il suivait tous ses mouvements, d'abord des yeux, puis de la tête, puis des bras, puis de tout son corps, en accordant sa voix aux sons de la lyre, si bien que dans sa loge il mimait le mime avec un réel talent et recueillait tous les applaudissements.

D'où tenait-il ses dons d'artiste, nul n'eût pu le dire car on ne connaissait dans son hérédité que des hommes et des femmes d'action, d'ambition, et de pulsions sexuelles. En ce qui concerne les arts libéraux, ils étaient à peine des amateurs éclairés. Son père Germanicus s'illustrait à la guerre et dans des exercices de rhétorique formelle, sa mère Agrippine savait faire des enfants et s'affairait dans les œuvres sociales de l'armée. Ses grands-parents paternels, Drusus et Antonia, étaient de la même espèce, gens de devoir et de vertus ennuyeuses. Du côté maternel, Julie et Agrippa formaient un couple disparate : un expert en travaux publics et une dévoreuse d'hommes, une énergie positive et une énergie négative, aussi peu portées l'une et l'autre sur l'esthétisme. C'est plus loin encore qu'il faudrait chercher les sources apolliniennes, mais évidemment pas chez l'arrière-grand-mère Livie, froide et calculatrice, peut-être davantage chez l'autre, Octavie, qui fondait en larmes à l'audition de l'*Énéide* — mais elle pleurait tout le temps. Auguste, lui, admirait surtout les *Géorgiques,* cet imbécile de Virgile y célébrait la rusticité de Rome. Il ne pensait qu'à l'ordre moral. Finalement, c'est chez l'autre, le dernier, le plus excentrique, celui qu'il n'a jamais vu mais qu'il admire entre tous, Marc Antoine, que Caligula a découvert son atavisme. C'était lui le vrai héros, qui a brisé les liens soi-disant sacrés de la patrie et du mariage, le carcan du conformisme romain, lui l'anti-Auguste, l'anti-Virgile, qui a tout joué, tout perdu avec panache, qui a inventé la vie inimitable. C'est lui qui, attiré par l'Orient comme Alexandre, a rêvé aussi d'être un Pharaon.

Caligula, dans son bain chaud, rêve à son tour d'être le nouvel artiste d'une nouvelle vie inimitable. On a contrarié toutes ses vocations. Sa pauvre mère a d'abord voulu faire de lui, à peine savait-il marcher, un petit soldat. En Germanie elle l'a déguisé en minuscule légionnaire. Il s'appelait Caïus, la troupe l'a affublé du nom de Caligula, « petite botte », et le peuple stupide ne le connaît plus que sous ce sobriquet ridicule. Mais enfin, il paraît qu'il a admirablement joué son rôle alors, et qu'il a apaisé par sa seule apparition les mutineries où ses parents ont failli périr. Ensuite il se voit sur le char triomphal où Germanicus fête son retour à Rome. Il est avec ses cinq frères et sœurs, mais le peuple de Rome n'a d'yeux que pour lui. Son père le présente à bout de bras, aux acclamations, aux baisers, il est le poupon, le nourrisson, l'enfant chéri, et toujours la petite botte. Tant pis pour les autres, les Nero, Drusus, Agrippine, etc., c'est lui qui est investi d'un destin spécial. Même chose en Orient où il suit ses parents : là bas, avec eux, il est adoré, divinisé. Mais le drame fond sur la famille. Il se souvient d'une scène où il a joué encore un rôle historique : il est à côté de sa mère qui descend d'une frégate à Brindisi, tenant dans ses bras l'urne des cendres de Germanicus, son père. Une foule immense les attend, il semble que toute l'Italie se presse sur la route jusqu'à Rome où des milliers de prétoriens rouges les escortent, toujours dans un silence écrasant. Il a sept ans, il n'oubliera pas ce spectacle d'une grandeur et d'une douleur sans exemple dans toute l'Histoire du monde.

Sur le Palatin les dix années qui suivent sont agitées, désordonnées, brillantes puis désastreuses pour sa mère et ses frères aînés, pour lui ternes et oppressantes. On l'a tout simplement oublié au fond de la maison où il fait avec ses trois jeunes sœurs des études médiocres. Ils apprennent surtout la prudence, la méfiance, et enfin la dissimulation totale. Personne n'attend rien de ces derniers rejetons, c'est leur chance. Un jour la vieille arrière-grand-mère Livie les prend chez elle, le seul endroit où Séjan n'ira pas les chercher. Mais elle a quatre-vingt-cinq ans, et meurt. C'est le moment de tous les dangers, le clan entier d'Agrippine est décimé. Alors ce sera au tour de la grand-mère Antonia de les recueillir. Elle est intouchable dans ses immenses domaines, mais sa rigueur est inhumaine. On dirait qu'elle veut expier les débordements de son père trop humain. Si elle n'évoque jamais ouvertement la mémoire d'Antoine le Magnifique, tout dans la maison, à commencer par les affranchis et les esclaves orientaux, parle de sa royauté sur l'Égypte. Caligula découvre Isis, il se souvient d'en avoir organisé secrètement le culte avec ses sœurs. Il sera l'Osiris de Drusilla et couche déjà avec elle. Un jour Antonia les surprend, ils sont brutalement séparés. Alors il se met à fantasmer sans frein dans sa tête.

L'Empereur Caïus, dit Caligula, sort du bain et se fait frictionner. Il trépigne lorsqu'on lui dit que le soleil ne se lèvera que dans trois heures. Trop de gens dorment encore à Rome, il envoie chercher d'urgence Arrecius Clemens, un des deux préfets du Prétoire. Celui-ci arrive très pâle, et Caligula observe qu'il tremble : c'est donc qu'il n'a pas la conscience tranquille, il va falloir le liquider dans les prochains jours. Sans doute est-ce assez bien deviné, mais le préfet dit qu'il a froid, ce qui est tout aussi vraisemblable. Ils sont bien avertis maintenant l'un sur l'autre, reste à savoir qui agira le plus vite, en tout cas avant le départ pour l'Égypte dans quelques jours. Car Caligula a décidé d'aller à Alexandrie, on ne sait pas clairement avec quel objectif — touristique, politique, ou simplement pèlerinage sur les traces de son père. On le soupçonne de vouloir passer par la Judée où il a un compte à régler avec le proconsul de Syrie, Petronius. Ce dernier a reçu l'ordre de faire mouvement avec deux légions sur Jérusalem où les Juifs s'opposent à l'installation d'une statue en or de l'Empereur dans le Temple. Petronius sait très bien qu'il lui faudra passer sur le corps de toute la population, femmes et enfants compris. Il fait traîner les choses. Caligula vient de lui écrire : « Je suis décidé à faire un exemple de ta personne pour que la postérité sache que mes ordres sont sacrés. Tu sais maintenant ce qui te reste à faire. » C'est une invitation au suicide qui, généralement, est aussitôt obéie faute d'autre issue. Mais Petronius ne recevra la lettre que dans trois semaines.

Caligula ne sait plus ce qu'il avait à dire à Arrectius Clemens ou plutôt un autre sujet lui est venu à l'esprit, il fait appeler le chef de son cabinet, l'affranchi Calliste. Celui-ci vient aussitôt, il est toujours derrière la porte. Il est prié d'exposer le programme de la journée, qui marquera la clôture des Jeux dits palatins institués par Livie en mémoire d'Auguste. Calliste lui annonce pour le milieu de la matinée un concert de chant donné ici même sur son théâtre privé, devant quelques invités, par un chœur d'enfants nobles venus spécialement de la province d'Asie Mineure. Ils offriront ensuite dans la journée un spectacle de ballet. Le soir on représentera une évocation des enfers avec des artistes noirs, Égyptiens et Éthiopiens. Caligula décide de s'habiller ce matin en satrape oriental pour accueillir les enfants d'Asie. Calliste lui fait observer que ce sont des Grecs qui n'ont pas gardé un très bon souvenir des Perses de Darius. Qu'à cela ne tienne, ils sauront qu'il peut être terrible. Il se chausse de cothurnes, fait relever en toupet à la mode perse ses cheveux qu'il porte habituellement longs sur la nuque pour compenser sa calvitie précoce. Comme il est déjà assez grand au naturel, il paraît immense. Il est très loin d'être aussi beau que ses statues, ou que l'image qu'ont de lui les Romains lorsqu'ils le voient sur son char dans des déguisements superbes et le visage peint de vermillon. Il est même de plus en plus laid, avec ses jambes et son long cou maigres, sa poitrine velue et son gros ventre. À vingt-neuf ans, il paraît déjà vieux. Alors, faute de plaire à la manière de ce Menster qui le fait crever de désir et de jalousie, il a décidé d'inquiéter, de déconcerter, de terroriser et même, à contre-emploi, d'être drôle. L'autre jour, voyant rire aux larmes un spectateur alors qu'il prenait en public des airs jupitériens, il se l'est fait amener : « C'est que tu es un sacré farceur ! » lui dit l'homme, un cordonnier gaulois. Les prétoriens étaient prêts déjà à le transpercer, mais l'Empereur le renvoya avec dix pièces d'or. Enfin un citoyen qui appréciait son talent de comédien !

Maintenant il est le Roi des Rois, dans une robe bleu nuit constellée d'étoiles d'or dont une copie est aussitôt portée dans le temple de Castor et Pollux pour revêtir sa statue consacrée. Il en sera ainsi à chaque changement de tenue, c'est une des activités les plus absorbantes du Palatin, car les journées de Caligula ont plus de vingt heures, toutes occupées par une succession rapide de travaux et de spectacles, ou même par un mélange des deux. Ainsi il ne résiste pas à la tentation de faire une farce aux deux nouveaux consuls, Pomponius Secundus et Sentius Saturnius, qui viennent d'entrer en charge. Un centurion va les sortir de leur lit et les ramène au pas de course devant le Roi des Rois sur son trône élevé. Ils savent qu'il faut se prosterner et embrasser ses cothurnes, mais ils ignorent tout de la suite. Pomponius a été fortement suspecté lors du complot découvert à l'automne dernier et qui coûta la vie à nombre de jeunes sénateurs et chevaliers. Il se sait en sursis. Quand il relève la tête il voit la face grimaçante de l'homme avec qui il est engagé dans un duel mortel. Le monstre a pour l'instant le dessus.

Pomponius est préparé à l'idée de la mort comme tous les ambitieux qui sont au service de l'État — ceux qui s'en tiennent éloignés sont encore plus suspects et menacés —, mais il peut espérer éviter les tortures. Comme Tibère, Caligula estime qu'il est trop facile à ses ennemis d'échapper aux supplices atroces qu'ils méritent mille fois. Le suicide préventif est une grâce de plus en plus rarement accordée. L'exécution doit être lente afin que le condamné se sente mourir, telles sont ses nouvelles instructions. Il est expert dans ce domaine car Tibère l'emmenait souvent avec lui assister au supplice des prisonniers envoyés à Capri pour y être interrogés par le vieil Empereur. Combien de fois pendant les six années qu'il a passées aux côtés du tyran schizophrène s'est-il demandé si son tour n'était pas arrivé ? Il a dû feindre une indifférence totale à l'annonce de la mort violente de sa mère à Pandataria, puis de ses frères Nero et Drusus, l'un à Ponza et l'autre dans une prison du Palatin, tous deux précipités à la veille d'être associés à l'Empire. Lui-même n'était-il pas un troisième otage, une dernière précaution de Tibère, révocable à chaque instant ? La fin de Séjan, son ennemi et son protecteur involontaire, aurait fort bien pu signifier la sienne car le fils de Livie avait sous la main un héritier de rechange, son propre petit-fils, Gemellus, mais il hésitait : Caligula était de la race de César et d'Auguste, la plus légitime, la plus populaire. Gemellus n'était qu'un Claude, à supposer même qu'il ne fût pas adultérin, et il avait dix ans de moins que son cousin. Ce fut Macro, le tombeur de Séjan, qui fit la différence. Il mit sa femme Thrasilla dans le lit du jeune obsédé sexuel, et prépara son avènement. Les dernières minutes se jouèrent à pair ou impair. Macro-Caligula gagnèrent. C'est ce qu'espéraient ardemment les prétoriens, les légions et le peuple tout entier. Jamais prise du pouvoir ne fut plus facile, jamais nouveau prince aussi adulé.

Il n'y a pas plus que trois ans, dix mois et huit jours de cela, et déjà la ronde des poignards tourne frénétiquement sur la tête d'un prince honni. A-t-il donc tellement changé ? Tout le monde le croit, lui seul sait que non. La vérité est que l'infâme Macro se révéla d'une prudente sagesse lorsqu'ils eurent saisi le pouvoir et fait l'impossible pour le contraindre à la vertu après l'avoir poussé au vice. Dix-huit mois plus tard il paya cette ultime perfidie, et le sinistre couple fut autorisé à se suicider proprement. Caligula était bien le plus rusé, le plus intelligent de tous, le meilleur disciple du Vieux qui disait : « J'ai élevé une hydre pour le peuple romain. » Le consul Pomponius s'effondre quand il entend l'hydre hideuse éclater d'un rire puissant au-dessus de sa tête. Son collègue Saturnius qui a plus de sang-froid demande : « Dis-nous ce qui te paraît drôle, César ? » Alors César répond avec beaucoup de bonne grâce : « C'est simple, j'étais en train de penser que d'un seul signe de tête je pourrais vous faire égorger sur-le-champ. » Puis il descend de son trône, les prend par le bras et esquisse un pas de danse. Maintenant il leur parle des finances de l'État. Il y a longtemps que le Trésor laissé par Tibère, un milliard sept cents millions de sesterces, est épuisé. Quelques folies y ont suffi. Ainsi, dès qu'il le put, il fit construire une chaussée géante, faite de bateaux de charge ancrés sur deux rangs et recouverts de terre, entre le port de Baïes et la digue de Pouzzoles, sur une longueur de cinq kilomètres. Il caracola plusieurs jours, diversement déguisé, sur cette nouvelle via Appia qui avait immobilisé tous les transports maritimes du pays pendant que Rome manquait de blé. Le but d'une telle prouesse ? Faire mentir l'oracle de Thrasylle qui avait dit à Tibère : « Caligula n'a pas plus de chance d'être Empereur que de traverser à cheval la baie de Baïes. »

Les consuls acceptent poliment de trouver avec le Sénat de nouveaux impôts. Ils savent que ce n'est pas possible, on en est venu à relever toutes les taxes indirectes sur les denrées, sur les salaires et sur les bordels. Le peuple gronde. On augmente l'impôt sur les grandes fortunes, ou on confisque celles-ci quand on trouve une bonne raison d'exécuter leur détenteur, tel le Roi Ptolémée de Maurétanie, cousin et compagnon de l'Empereur. Par chance la paix voulue par Tibère règne aux frontières, sinon les légions existantes ne suffiraient pas à les défendre. Caligula en est venu à simuler des campagnes de pur prestige : sur le Rhin il se borne à de grandes gesticulations, et son plan d'invasion de l'île de Bretagne s'est arrêté net sur les plages de Boulogne où il a ordonné aux légionnaires de remplir leurs casques de coquillages avant de leur faire faire demi-tour. Il a mesuré, mais César aussi avant lui, et bien d'autres après, les difficultés d'une traversée et d'un débarquement. Cette frustration de gloire le ronge. Quels événements extraordinaires auront marqué son règne ? On l'entend soupirer qu'Auguste, lui, resterait célèbre au moins par le désastre de Varus, et Tibère par l'effondrement du stade de Fisène qui fit cinquante mille victimes. Il prie les dieux de lui accorder une telle chance.

En attendant il cherche toutes les occasions de se singulariser, espérant qu'une fantaisie énorme, ou la somme de ses fantaisies stupéfierait ses contemporains et lui laisserait un nom impérissable. Il n'a perdu que trop de temps, par nécessité, à jouer l'insignifiance totale, sous l'œil de Tibère qui n'était même pas dupe. On ne saura jamais quelles agitations de l'esprit, quelles convulsions de l'âme se dissimulaient derrière ses dehors inexpressifs depuis qu'il a pressenti, encore enfant, que l'hystérie de sa mère, la présomption de ses frères conduisaient la famille entière à l'anéantissement. On le croyait insensible, il vivait tout avec une secrète intensité aux côtés de Drusilla, seule témoin de ses angoisses et de ses désirs de vengeance qu'il enfouissait spasmodiquement en elle. Ses deux autres sœurs étaient encore trop petites pour avoir peur, pour haïr et pour le faire jouir. Il les initierait plus tard à leur tour, il ferait d'elles aussi des Bacchantes dévastatrices. Ce plus tard, il douta de jamais le voir lorsque grand-mère Antonia le fit passer clandestinement à Capri. Là il se persuada vite que Tibère était décidé à survivre à tous ses héritiers et ne se préoccupait nullement de le former aux affaires. Le vieux renard préférait lui offrir des cours de danse et de chant et le pousser dans les bordels de l'île. Il lui trouva même une épouse, Jullia Claudilla, la fille d'un consulaire, mais elle mourut bientôt d'une fausse couche. Dans l'intervalle il dut assister rageusement au mariage de ses sœurs.

La rage qui l'habite encore aujourd'hui n'est pas d'une autre intensité ni d'une autre nature, mais elle peut enfin se décharger à l'air libre. Des gens disent qu'il a eu une mystérieuse maladie quelques mois après son avènement et que son caractère en a été transformé. Ces gens prennent l'effet pour la cause. Il est exact qu'il a été très abattu à l'automne et que ses crises d'épilepsie avaient récidivé. Mais cette fatigue s'explique par le brusque changement d'existence, l'exaltation de la liberté, les nouvelles responsabilités accablantes. Après quelques semaines de retraite, il s'est adapté au rythme que lui impose sa charge herculéenne. En attendant de rejoindre la place qui lui est réservée parmi les dieux il doit vivre son destin surnaturel et d'abord rattraper le quart de siècle qu'on lui a volé, réhabiliter tous les siens et faire trembler ceux qui les ont persécutés. Qui oserait lui reprocher de s'être follement embarqué, par une nuit de tempête, avant même d'avoir joui du triomphe romain, pour aller chercher les cendres de sa mère et de son frère aîné sur les îles de leur supplice ? Quand il les eût ramenées dans ses bras au péril des flots, le passé était aboli, l'avenir en était soulagé, une vie inimitable pouvait débuter. Rome tout entière se mit aussitôt à l'unisson, elle avait une fringale de fêtes depuis qu'Auguste vieilli et Tibère né vieux avaient contingenté les Jeux. Les comédiens, les danseurs, les gladiateurs affluèrent, on ouvrit des chantiers d'hippodromes, de stades et de cirques. L'Empereur était de tous les spectacles, et se donnait en spectacle. Cela n'a d'ailleurs pas cessé depuis plus de trois ans.

Les deux consuls sont repartis. Sur le Forum ils croisent le préfet du Prétoire, les trois se savent sursitaires et échangent des regards qui signifient que tout est en marche. Mais Caligula est le maître des impondérables. Il donne des ordres contradictoires à Calliste qui le connaît assez pour savoir qu'il y a une certaine logique dans ces incohérences, la logique d'un homme qui à tout instant prend les autres à contre-pied dans l'espoir de les neutraliser et d'embrouiller les pistes du destin lui-même. Mais c'est devenu une habitude, et l'on ne peut pas dire ce matin que l'Empereur soit particulièrement soupçonneux. Calliste contrôle encore l'emploi du temps. Il introduit une délégation de Juifs d'Alexandrie qui ont obtenu une audience par l'entremise d'un de leurs coreligionnaire bien en cour, le roi Agrippa. Ce personnage, petit-fils du grand Hérode, intrigue à Rome depuis des années pour se faire rendre un royaume. Protégé par Antonia, il est devenu l'ami de Caligula et monnaye son influence auprès des Juifs d'Égypte persécutés par les Grecs. Caligula a appris de Tibère à se méfier des Juifs, mais il est comme tout le monde sous le charme du prince iduméen. Il l'entraîne dans la galerie pour lui demander son avis sur la décoration des murs, puis sans écouter sa réponse, il passe aux fenêtres qu'il veut garnir de verre blanc de Tyr, décide d'installer le chauffage hypocauste, revient dans le palais, suivi dans ses allées et venues par la délégation qu'il interpelle brusquement : pourquoi les Juifs ne mangent-ils pas de porc ? Il discute alors à perte de vue sur le goût de la viande de porc ou de mouton, et les assaisonnements. De là il passe aux problèmes religieux : puisqu'ils croient à un dieu unique, pourquoi refusent-ils de sacrifier à la divinité du seul Empereur, devant sa statue ? Il fait les questions et les réponses. Puis il change de sujet : comment s'habille-t-on à Alexandrie ? Il oublie ses hôtes, revient à eux : pourquoi ne l'aiment-ils pas ? Enfin il les congédie, et dit à Agrippa : « J'espère que tu vas changer ce nom vulgaire qui n'est pas digne d'un roi. »

Il n'a jamais voulu admettre qu'il était le petit-fils du grand Agrippa dont on connaît les origines plébéiennes. Il ne faut surtout pas représenter celui-ci comme l'amiral d'Auguste, bien que ce soit lui qui ait gagné la bataille navale d'Actium, ou plutôt parce que c'était lui et qu'Actium a mis fin au rêve oriental d'Antoine. Caligula a supprimé la célébration de cette victoire. D'ailleurs Agrippine sa mère n'était pas la fille d'Agrippa. Les enfants de Julie sont nés de ses incestes avec Auguste qui voulait garder la pureté du sang de César. Antonia lui a pourtant défendu de dire de telles absurdités. Mais Antonia, elle, a trahi le sang de son père, elle a pactisé avec les Jules et les Claudes, des petits bourgeois de province. Il n'oubliera jamais sa vertueuse fureur lorsqu'elle le trouva dans le lit de Drusilla. Il s'est bien rattrapé depuis, Drusilla aura été sa vraie femme, il l'a déifiée quand elle est morte il y a deux ans. Pourquoi n'a-t-il pas eu d'enfant d'elle, comme les dieux en donnent aux pharaons et à leur sœur-épouse ? Il a fallu qu'il arrache trois jeunes femmes à leur mari pour procréer enfin une petite fille, une nouvelle Drusilla qui a maintenant un an. Il n'a pas vraiment essayé jusqu'au bout avec ses deux autres sœurs, il l'a fait croire pour le principe, mais il les déteste. Elles ont trempé dans la première conspiration qu'il a noyée dans le sang, celle du légat de Germanie, et il s'est contenté de les exiler. Agrippine, qu'on appelle la Jeune, est un monstre d'ambition, son mari Ahenobarbus est un monstre de grossièreté qui reconnaît lui-même que leur fils Néron, né il y a deux ans, ne saurait être qu'un monstre lui aussi.

Le jour s'est levé, les bruits de la ville montent jusqu'au Palatin qui est environné de ruelles commerçantes. Les échoppes, les tavernes sordides s'insinuent entre les grands monuments du Forum, se collent aux temples, il faudrait déblayer, incendier peut-être ces résidus d'une vieille Rome républicaine où le peuple était alors partout chez lui. Caligula aime que le peuple l'aime, mais il craint ses débordements. Au début il lui a rendu le droit de vote pour les élections à certaines magistratures, élections tombées en désuétude à la fin du règne d'Auguste et supprimées purement et simplement par Tibère. C'était un beau geste de sa part que personne n'apprécia. La plèbe bouda les urnes. Elle avait trouvé d'autres moyens de s'exprimer, beaucoup plus amusants et efficaces, elle criait au théâtre et au cirque en présence de l'Empereur qui devait supporter de formidables chahuts collectifs. On hésitait à faire donner la garde contre trente mille ou même quatre-vingt mille citoyens qui scandaient en chœur leurs revendications. Caligula s'y risqua deux fois, et il y eut des centaines de morts. Ce matin il entend une rumeur qui semble provenir d'en bas, de la basilique Aemilia où se traitent les litiges civils et commerciaux. Par la fenêtre il voit un rassemblement d'où émergent des pancartes. On lui explique que ces gens protestent contre la suppression de l'affichage des prix alimentaires. En réalité les affiches existent, mais on s'est arrangé pour qu'elles soient illisibles et les cours deviennent anarchiques. Caligula demande où est la police urbaine, on lui répond que le préfet de la Ville l'a consignée dans ses casernes. Voilà un nouveau suspect. Alors, du balcon il s'adresse à la foule qui bien sûr ne l'entend pas, encore que sa voix soit puissante et bien posée — c'est le seul don qu'on ne saurait lui contester.

Son discours est éloquent, bien construit, les appels au calme y alternent avec les fausses promesses et les vaines menaces, on devine qu'il s'est longtemps exercé à l'art oratoire dans des soliloques intérieurs, entre des leçons de danse et de chant sur le rocher de Capri. C'est pure rhétorique, il sait au fond de lui qu'il ne changera rien à rien et que les manifestations les plus sages ou les plus extrêmes de sa toute-puissance restent sans effet sur une société dont le cours a été minutieusement réglé par les grands prédécesseurs. Eux-mêmes d'ailleurs n'ont rien fait d'autre qu'adapter le vieil ordre romain à l'évolution des mœurs, aux progrès matériels et intellectuels d'un monde de plus en plus interdépendant. S'ils ont quelquefois voulu aller trop vite, qu'ils s'appelassent César, Auguste ou Tibère, ils se sont heurtés aux forces conservatrices qui structurent l'âme latine. Mais s'ils freinaient trop fort les évolutions spontanées, ils déséquilibraient une formidable machine à gérer les nations. Pourtant il a cru, lui, au cours des rêves délirants de son long isolement physique et moral, qu'on pouvait bousculer l'inertie du temps, casser des conformismes sociaux, bref changer la vie et gouverner comme un dieu. S'il est à moitié conscient de son échec, il a trop d'orgueil pour le reconnaître et encore assez de pouvoir pour le dissimuler aux yeux des autres. Il s'évertue à prendre des airs terribles, il cite avec complaisance un vers de tragédie : « Qu'ils me haïssent pourvu qu'ils me craignent », et ce matin, interrompant brusquement son discours, il quitte la fenêtre en faisant un grand geste coupant : « Ah, si tout ce peuple pouvait n'avoir qu'une seule tête ! » Il est assez content de cette formule, il espère qu'on se la répétera encore longtemps.

À la sixième heure [1] il entraîne ses amis vers son petit théâtre privé dans une aile du palais, près de la salle des gardes. Il veut aller voir les décors et assister à la répétition du spectacle du soir des artistes africains. En passant il s'arrête devant la chambre de son favori, Incitatus, qui est décorée de marbre et de mosaïques. Incitatus est le cheval de tête de l'attelage gagnant des Verts, il a droit à des couvertures brodées, une auge d'ivoire et plusieurs esclaves. Il est entré dans la légende et sert le prestige de son propriétaire parce que la faction des Verts est la plus populaire à l'hippodrome. Caligula a dit un jour en guise de menace contre les sénateurs qu'il ferait d'Incitatus un consul. Si sa férocité était toujours aussi humoristique, on lui pardonnerait beaucoup. Mais on ne peut en prévoir les limites et il lui arrive trop souvent de passer à l'acte, si bien que personne ne se sent à l'abri de ses farces sinistres. Quand il se contente de faire adjuger d'office une enchère fabuleuse à un vieux sénateur au chef branlant, il a les rieurs pour lui. Mais quand à la suite d'une très grave maladie il fait précipiter de la roche Tarpéienne un brave citoyen qui a

1. 13 heures 30, 21 janvier 41 après J.-C.

naïvement promis aux dieux sa vie en échange de la guérison de l'Empereur, personne n'approuve cette impitoyable logique. Peu à peu le peuple de Rome se détache de lui, mais il est en sûreté aussi longtemps que les prétoriens le protègent. Ils sont vigilants autour de lui ce matin, quand il entre dans le théâtre et parle aux artistes, vigilants quand il en sort et rencontre sous le portique la troupe des enfants d'Asie qui se produiront dans quelques heures.

Les enfants sont charmants, ils semblent sortir de la mythologie, ce sont des Dianes et des Cupidons, des Amazones et des Myrmillons en tunique courte. Leur chef essaie de les faire répéter, mais ils tremblent de froid et peut-être de faim. Caligula, qui a décidé de se passer de déjeuner, voudrait que le spectacle commence tout de suite. Il sent un instant de flottement dans son entourage, mais Calliste a déjà pris les choses en main. Il va négocier avec le chef de la troupe et revient en disant que les jeunes choristes ont absolument besoin de se réchauffer pendant une demi-heure. Il suggère qu'en attendant Caligula fasse avec quelques amis les cent pas sous le portique pour digérer le banquet d'hier soir qui passe mal. Insensiblement les gens de la suite impériale se trouvent refoulés par les officiers de la garde rapprochée qui sont commandés ce matin-là par le tribun Cassius Chaereas, un vétéran des campagnes de Germanicus. On se souvient de lui comme le glorieux centurion qui avait, lors des rébellions des armées du Rhin, bravé les mutins pour protéger Agrippine et Petite Botte. Il a été récompensé de son dévouement et Caligula lui manifeste son affection par des plaisanteries familières qui blessent sa dignité de vieux soldat. Ainsi, chaque fois que Chaereas vient lui demander le mot de passe, il s'amuse à le choquer avec des termes équivoques, figue, verge, trou, ou : Bacchus, Vénus, sans se douter que l'autre souffre de la déchéance d'une famille de héros, famille qui porte secrètement les espoirs des républicains intègres. Un autre vétéran, le tribun Cornelius Sabinus, pourrait en témoigner, c'est un camarade de toujours de Chaereas. Il est de garde justement ce matin au poste des prétoriens devant lequel passe Caligula suivi de Chaereas et de quelques amis.

Il s'avance, salue réglementairement l'Empereur pour lui demander le mot d'ordre du jour. « Enculé ! » lance sardoniquement Caligula qui est sur-le-champ foudroyé. Chaereas lui a, tel un sacrificateur, enfoncé son épée dans le dos. Certains ont entendu qu'il prononçait la formule rituelle : « Sois exaucé ! » mais la scène était très confuse. Sabinus avait déjà transpercé la poitrine de la victime qui, effondrée, rugissait encore, Chaereas lui brise la mâchoire. D'autres prétoriens entrent dans la mêlée, certains sont dans la conspiration, d'autres pas, tous s'entre-tuent au hasard et n'épargnent pas les familiers du prince, complices ou non. Seul Calliste aurait pu faire le tri, mais il est déjà loin, poussant devant lui l'oncle Claude qui n'a encore rien compris au carnage auquel il vient d'échapper.

CLAUDE

OU LA MORT DU GLOUTON

L'Empereur descend difficilement les deux marches de son tribunal, sa jambe droite qu'il a toujours eue faible — séquelle d'une paralysie infantile — a de plus en plus de mal à soutenir le poids de son corps alourdi par ses excès de table. L'homme qui le suit comme une ombre et le retient au moment où il va tomber ne paraît pas beaucoup plus solide, il souffre de rhumatismes articulaires. Il est là cependant pour veiller en toute circonstance et par tous les moyens à l'équilibre physique et intellectuel de son maître, tâche très difficile compte tenu du caractère de ce dernier, aussi instable que l'est sa démarche. Que le vieux Claude César soit un peu dégénéré, personne n'en a jamais fait mystère. Mais qu'il ait beaucoup baissé depuis quelques mois est encore un secret d'État. Combien de temps va-t-on pouvoir le cacher ? Ne fût cette infirmité motrice, son allure est demeurée assez belle, ses cheveux blancs, son visage aux traits réguliers et pleins de sénateur romain peuvent faire impression un instant. Mais un instant seulement, car des rictus spasmodiques et des agitations de la tête lui reviennent par accès de plus en plus souvent. Sans doute Claude n'a jamais très bien contrôlé ses pulsions internes. Narcisse a depuis longtemps pris la mesure de ce problème et de ses dangers. Mais il sait que l'Empereur n'est pas aussi débile ni imprévisible qu'on le croit, et que le bilan des treize années de règne qu'il a derrière lui est excellent. Le ministre d'État en est d'autant plus convaincu et fier que c'est à lui qu'incombent les plus lourdes responsabilités du gouvernement — mais si habile et présomptueux soit-il, il reconnaît qu'il n'aurait pas pu jouer un tel rôle avec le sinistre Caligula dont on a dû se débarrasser. À dire vrai, tout a tenu à très peu de chose en très peu de temps.

Ce très peu de chose, ce n'est pas la mort du tyran qui, elle, fut le résultat d'un vaste complot enfin bien organisé, ce fut la présence au moment et à l'endroit voulus de celui auquel personne, ou presque, ne pensait une seconde auparavant, le vieil oncle Claude, ultime et dérisoire héritier d'une dynastie en voie d'extinction. Aujourd'hui cette succession légitime semble de l'ordre de la nature. Narcisse se souvient qu'elle fut en réalité un « accident » programmé par les quatre plus proches serviteurs de Caligula, Calliste, Pallas, Polybe et lui-même, les quatre principaux affranchis de la maison impériale. Calliste s'était chargé d'éloigner Claude du groupe des officiels et de le cacher dans un salon appelé Hermacum tandis que de son côté Narcisse poussait les gardes du corps germains, ivres de vengeance, vers cette partie du Palatin avec mission de protéger contre les prétoriens rebelles la famille de leur prince assassiné. Comme ces Germains, mais plus subtilement qu'eux, il ne pouvait accepter que le système impérial fût remis en cause. Il fallait donc prendre de vitesse ceux des conjurés qui se préparaient inconsidérément à rendre le pouvoir au Sénat — et pourquoi pas à rétablir une prétendue République qui n'aurait pas besoin de mercenaires bataves pour la protéger et encore moins d'affranchis orientaux pour la gouverner. Pendant que Chaereas et quelques officiers prétoriens perdaient leur temps à massacrer la femme, la petite-fille et les amis de Caligula, les Germains escamotaient Claude qui tremblait derrière un rideau. Mis en sûreté dans leur caserne, il fut vite convaincu que l'acceptation de l'Empire et la promesse d'un tas de pièces d'or étaient la condition de sa survie.

Faire à l'improviste d'un homme sans importance, infirme, âgé de cinquante ans, le maître du monde, et cela malgré lui, pouvait paraître un pari insensé. Mais les quatre affranchis palatins n'avaient pas le choix, ni pour eux ni pour l'État qu'ils administraient déjà avec un talent et un dévouement extrêmes, non sans d'immenses profits personnels, bien sûr. Nés esclaves de la famille du Prince où ils avaient acquis la liberté, ils étaient liés à son destin. Quand ce destin devenait le pouvoir absolu, eh bien, ils passaient de la direction des affaires privées à celle des affaires publiques. Que l'enjeu de ces passations soit la mort des autres ou la leur était un risque assumé. Déjà la première Impératrice qui s'appelait Messaline a fait tuer Polybe, mais Narcisse l'a tuée plus tard, et maintenant la seconde Impératrice qui s'appelle Agrippine a juré sa perte. Son collègue Pallas qui est l'amant de cette Impératrice le protège encore. Si Claude mourait ce soir, son sort serait en balance, il ne peut l'ignorer. Mais l'Empereur qui s'affale comme un paquet dans sa litière aura besoin de lui jusqu'à son dernier moment. Que ce moment approche, Claude en est lui-même conscient puisqu'il vient de faire son testament. Narcisse sait qu'il y a désigné pour sa succession le fils que lui a donné Messaline, le jeune Britannicus. Toutefois il a eu la faiblesse d'adopter aussi le fils d'Agrippine, qui a quatre ans de plus que le sien. Rome va connaître un moment très périlleux. Narcisse aimerait bien prendre sa retraite et jouir de la fortune considérable qu'il s'est constituée. Mais il n'a même pas pu aller comme tous les ans faire sa cure aux sources thermales de Sinuesse, à une journée de Rome. Il a fallu qu'il reste à son poste pour veiller jusqu'à l'extrême limite de ses forces aux chances de Britannicus.

Claude quitte la basilique Aemilia sur le Forum, siège des tribunaux civils, pour regagner le Palatin. Si sa litière est entourée d'un escadron de cavalerie en superbe uniforme rouge, c'est moins par goût du faste que par obsession de sécurité. Il ne demanderait pas mieux que de se promener à pied, comme le simple particulier qu'il a été très longtemps, s'arrêtant de taverne en taverne, chahuté familièrement par les gens de tripot et par les filles, ou furetant chez les libraires sous les portiques de Livie. Mais il est maintenant le personnage le plus exposé de Rome, les complots contre lui se reforment aussi légèrement qu'ils sont férocement réprimés l'un après l'autre. Trente-cinq sénateurs et plus de trois cents chevaliers ont été exécutés pour ce motif, mais bien sûr c'est souvent un prétexte pour régler des comptes ou s'approprier des fortunes insolentes. Messaline a pu ainsi considérablement agrandir ses jardins sur l'Esquilin. Il n'en est pas moins vrai que la conspiration est devenue quasiment un jeu de société et sa dénonciation un métier lucratif. En réalité, il y a peu à craindre de ces jeunes excités qui, imbus de leurs titres de noblesse ou de quelques merveilleux horoscopes, s'imaginent que le pouvoir sera au bout de leurs bavardes intrigues. Peu à craindre aussi longtemps que les prétoriens sont fidèles, ce qui est encore le cas — le secrétaire aux Finances, Pallas, en sait bien la raison. Beaucoup plus inquiétante est la baisse du prestige de l'Empereur qu'on accuse d'être manipulé par ses affranchis orientaux et par une synarchie de chevaliers trop habiles en affaires. Qu'il passe aussi pour être le jouet des femmes est tout simplement humiliant aux yeux des Romains. On ne sait pas gré à ce gouvernement sans éclat, laborieux et dissimulé, d'avoir installé une administration efficace dotée de services permanents et de réaliser des grands travaux d'utilité publique. On est troublé en revanche par certaines manifestations de l'incohérence d'un prince réputé caractériel.

Il est vrai que Claude se soucie peu de son image depuis son avènement. Ce n'était pas à cinquante ans qu'il allait changer ses habitudes et rectifier sa tenue dans la nouvelle position sociale qui lui était imposée. Il a continué à manger et à boire comme un goinfre — c'est la seule compensation, avec les exercices sexuels, qu'il ait trouvée au statut d'exclusion où sa mère l'a confiné dès l'enfance. Son père Drusus, ce héros qu'il n'a pas eu le temps de connaître, n'y aura été pour rien. Mais la famille entière se ligua avec Antonia, la veuve sublime, la mère spartiate qui, tout occupée à l'élévation de son très remarquable aîné, Germanicus, rejeta aussi loin d'elle que possible son second disgracié. Claude passa du sein de sa nourrice au fouet d'un précepteur bien choisi pour le dresser, un esclave d'origine barbare ancien directeur des haras. Sa mère parlait de lui comme d'« un avorton à peine ébauché par la nature », ce qui ne contribua pas davantage que les coups du précepteur à corriger ses déficiences physiques : certaines étaient naturelles, sans doute, et troublaient son système nerveux, d'autres furent des séquelles d'une maladie motrice, mais les plus durables sont encore les conséquences du mépris et de l'isolement dans lesquels il fut longtemps tenu.

À peine lui a-t-on accordé le statut de chevalier romain. Auguste, avec sa perspicacité exceptionnelle, était prêt à lui trouver quelque qualité de l'esprit, et même à l'inviter à ses dîners, mais Livie y mit bon ordre. Elle ne communiquait que par écrit avec ce petit-fils imbécile qui rédigeait une *Histoire des Étrusques* et se vautrait avec des prostituées. Tibère lui envoya quelques subsides et Caligula fit de lui son souffre-douleur. C'est miracle que ce Claude n'ait pas cherché plus tard à exterminer toute sa race quand on lui donna imprudemment le pouvoir. Il n'exerça que les vengeances de sa femme-enfant, Messaline, et les siennes se limitèrent à quelques-uns de ceux qui l'eussent volontiers supprimé, à commencer par Chaereas, ce Brutus au petit pied qui ne profita pas longtemps de son geste historique. Qu'il soit peu rancunier, on en aura la preuve lorsqu'il conférera à titre posthume la dignité d'Augusta à cette mère qui avait inventé l'expression devenue proverbiale : « Plus bête encore que mon Claude. » On voit pourtant qu'il n'est ni bête ni méchant, sauf quand la peur le prend au ventre : alors il fait tuer aussitôt tous ceux qu'on lui désigne. Cette particularité aide beaucoup Narcisse et ses collègues dans l'accomplissement de leurs tâches

Ce soir-là [1] l'Empereur est satisfait de l'excellente journée qu'il a passée à son tribunal où il s'est réservé les affaires d'adultère qui l'instruisent sur les mœurs des classes populaires avec lesquelles il regrette de n'avoir plus le contact. Il se complaît dans les histoires de coucheries et fait payer par de pauvres femmes les humiliations que d'autres lui ont infligées, encore qu'il lui arrive d'avoir pour quelques accusées très vulgaires des indulgences tout à fait inattendues. Sa jurisprudence n'est pas claire, mais il est vrai que sur ce point la législation n'est plus adaptée à la morale courante. La pratique du divorce est devenue si facile et si habituelle qu'elle ne fait en quelque sorte que légaliser des adultères successifs. La rigueur des lois d'Auguste ne sanctionne plus que des cas scandaleux qui troublent l'ordre public, par exemple aujourd'hui l'inconduite notoire d'une femme de centurion, ou la liaison d'une matrone avec un esclave, sans parler des règlements de comptes politiques. Sur ce dernier point Claude n'a pas la conscience bien nette, il a ainsi laissé condamner sa nièce Julia Livilla, la jeune sœur de Caligula et d'Agrippine, pour une liaison adultérine avec le brillant Sénèque. C'était une faute vénielle mais qui en cachait une autre, à savoir la tentative perfide de l'accusée de prendre la place de Messaline dans le lit de l'Empereur. Julia fut condamnée à la relégation sur une île et Sénèque sur une autre, selon la loi, avec la confiscation d'une partie de leur fortune. Claude ne sait pas, et ne veut pas savoir qui a ensuite donné l'ordre d'aller tuer Julia sur son rocher, crime de femme jalouse évidemment. Quant à Sénèque, qu'il estimait, il ne put le sortir de Corse aussi longtemps que vécut Messaline.

Il n'aime pas penser à Messaline et n'a pas prononcé une seule fois son nom depuis six ans. Mais c'est naturellement à elle qu'il fait allusion lorsque, devant Narcisse et Pallas qui le félicitent d'avoir sévèrement condamné la femme infidèle du centurion, il

---

1. 12 octobre 54 après J.-C.

se laisse aller à cet aveu : « Mon destin, à moi aussi, veut que toutes mes femmes soient impudiques, mais non impunies. » Cette phrase dite d'un ton neutre, comme à lui-même, flotte un instant entre Narcisse et Pallas frappés de stupeur. Le premier a senti le souffle de l'espoir, le second celui de la disgrâce, ils courent chacun à leur poste de combat. Pallas chez sa complice Agrippine, Narcisse chez son protégé Britannicus — mais il n'y arrivera pas. Une crise de néphrite le saisit en chemin. On l'emporte chez lui. Claude reste seul, rêveur. Il prévoit lui aussi que sa vie est en jeu, mais il est incertain d'où viendra le coup, et à quel moment. Généralement, dans ces cas-là, un prince ne dit rien et guette les indices. S'il a pourtant lancé en l'air cet avertissement ambigu, c'est qu'il veut maintenant précipiter les choses — n'a-t-il pas dit tout à l'heure en fermant son tribunal qu'il arrivait au terme de sa vie ? Personne n'a fait attention à cette formule banale — sauf peut-être Narcisse qu'il avait déjà trouvé à ses côtés dans un moment aussi critique dont il a longtemps fait semblant de ne plus se souvenir, mais qui en réalité hante sa mémoire.

C'était dans la septième année de son règne. Messaline, jeune fille de haute noblesse qu'il avait épousée alors qu'elle n'avait que seize ans, lui-même en ayant quarante-huit, s'était subitement prise d'un délire de puissance en entrant au Palatin. Sa famille n'avait pas pu calculer une telle élévation ni elle s'y préparer, aussi bien croyait-elle sans malice que le pouvoir absolu pouvait être celui de ses instincts déchaînés. Elle ne trouva pas un tuteur dans son mari, mais un jouisseur déjà un peu usé dont elle acheva de troubler les sens. Après qu'elle lui eut donné deux enfants, elle se jugea quitte et se fit remplacer dans son lit par des professionnelles, tandis qu'elle devenait elle-même une experte en aventures mondaines, voire à l'occasion en prostitution de bas étage. Claude ne put ignorer, car elle s'en fit gloire, qu'elle avait gagné un concours dans un bordel de Rome avec plus de vingt-cinq passes en une journée.

Mais ce n'est pas cette forme d'aveuglement volontaire qu'il se reproche à lui-même, car la lubricité de sa jolie petite épouse avait joyeusement excité la sienne, c'est plutôt sa naïveté dans une affaire qui faillit lui coûter le pouvoir et la vie. Cette affaire, enfouie dans l'oubli avec des côtés mystérieux qu'il n'a pas cherché à éclaircir, semble vouloir le rattraper aujourd'hui dans un nouveau climat de conspiration, centré, encore, sur une nouvelle épouse. Mais cette fois-ci, ce n'est plus à une créature légère et dépravée qu'il a affaire, c'est à Agrippine, une femme mûre, imposante et austère, qui ne s'effondrera sûrement pas sous les décombres d'un rêve fou.

Le rêve fou de Messaline dépassait l'imagination. Un jour qu'il était à Ostie, occupé à inaugurer de grands travaux portuaires, Narcisse était accouru de Rome pour lui annoncer que Messaline venait d'épouser son amant, Silius, chez lequel elle s'était déjà installée. Il ressentit une frayeur panique lorsque son conseiller précisa : « Tu es à ton insu divorcé, déshonoré et défié publiquement car l'affaire s'est ébruitée. » Ce dernier point était de beaucoup le plus grave parce que l'Empereur, s'il avait pris son parti de tous ses cocuages, ne pouvait tolérer que l'Impératrice, mère de ses enfants, allât transférer publiquement sa part de légitimité chez un personnage très important à Rome. Que ce Silius passât pour le plus beau des Romains n'affectait en rien son amour-propre de mari, c'était au contraire une explication suffisante et somme toute rassurante du nouveau caprice de Messaline. Mais qu'il fût aussi un des plus nobles donnait à l'affaire une dimension politique insupportable.

Narcisse, en insinuant cette crainte dans l'esprit de son maître, venait de gagner une partie infiniment risquée. Tous les autres pensaient en effet que l'Empereur accepterait n'importe quelle conduite de sa femme, comme de toutes les femmes d'ailleurs. Ses lâches retournements étaient habituels et dévastateurs pour son entourage. Tout pouvait finir par un compromis puisque Messaline avait parfaitement le droit de signifier le divorce à son époux. À Rome une lettre suffisait à rompre unilatéralement un mariage. Cette lettre attendait peut-être Claude au Palatin. Que son ex-femme eût déjà déménagé ses appartements impériaux chez Silius était normal aussi, puisqu'elle pouvait légalement reprendre sa dot. Il garderait sans doute Britannicus près de lui et négocierait avec Silius quelques nuits de Messaline chaque mois. Narcisse n'avait pas tort de penser que de tels accommodements traversaient déjà l'esprit de Claude. Alors il lui décrivit un immense complot dont il n'était à vrai dire pas sûr lui-même, car la légèreté de Silius et la passion de Messaline pouvaient à elles seules expliquer leur conduite aberrante. Il fut toutefois assez convaincant pour que la peur prît Claude au ventre, et qu'il revînt à Rome sous la garde des prétoriens. Tout le long de la route il ne cessa de demander en tremblant s'il était encore Empereur.

Mais la partie n'était pas jouée. L'annonce du retour précipité des cohortes fit sortir de leur rêve et de leur ivresse les invités de la noce. Silius errait dans les rues, Messaline poussait ses enfants devant elle, la grande Vestale s'entremettait. En vain, car les prétoriens avaient déjà fait leur choix. Silius et ses amis furent exécutés sur-le-champ. Messaline s'était réfugiée chez sa mère qui lui enseignait les meilleurs moyens de se tuer pour éviter les supplices. Cependant Claude s'était attablé et dans l'euphorie d'un dîner bien arrosé il parla de faire revenir sa malheureuse femme pour qu'elle pût s'expliquer. Si Narcisse n'avait pas pris sur lui d'envoyer un tribun pour en finir avec elle dans ses splendides jardins, l'Histoire aurait certainement dévié vers un autre cours. Claude, informé de son deuil, n'en demanda pas les raisons, il se fit servir à boire et ne parla plus jamais de Messaline. Il dit seulement à ses gardes en matière de plaisanterie que s'il lui arrivait de se remarier il les autorisait à le transpercer de leur épée. Quelques mois plus tard il épousait sa nièce Agrippine, fortement recommandée par Pallas. Elle l'emportait sur les candidates de Calliste et de Narcisse. Il pense aujourd'hui qu'il eût mieux fait d'écouter ces derniers, ou même de garder Messaline.

Pallas, qui vient de quitter Claude, pénètre précipitamment dans les appartements d'Agrippine par l'entrée secrète qu'il franchit chaque nuit. À l'expression de son visage elle comprend que le moment de passer à l'acte est venu. Cet acte n'a pas de précédent dans l'Histoire de Rome — on n'en trouve d'exemple que dans la légende des Atrides ou chez les dynastes barbares. D'ailleurs la créature qui va l'instrumenter est une sorcière venue du fond des pays celtes pour exercer son art criminel dans les arrière-cuisines de la haute société romaine. Avec ses poudres magiques, Locuste aide à régler des problèmes de jalousie ou à accélérer des successions. Démasquée et jugée, elle allait être exécutée quand elle se vit transférée il y a quelques jours dans une prison secrète du Palatin. Des individus qui dissimulent leur visage entrent et sortent de son cachot, ils se retrouvent en conciliabule avec le médecin du Palatin, Xénophon, et l'eunuque Halotus préposé à la table. Pallas n'a qu'un signe à leur faire puis il revient auprès de l'Empereur. Ils disposent de deux heures avant le dîner pour expédier comme chaque jour les affaires de l'État. Agrippine va respirer profondément sur sa terrasse. La soirée d'octobre est pluvieuse, des effluves encore un peu tièdes apportent des impressions d'arrière-saison. L'été se meurt, la femme de trente-huit ans va peut-être accéder à la vraie vie, ou bien comme tous les siens, mourir aux portes du pouvoir dont le seuil n'aura été pour chacun d'eux qu'une pierre tombale.

Elle scrute son visage dans un miroir pour s'assurer qu'il est à la fois impassible et capable de séduire. Elle est satisfaite de sa beauté et de sa dignité, elle peut encore commencer une carrière à la Livie, cette arrière-grand-mère qui a été la terreur et l'admiration secrète de son enfance. Peu importe que son corps s'alourdisse maintenant, il lui a assez servi pour survivre, pour s'offrir d'épais protecteurs, des hommes-écrans entre elle et la malédiction familiale. L'un d'eux lui a donné en plus un fils qui suffira à tout désormais. Si sa chair doit servir encore à son ambition ce sera à travers ce fils, dans son lit s'il le faut, en tout cas sur le trône. Pourtant elle n'a pas oublié la prophétie du devin Balbilus le jour de son accouchement : l'enfant aurait l'Empire et tuerait sa mère. Elle répondit à cette provocation du sort par une autre : « D'accord ! » s'écria-t-elle. L'échéance était loin, elle se rapproche, Agrippine est toujours d'accord. Tout, pourvu qu'il règne, et qu'elle règne, puisqu'elle et lui ne sont qu'un par la chair. Elle ne fera pas de l'inceste toute une élucubration théologique à la Caligula, ni une construction juridique à la Claude. C'est beaucoup plus simple. La légitimité de Néron passe par elle, par son sang, elle y a donc naturellement et physiquement sa part. Elle ne comprend pas que Sénèque qui est si habile à démontrer des vérités d'évidence n'ait jamais voulu admettre celle-là. Il se croit un esprit libre, mais il a tous les préjugés des parvenus, de ces provinciaux dont Claude peuple inconsidérément le Sénat.

Elle entre dans l'appartement contigu qui est celui de Néron. C'est l'heure justement de sa leçon particulière avec Sénèque. L'élève est en train de déclamer une scène de la dernière tragédie noire du maître. Il est monté sur une table et tient un luth d'où il tire quelques accords maladroits qui rythment la complainte d'Œdipe condamné à coucher avec sa mère et à tuer son père sans le savoir. Elle interrompt ce spectacle absurde. Néron boude, Sénèque explique que le meilleur moyen de prévenir son élève contre les vices est de lui en représenter les excès, et même de les lui faire simuler comme acteur afin qu'il les exorcise par son art. Ensuite seulement commencera la leçon de philosophie où on démontrera l'évidente supériorité de la sagesse. Il invite Agrippine à assister à cette leçon. Mais elle a autre chose en tête pour le moment et elle connaît par cœur l'intarissable dialectique de Sénèque. Ce n'est pas pour cette spécialité-là qu'elle s'est attaché ses services, mais pour l'excellente réputation qu'il a dans le monde et aussi pour son solide bon sens. Il a traversé les mêmes épreuves qu'elle sous Caligula et sous Messaline, il a lui aussi un besoin de revanche. Mais elle a compris que son ambition, si elle est immense, n'est pas comme la sienne sans retenue. Il s'exerce à l'idée du renoncement, à la pratique de l'ascèse, et il se ménage des positions de repli moral, prudence dont elle fait fi pour elle-même, mais qui, elle en convient, pourrait utilement être inculquée à Néron.

Le jeune garçon est indéchiffrable. Il a depuis l'enfance été entraîné à la dissimulation qu'on peut expliquer par l'état d'insécurité où il a grandi : orphelin de père, une mère exilée, élevé par un danseur et un barbier chez une tante que sa mère n'a pas manqué de faire tuer après qu'elle l'eut récupéré, il est passé ensuite aux mains de précepteurs orientaux, hommes instruits mais qui se révéleront corrompus. Maintenant il a dix-sept ans, il est éduqué par deux personnages de haute culture, Chaeremon, un prêtre d'Alexandrie converti au stoïcisme et par là très proche de son collègue Sénèque qui, lui, est pour ainsi dire un pontife de cette doctrine hellénique. N'est-ce pas un beau symbole qu'Agrippine ait choisi un Égyptien et un Espagnol pour former son fils au gouvernement de l'Empire ? Cet Empire universel est en train de rechercher son centre de gravité intellectuel et moral. Auguste l'avait clairement établi en Italie, Tibère et Germanicus avaient dû renoncer à le prolonger au-delà du Rhin, Caligula rêva de le transporter sur le Nil, Claude le fit remonter sur le Rhône et la Tamise. Que veut Agrippine, que voudra Néron ? Tout est encore en suspens. Jusqu'à maintenant le seul programme de l'Impératrice est la prise du pouvoir réel. Qu'elle l'obtienne ce soir, et dès demain matin le temps sera venu de réfléchir aux nouvelles orientations du nouveau règne. Sénèque écrira le discours du trône que lira Néron. Le jeune prince n'est pas du tout un orateur, il n'a pas le don que Caligula avait hérité de Germanicus, mais il sait très bien lire et même apprendre par cœur. Puisqu'il en est ainsi Agrippine admet que son précepteur n'a pas entièrement tort de l'exercer à réciter les grandiloquentes tirades de ses mauvaises tragédies.

Qu'attend-elle de Sénèque, elle ne saurait encore le dire. Ce vieil ami peut devenir encombrant après avoir servi. Il risque de prendre une trop grande influence sur Néron. Elle lui a déjà demandé de réduire les cours de philosophie qui ne sont pas utiles — au contraire — à l'exercice du gouvernement qu'elle conçoit comme une activité essentiellement pragmatique et concrète. Mais elle ne voudrait pas non plus qu'il développe trop les dispositions artistiques et ludiques du garçon qui risquent de le détourner des obligations fastidieuses mais nécessaires de la fonction impériale. Elle n'a pas compris que Néron est déjà irrésistiblement attiré par les côtés spectaculaires de cette fonction et qu'il n'a d'ambition de s'illustrer que dans les arts libéraux, fût-ce au prix d'un travail assidu. Sénèque le voit bien et il peut au mieux espérer convaincre son élève que la liberté de faire ce qu'on veut passe d'abord par la nécessité de faire ce qu'on doit. Il va donc tenter de manœuvrer entre le fils et la mère sans être écrasé par les pressions contradictoires de leurs égoïsmes monstrueux.

Agrippine a deviné que Sénèque est prêt à jouer ce jeu ambigu, d'abord pour consolider sa position actuelle dans les coulisses du pouvoir, puis dans l'espoir d'occuper une place dominante au cœur de ce pouvoir lorsqu'il changera de titulaire. Ainsi assurée de sa complicité dans l'opération en cours, et sachant qu'il méprise Claude autant qu'elle, elle n'a pas peur de lui laisser entendre que l'action est imminente. Il lui suffit pour cela de suggérer que la leçon de ce soir porte sur les devoirs qu'Alexandre rend à la dépouille de Philippe assassiné. Sénèque a immédiatement compris, et elle le quitte à peu près sûre qu'il est déjà en train de rédiger dans sa tête l'oraison funèbre de demain. Quant à la garantie de sa totale loyauté dans l'avenir, elle en fera son affaire avec Pallas, le seul homme auquel, pour l'instant, elle se confie corps et âme. Tous les deux ont déjà prévu l'antidote aux ambitions excessives du brillant professeur de philosophie, ce sera Burrus, l'instructeur militaire, qu'ils ont fait placer par Claude dans une position clé, celle de préfet du Prétoire. Ce haut fonctionnaire d'origine gauloise est un homme aussi droit et aussi scrupuleux qu'on peut l'être en ce moment au sommet de la carrière administrative. Autant dire qu'il est prêt à changer de camp. Exaspéré par les ordres contradictoires qu'il reçoit d'un cabinet impérial divisé et outrageusement corrompu, il décide que la situation ne peut plus durer. Puisqu'il faut choisir, il a choisi Agrippine, Pallas et Néron, contre Claude, Narcisse et Britannicus. Mais il n'acceptera pas d'être opposé si peu que ce soit à Sénèque. Ils s'estiment mutuellement, font les mêmes analyses et ont la même conception du devoir d'État.

Pourtant ce devoir est loin d'être négligé par Claude, et Pallas, qui examine avec lui les dossiers des affaires en cours, ressent un trouble de conscience tout à fait inhabituel chez lui en face de cet homme dont les heures sont comptées et avec lequel il prépare la création de deux nouvelles provinces, l'assainissement des marais campaniens et l'octroi de la citoyenneté à des populations gauloises. Il doute de retrouver jamais un maître aussi attentif à ses avis, aussi expérimenté et appliqué à l'intérêt général, du moins dans ses bons moments. Mais il ne peut oublier les mauvais moments, ceux où l'homme lucide et sensé fait place à un être grimaçant, déraisonnable et vil. Rien n'est pire que cette inconstance dans le bien comme dans le mal, que ces brusques retours à l'instinct de la bête apeurée ou lubrique qui ne reconnaît plus ses proches et les tue. Mieux vaut essayer de s'arranger avec le cynisme d'Agrippine dont les méfaits calculés sont, eux au moins, prévisibles. Il ne nourrit guère d'illusions sur la constance de son attachement, elle dédaigne en lui l'affranchi, même s'il prétend rattacher ses origines à quelque royauté exotique, même s'il a pu acheter certaines dignités. À peine la descendante du dieu Auguste aura-t-elle plus de considération demain pour Sénèque et Burrus. Mais avec elle la partie sera en tout cas rationnelle et Pallas est un bon joueur d'échecs.

Claude, lui, était un joueur de dés impénitent qui n'aura fait que perdre depuis sa naissance jusqu'à sa mort. Le malheur est qu'il a joué aussi, et toujours avec la même mauvaise chance, la vie de beaucoup trop de gens honorables. Son dernier coup sera fatal au plus innocent des êtres, le petit Britannicus dont il décide de pousser la carrière afin de lui faire rattraper bientôt celle de Néron qui est déjà Prince de la Jeunesse et promis au consulat. Sa prise de toge virile sera donc avancée d'un an, ainsi en a décidé son père qui semble le regarder avec beaucoup d'attention et même d'attendrissement depuis quelque temps. On l'a vu le prendre dans ses bras, on l'a entendu lui dire : « Grandis vite et je t'informerai de ce que je fais », scène rapportée à Agrippine qui s'est résolue aussitôt à passer à l'action. Britannicus n'a que quatorze ans, il est frêle et souffre d'épilepsie, le public et les soldats n'ont pas eu souvent l'occasion de le voir. En revanche Néron est fort, plutôt beau, et il s'est fait applaudir dans des défilés et des jeux paramilitaires. Surtout, il a une mère bien en vue, tandis que celle de Britannicus n'est plus qu'un honteux souvenir. Burrus est tombé d'accord avec Agrippine que le danger le plus urgent était le comportement capricieux de Claude et que, le père une fois éliminé, le fils serait moins dangereux, sinon inexistant. Il se doute bien qu'Agrippine a une conception plus radicale que la sienne de l'inexistence, mais on s'en expliquera plus tard.

Les Parques ont presque dévidé leur écheveau du jour qui est le troisième avant les ides d'octobre[1]. L'Empereur bâille de faim, son attention s'est relâchée, Pallas en profite pour lui faire signer quelques ordres en blanc qui serviront à opérer les mutations et exécutions indispensables dans les heures qui viennent. Des odeurs fortement épicées flottent dans les appartements privés. Claude tend son grand nez, fait claquer sa langue et, bousculant ses gardes qui le protègent jour et nuit, se précipite en clopinant vers le *triclinium* voisin où l'attendent déjà les invités du dîner, les consuls et le collège des prêtres qui clôturent les trois jours du culte institué par grand-mère à la mémoire du Divin Auguste. On y mangera les viandes des sacrifices, on boira des vins du cru de Falerne qui était la propriété de Livie et qu'elle lui a légué naguère par dérision : elle le tenait pour un ivrogne, ce qu'il était un peu. Il prend place sur le lit le plus haut et invite les pontifes à ses côtés. Agrippine est sur un lit voisin, entre les deux consuls, Asinius Marcellus et Acilius Aviola. Les autres convives, sénateurs et chevaliers, sont inconfortablement assis à des tables basses.

Claude s'entretient avec ses voisins en croquant des hors-d'œuvre, oignons, olives et anchois qu'on trempe dans des sauces de garum qui brûlent la bouche et appellent le vin qui décape le gosier. Il est de bonne humeur et pour les déconcerter leur parle en étrusque, langue qu'ils sont censés comprendre pour interpréter les oracles. Sa science des origines de Rome est sans égale, elle lui vient de l'époque où, isolé par sa réputation de jeune idiot, il allait

1. 12 octobre 54 après J.-C.

travailler avec le vieux Tite Live dans la solitude des bibliothèques palatines. Mais son bégaiement s'accentue sous l'effet de l'alcool et l'on voit bien qu'il se concentre sur ses sensualités internes. Les plats de viande de veau arrivent, l'eunuque Halotus qui les présente à l'Empereur les découpe en fines lanières sur un plateau qu'il pose devant chaque invité avec un bol de champignons en sauce. Ce sont de gros cèpes eux aussi découpés en tranches mais reconstitués dans leur splendeur naturelle. Halotus, conformément au protocole, choisit un morceau de viande et de champignons, les mâche lentement, comme avec gourmandise, devant l'Empereur qui salive et le regarde d'un air complice. Claude a reconnu une *Amanita Caesarea* et l'enfourne avec voracité.

Il en réclame une autre, pas n'importe laquelle, la plus grosse qui est devant lui, et la fait arroser de cuillères de sauce. Les plats suivants descendent dans son estomac sans qu'il puisse identifier leur nature ni leur goût — les pontifes à ses côtés ont peine à rivaliser avec lui. Agrippine, elle, fait semblant de toucher à son assiette, mais le champignon et la sauce sont bientôt passés sous le lit, car on ne saurait être trop précautionneux ce soir, elle non plus n'a pas que des amis ici. Un essaim d'abeilles a été trouvé sous le toit du Capitole, c'est généralement le signe de grands malheurs publics. Elle a demandé qu'on n'en parle pas à Claude qui est déjà assez soupçonneux par nature. Il est rassasié maintenant, il ronfle et l'on se prépare à l'emporter, comme d'habitude dans une couverture jusqu'à sa chambre.

Mais brusquement il est secoué de spasmes qui le font se redresser sur son lit, hagard. Il ne peut parler, il se lève, renverse les tables, les serviteurs se précipitent pour le retenir, mais il se débat en éructant. Agrippine est figée sur place par la surprise qui se transforme vite en terreur quand elle le voit vomir à flots. Simple indigestion, ou effet indésirable du poison, toujours est-il qu'il paraît soulagé. Mais il est affaibli et demande à Xénophon de lui administrer une potion reconstituante pendant qu'on change sa toge et sa nappe. Il s'enquiert déjà du plat suivant. Le danger s'est éloigné de lui, il plane maintenant sur Agrippine qui a mis, par nécessité, trop de gens dans la préparation du coup. Sa sûreté ne peut plus être dans le silence des complices, mais dans la prise immédiate du pouvoir. Elle cherche le regard de Xénophon et esquisse un signe qu'il comprend : c'est celui que Claude fait au Cirque quand un rétiaire, espèce qu'il déteste, est à terre.

Xénophon a vu le pouce d'Agrippine baissé, il va apporter une bouillie dont Claude fait son dernier délice sans s'apercevoir qu'Halotus l'a recrachée.

C'est un homme gémissant, secoué de spasmes que les esclaves porteront bientôt dans sa chambre et qu'Agrippine veillera toute la nuit. Elle seule, déclare-t-elle, peut calmer le malade, qui divaguera encore quelques heures avant de s'endormir dans un très profond sommeil, celui de sa divinité. Elle seule a écouté les invectives qu'il a lancées contre ses femmes abusives et ses affranchis corrompus qui exploitaient ses infirmités et ses peurs. Elle a entendu avec stupeur ses appels infantiles à Antonia, sa mère dénaturée, et à son grand frère Germanicus ; enfin, pire que tout, ses mots tendres à l'adresse de Britannicus, son fils si faible, si menacé. Quand il s'est tu pour toujours, tard dans la nuit, elle l'a confié aux sentinelles et est allée mettre en place avec Burrus et Pallas le scénario de la succession. L'heure est choisie, ce sera celle de la relève de la garde, à midi. En attendant il faut publier des bulletins de santé rassurants et faire croire que l'activité est normale au palais, où des médecins vont et viennent et où l'on introduit les comédiens ordinaires du Prince appelés pour le distraire. Mais en réalité toutes les issues sont gardées, personne ne peut sortir. Agrippine prend le plus grand soin de Britannicus, qu'elle console et tient étroitement embrassé pendant que s'organise l'intronisation.

À l'heure dite les portes du palais s'ouvrent brusquement et la garde montante est accueillie par son préfet, Burrus, qui présente solennellement Néron, à ses côtés, comme le nouvel *Imperator*. La cohorte, bien préparée à cet effet, lance ses cris d'acclamation qui, depuis Tibère, valent proclamation. L'écho en parvient peut-être à la Curie, quelques centaines de mètres plus bas sur le Forum, mais les sénateurs ne se font plus d'illusions, ils ont perdu à jamais l'initiative de l'investiture impériale. Quelques prétoriens de la garde relevée, qui n'ont pas été mis dans le secret, semblent surpris par la présence de Néron et murmurent. Ils cherchent des yeux Britannicus, mais déjà les ordres de leurs chefs sont de porter Néron à leur caserne du Viminal pour qu'il s'adresse aux dix cohortes réunies. Adresse signifie distribution d'or, personne n'hésite plus. Agrippine peut desserrer l'étreinte dans laquelle elle retient Britannicus, et sécher ses larmes hypocrites. Rome est sous la pluie, le vent souffle en rafales.

NÉRON

OU LA MORT MAL JOUÉE

Un nuage de fourmis ailées est entré dans la chambre, ou plutôt dans le rêve de Néron qui se sent étouffer et court sur la terrasse où l'air de la nuit torride de juin est plus oppressant encore. Les statues des héros qui ornent la balustrade en descendent et le menacent. Il va s'échapper sur son cheval asturien, mais celui-ci prend tout à coup un corps de singe. Il se heurte à un guéridon et tombe dans un fracas de verreries brisées. Maintenant il est réveillé et entre dans un autre cauchemar, celui de la réalité. Il ne connaîtra plus jamais les délicieuses horreurs des fantasmes du rêve. Il voudrait y retourner, affronter les monstres imaginaires, il appelle sa vieille nourrice Églogé qui a toujours su les évoquer et les chasser par ses murmures incantatoires. Mais Églogé n'est pas là, il l'a envoyée hier à Ostie avec Alexandria et Acté pour s'occuper de l'embarquement de sa garde-robe sur les frégates prétoriennes. Il aurait dû leur dire de veiller aussi à la cithare à dix cordes qu'il n'a pas suffisamment bien emballée. Où avait-il la tête hier ? Les souvenirs d'une journée très agitée, très contrariante, lui reviennent un à un et chacun lui arrache une plainte émouvante. Enfin il ne peut rester seul avec ces images et il pousse un rugissement qui d'ordinaire fait lever des dizaines d'esclaves et se dresser un mur de prétoriens. Mais cette nuit personne ne bouge. Il trépigne et court dans les couloirs éclairés par de faibles lumignons. Il ouvre des portes sur des chambres vides. Où est Phaon, où est Épaphrodite ?

Et d'abord, où est-il lui-même ? Hier il était dans sa sublime Maison Dorée, au centre des jardins qui occupent tout le centre de Rome, entouré de milliers d'amis et de serviteurs. Maintenant il erre dans une de ses nombreuses villas de banlieue qui a sans doute pu faire la fierté de ses prédécesseurs, que les braves gens appellent encore un palais, mais qui n'est pour lui qu'un banal gîte d'étape sur la route d'Ostie, au cœur des Jardins appelés Serviliens. C'est le préfet du Prétoire Nymphidius Sabinus qui l'a convaincu de quitter Rome discrètement hier soir, pour éviter, a-t-il dit, que le peuple auquel on a annoncé son voyage en Égypte, ne manifeste trop bruyamment sa douleur et son inquiétude de le voir partir. Tout le monde a entendu parler de l'agitation qui trouble certaines provinces, de la subversion des gouverneurs d'Espagne et de Lusitanie, Galba et Othon, avec leurs légions. Les Romains n'aimeraient pas voir remis en cause le calendrier des festivités dont leur Prince les gratifie, et les prétoriens n'admettraient pas qu'il s'éloigne sans eux. Demain on le cherchera à Rome, mais il aura déjà appareillé pour aller mettre la légitimité à l'abri en Orient et y poursuivre sa grande révolution culturelle. Le plan de Nymphidius est ingénieux, pense Néron, mais où sont donc ses deux fidèles affranchis, Épaphrodite et Phaon, qui doivent le mettre en œuvre, où est son escorte militaire ? Il s'inquiète aussi de l'absence prolongée de son autre préfet du Prétoire, Tigellin, l'homme à qui il a confié depuis dix ans la direction de toutes les affaires non artistiques de l'Empire. Il était, il y a quelques jours encore, en train de soigner sa gorge à Sinuesse où il a reçu l'ordre de rejoindre immédiatement son poste. Ce retard est inexplicable. Bien d'autres choses le sont aussi depuis hier, et d'heure en heure plus troublantes.

Enfin, dans une chambre, il trouve le petit Sporus profondément endormi, nu sur son lit, si chaude est la nuit. Cette vision du bel enfant castré qu'il a épousé en Grèce l'an dernier et sur lequel il se fût hier jeté avidement, ne l'émeut pas parce que la peur annihile en lui tout autre sentiment, et même toute intelligence. Il le tire brutalement du lit et lui demande où sont les deux autres. Ils sont allés aux nouvelles chez les prétoriens du poste de garde, à l'entrée du parc. L'Empereur en chemise de nuit et pantoufles, les cheveux défaits et tombant dans son dos, le visage bouffi, tient par la main un hermaphrodite nu, et les deux titubent dans des allées éclairées par la lune. Ils trouvent les affranchis en conversation avec le tribun de service. Ce dernier regarde Néron avec stupeur. Il comprend pour la première fois l'immense duperie du règne, l'absurdité de son dévouement, l'offense faite à l'honneur de l'armée. Or c'est au nom de ces valeurs que Néron ose venir lui demander de le suivre au bout du monde, lui et ses hommes. Un vers de Virgile monte à ses lèvres : « Est-ce donc un si grand malheur que de cesser de vivre ? » murmure-t-il pensivement devant son Empereur qui n'est plus pour lui qu'un histrion raté.

Épaphrodite et Phaon ont appris de l'officier bien des choses sur ce qui se passe à Rome. Tout ce qu'ils en rapportent à Néron est que la route d'Ostie n'est pas sûre, et qu'il faut attendre les fidèles gardes germains demandés à Nymphidius pour remplacer les prétoriens défaillants. Quant à eux, ils iront jusqu'au bout de leur contrat de fidélité dont ils apprécieront seuls les limites. Qu'ils aient pris ailleurs des assurances est probable, mais Néron n'est plus en état de le contrôler et d'ailleurs son instinct de survie, qui aura été l'essentiel de son intelligence politique, s'est tout à fait déréglé depuis son retour de Grèce. Ses compagnons écoutent patiemment ses divagations et s'y prêtent même, comme si leur but était de gagner du temps. Ils font semblant de chercher un certain Spiculus, gladiateur avec qui Néron voudrait se battre à mort pour en finir. Il est introuvable parce qu'inexistant. Alors son adversaire imaginaire se lamente : « Je n'ai donc plus ni ami, ni ennemi ? » Il prend son élan pour aller se jeter dans le Tibre qui coule non loin de là, mais on le retient sans peine. Finalement il envisage de se présenter aux Romains vêtu de noir et de leur demander pardon du haut de la tribune du Forum. Il rentre dans sa chambre et écrit les premières phrases d'une allocution qui se terminerait par sa candidature à la préfecture d'Égypte. Mais le moyen d'arriver vivant jusqu'au Forum ? Il s'interrompt et cherche fébrilement le poison que lui a préparé Locuste : la boîte où il était enfermé a disparu. Cependant comme un devin lui a prédit que soixante-treize ans marqueraient les limites de sa vie, il en conclut simplement que la mort ne veut pas de lui. Il peut donc recommencer à faire des projets excitants.

Il est couché dans l'herbe, enlaçant Sporus, et tous deux regardent le soleil qui se lève sur les jardins Serviliens ce VII des nones de juin de l'an 821 de Rome [1]. Ils évoquent les moments sublimes qu'ils ont vécus d'un bout à l'autre de l'année dernière en Grèce,

1. 11 juin 68 après J.-C.

où Néron avait été invité par tout un peuple impatient d'applaudir le plus grand artiste de l'époque. Cette tournée de chant, promise depuis longtemps, mais différée par les sordides obligations du gouvernement de l'Empire, a été le résultat d'une très longue et soigneuse préparation. Une série de festivals à Naples, Bénévent et Rome avait permis de régler jusque dans le dernier détail un spectacle où le célèbre citharède et chanteur ne craignait plus aucun rival. L'étendue de ses dons lui permettait de se produire aussi dans des concours de poésie et même dans des courses de chars où le jury décidait toujours en sa faveur. Les Grecs en étaient si persuadés qu'ils étaient venus lui porter d'avance les couronnes de la victoire à Rome. Mais l'artiste se déclara prêt à relever tous les défis loyaux et il voulut s'inscrire au même titre que tous les candidats aux épreuves les plus réputées du monde. Celles des Jeux Olympiques tombaient justement cette année-là. Pour rendre plus attrayant encore le déplacement, on décida de regrouper les autres concours grecs dispersés sur d'autres années — les Pythiques, les Néméens et les Corinthiens.

Sporus rappelle en riant à son protecteur qu'on le voyait trembler comme un débutant à chacune de ses entrées en scène — et cependant il sortait toujours vainqueur, acclamé sans fin par des publics très exigeants. C'était un plaisir pour les cinq à six mille amis qu'il avait amenés avec lui, que de le voir s'agenouiller, comme les grands artistes, pour remercier ses juges et le public. Néron est ravi de cette évocation. Il fait observer au petit Sporus qu'il méritait bien tous ses triomphes, pas seulement par son talent mais aussi par son travail. Très jeune déjà il a eu le goût de paraître sur une scène, de devenir célèbre comme artiste, malgré sa mère qui ne comprenait rien à ces choses-là. Sans elle, il aurait peut-être connu la gloire d'un Mnester, d'un Pâris qui, eux, n'ont pas perdu de temps à signer des papiers administratifs et ne sont pas passés à côté de la vraie vie. Dès qu'il a été le Maître, il a fait venir Terpnus, le grand citharède, qui lui a donné des cours tous les soirs, puis il a pris des leçons de chant — il reconnaît avoir eu de sérieuses difficultés à placer sa voix — et il a fait entrer dans son intimité de célèbres créateurs, le peintre Fabullus qui a renouvelé l'expressionnisme, Celer et Severus qui ont révolutionné l'architecture. Ceux qui disent qu'il est un voluptueux et un paresseux ne le connaissent pas. Il a toujours énormément travaillé à être le meilleur dans chacune de ses spécialités.

L'enfant ne demande qu'à être convaincu, il laisse Néron poursuivre son auto-justification touchante et dérisoire. Ce dont il se souvient, lui, c'est de la superbe cérémonie de Corinthe où, vêtu d'une robe de soie couleur safran, il est devenu l'épouse dionysiaque de l'Empereur qui lui a passé l'anneau d'or au doigt, en présence des deux témoins, Tigellin et la nouvelle Impératrice, Statilia. Les foules grecques ont été profondément émues par ces noces symboliques et par les remises d'impôts auxquelles elles donnèrent lieu. Ceux qui riaient, riaient de joie, et pas comme à Rome, d'ironie. Sabina Sporus aime Néron de toute sa jeune passion, il souffre aujourd'hui de le voir abandonné, mais du moins jouit-il de l'avoir tout à lui, mieux encore que l'a jamais eu Poppée dont il est, paraît-il, le sosie et dont il a hérité le prénom. Les nouveaux mariés seraient restés encore une année au milieu de ces merveilleux Grecs qui ne se lassaient pas d'entendre Orphée revenu parmi eux et auquel ils décernèrent mille huit cent quatre-vingt-huit couronnes de vainqueur, mais de mauvaises nouvelles parvinrent de Rome. Depuis un an et demi la gestion de l'Empire a été confiée à un affranchi, Helius, qui semble débordé. Ses services de renseignement font état d'une certaine impatience des milieux populaires frustrés de jeux, et de la fureur des chevaliers qui voient fondre le Trésor public. Le Sénat, lui, est travaillé par de mystérieux émissaires venus des provinces.

Pendant trois mois Néron ne répondit pas aux appels d'Helius. Il ne pouvait rompre ses engagements en cours — il se considérait maintenant comme un vrai professionnel et envisageait de signer des contrats avec des directeurs de salles. Son métier de base, celui d'Empereur, il l'exerçait essentiellement dans le cadre de la Grèce dont il voulait faire une province-pilote. Centre géographique de l'Empire, elle en était par tradition le centre culturel, elle pouvait en devenir le centre politique. Dans cette perspective il lui accorda en plus de l'immunité fiscale une très large autonomie de gestion et fit acclamer, en novembre, dans son fameux discours de Corinthe, la formule : « Que la Grèce vive libre ! » Il reprit activement les plans de César et de Caligula de percement du canal qui couperait l'isthme et économiserait une semaine de navigation méditerranéenne. Tigellin le Sicilien s'employait à modeler à ses côtés cette Rome d'un troisième type conçue comme un nouvel Empire hellénistique. En Italie, les informations confuses que l'on recevait sur cette réactivation par Néron du rêve oriental de Caligula — rêve qui était en somme celui de Marc Antoine, leur ancêtre commun — suscitaient une grande inquiétude. Helius décida au début de janvier de venir lui-même à Corinthe. Il apportait des renseignements plus précis : on savait maintenant que les grands chefs d'armée d'Occident se concertaient secrètement en vue d'un coup d'État. Ce n'étaient plus de fumeuses conspirations romaines comme toutes celles que Tigellin avait éventées, sinon inventées jusqu'ici et qui se terminaient chaque fois par un massacre aveugle de familiers et de rivaux potentiels. Les nouvelles menaces venaient des profondeurs de l'Empire. Furieux, Néron se laissa ramener à Rome.

Mais on ne brise pas d'un seul coup un rêve qui vous tient tout entier, on ne réintègre pas brusquement dans leur société d'origine une colonie de plusieurs milliers d'écrivains, d'artistes, d'architectes, d'ingénieurs, qui viennent de vivre pendant plus d'une année la plus extraordinaire aventure commune, celle d'un Empire total du plaisir et de la créativité. Cet Empire avait un maître quasi divin, des armées de concepteurs de toutes catégories, des ordonnateurs, des cohortes d'admirateurs et des moyens matériels illimités. Alexandre et César n'ont disposé que d'une petite fraction de ce pouvoir. Avaient-ils songé à s'attacher tous les novateurs, tous les inspirés, tous les esthètes connus dans le monde, et à embrigader la fine fleur de la jeunesse équestre dans des associations dites d'*augustiani* chargées de créer un climat d'enthousiasme permanent dans les spectacles dits *néroniens* ? De telles idées, Mécène lui-même ne les avait pas conçues, et Pétrone a eu grand tort de les tourner en dérision. Celui-ci, Néron regrette quelquefois de ne l'avoir pas laissé vivre pour qu'il soit confondu par le triomphe permanent qui va marquer son retour. On l'appelait « l'arbitre du bon goût », rôle bien modeste aux yeux d'une génération nouvelle qui vient d'atteindre au paroxysme du plaisir et du luxe.

Maintenant Néron se demande où est passée cette génération qui hier encore lui faisait escorte — la caravane de son retour sur les routes d'Italie comptait plus de mille voitures. Il en avait pris la tête sur un char tiré par des chevaux blancs, le char des généraux triomphateurs, mais désormais le général s'est vêtu d'un manteau bleu céleste constellé d'étoiles, il tient une cithare et il chante des hymnes à la joie. Son armée est constituée par tous les champions du stade, de l'arène, et des Odéons néroniens. Le corps des *augustiani* fait régner l'enthousiasme dans le peuple des spectateurs, il orchestre les applaudissements tandis que le corps des prétoriens, lui, fait trembler les ennemis du nouvel ordre néronien. Cela n'est pas un rêve, c'est le spectacle que des millions d'Italiens ont acclamé tout le long de la via Appia pendant les trois mois que dura le retour. Le char entra à Naples par une brèche pratiquée dans les murs, selon l'antique tradition. Là Tigellin qui avait fait ses premières armes dans la région comme éleveur de chevaux de course pour le compte d'Agrippine, eut sa part de triomphe. Il la méritait bien. En déchargeant depuis dix ans l'Empereur des soucis quotidiens de l'Empire, il lui avait permis de conduire jour et nuit sa grande mission culturelle. Ce séducteur sicilien était un politique et un policier très efficace. Ce tueur était un merveilleux organisateur de plaisirs. Ses fêtes de musique et de lumières, ses banquets nautiques étaient dignes des monarques orientaux. C'est lui qui ordonnança les cérémonies du couronnement de l'Arsacide Tiridate lorsque ce dernier demanda à recevoir sa royauté sur l'Arménie à Rome même, des mains de Néron : César ou Auguste n'auraient pu rêver une telle victoire. Il mit en scène l'entrée triomphale à Rome sur le char même d'Auguste au milieu d'une foule immense.

Couché sur les pelouses du parc Servilien, Néron rumine ces souvenirs très récents qui prennent d'heure en heure des couleurs plus irréelles. Quelques signes néfastes que, dans son exaltation, il avait négligés remontent à sa mémoire. C'est à Naples que lui parvint la première information sur la trahison de son légat de la province lyonnaise, Vindex. On se doutait que ce Romain d'origine gauloise s'agitait auprès de ses amis Éduens, Séquanes et Aquitains mécontents de la politique fiscale de Rome et toujours nostalgiques de l'ancienne grandeur des Celtes. Mais à lui seul il n'était pas dangereux, son unique légion ne pouvait rien sans l'appui de celles de Rhénanie ou d'Espagne. Or si l'on était sûr de Rufus, gouverneur de la Germanie, on n'avait aucune garantie sur la loyauté de Galba et d'Othon. Dans le doute, Néron et Tigellin, selon la méthode qui leur avait réussi jusqu'à maintenant, leur avaient déjà expédié des assassins. L'annonce de l'insurrection de Vindex, au début de mars, troubla peu Néron tout absorbé par le spectacle des jeux napolitains. Il ne fit rien jusqu'à ce que les proclamations de Vindex contre « le médiocre citharède Ahenobarbus » le décident à envisager une campagne punitive en Gaule. Mais même dans cette hypothèse il espérait encore pouvoir rétablir l'ordre chez les mutins en chantant à la tête de ses légions.

À peine revenu à Rome, un courrier lui apprit la défection de Galba. Ce vieux consulaire qui prétend descendre de Jupiter par les femmes est un adversaire d'un autre calibre que le parvenu Vindex. Néron s'effondra en criant que c'en était fini de lui. À la vieille Églogé qui essayait de le consoler en rappelant que de tels malheurs étaient arrivés à d'autres, il répondit avec raison que sa tragédie était et resterait sans pareille dans l'histoire du monde. Puis il se fit conduire au théâtre. Les sénateurs qu'il convoqua le lendemain dans la fabuleuse demeure qu'il venait d'inaugurer, la Maison Dorée, le trouvèrent en train de réparer un orgue hydraulique dont le fonctionnement fut l'objet essentiel de la réunion. À partir de là tout devient confus dans la mémoire de Néron. Une seule petite lueur d'espoir émerge de ces semaines qu'il consacra à la découverte stupéfiante du palais onirique qu'une nouvelle race de bâtisseurs et de décorateurs avait fait jaillir sur des hectares de terrains libérés par le grand incendie de la Ville. Cet espoir fut l'annonce de l'élimination de Vindex par les légions de Germanie. Mais déjà celles d'Espagne étaient entrées en dissidence sous Galba qui avait intercepté les assassins lancés à ses trousses. Que faire alors ? Prendre la tête des prétoriens et des armées du nord de l'Italie demeurées loyales, aller arrêter l'avance de Galba ? Elles n'attendaient que cela et eussent peut-être été victorieuses. Mais Néron, hébété, donnait des ordre incohérents qui n'étaient plus transmis par personne. Tigellin avait mystérieusement disparu dans la nature depuis plusieurs jours. Son collègue Nymphidius inventa alors l'idée d'un repli en Égypte. C'est lui maintenant le maître de la manœuvre. Mais il n'est pas là.

Épaphrodite et Phaon vont et viennent avec des airs mystérieux. Néron n'ose pas les interroger, il est leur otage, il les regarde sans haine, avec envie et espoir. Le maître de tous est devenu en quelques heures l'esclave de tous, et cela très naturellement puisqu'il porte une double nature, masculine et féminine, impérieuse et servile. Mais que dans un instant Nymphidius vienne le chercher avec les gardes germains, il jouera à nouveau à la perfection son personnage de tyran impitoyable, il fera exécuter Épaphrodite et Phaon. Si Tigellin réapparaît, il l'accablera de reproches, puis ils recommenceront la fête interrompue. Tout est possible à un très grand acteur pour qui l'essentiel est de tenir bien son rôle, en ce moment celui d'un personnage humble et lâche. Que n'a-t-il davantage de spectateurs ! Il s'en présente justement trois. Ce sont trois femmes qui arrivent dans une voiture bâchée, une jeune et deux plus âgées et plus vigoureuses : celles-ci sont ses deux nourrices, Églogé et Alexandria, celle-là dans la fraîcheur de ses trente ans n'est autre que son premier amour, Acté. Il tombe en pleurant dans leur sein qui a été le réceptacle de toutes ses faiblesses de petit et de grand enfant. Elles ne connaissent, elles n'ont jamais voulu voir que ce Néron-là, et elles l'aiment avec tendresse.

Acté qui a tout accepté depuis qu'il l'a quittée pour Poppée, il y a dix ans de cela, a aussi tout compris. Elle sait qu'il est perdu. À Ostie elle a vu que le projet d'embarquement pour l'Égypte était une illusion entretenue par Nymphidius qui est déjà passé dans le camp de Galba. Épaphrodite et Phaon sont chargés de faire durer ce leurre en attendant que les prétoriens aient été tous convaincus d'acclamer le chef des armées d'Espagne. Celui-ci dispose d'agents secrets très actifs à Rome qui ont négocié avec les affranchis palatins et acheté les principaux du Sénat. Tigellin observe les choses de loin. Acté déteste ces hommes qui ont établi leurs fortunes scandaleuses sur la vanité enfantine de Néron et sur ses peurs incontrôlées. Ce sont leurs manœuvres plus que son caprice qui ont fait de l'Empire une monstrueuse excroissance de son ego. Dans cette évolution délirante, tout le monde a eu sa part de responsabilité, se souvient Acté, sauf elle et Burrus qui n'ont jamais voulu autre chose que son bien. Même Sénèque a joué un rôle ambigu dès lors qu'il est entré en compétition pour la régence avec Agrippine, et que l'adolescent a été tiraillé entre les impératifs de la vertu et les séductions de l'inceste — vertu inaccessible et inceste inaccompli. Il s'est débarrassé par le crime de sa mère abusive, puis de son tuteur exigeant. Pourtant il n'était pas né cruel, Acté le sait. Contrairement à Caligula et à Claude, il n'aimait pas le sang. Il avait défendu que les gladiateurs se battent avec des armes trop dangereuses. La première fois qu'on présenta à sa signature une condamnation à mort, il gémit qu'il eût préféré n'avoir jamais appris à écrire. Acté est prête à témoigner qu'il n'est pas le principal responsable des abominations du règne.

On dit et on dira éternellement qu'il a fait tuer sa mère. Mais ne s'était-elle pas plutôt condamnée elle-même à une fin tragique ? La jeune affranchie qui avait fait découvrir la tendresse et la beauté de l'amour au garçon mal assuré, mal aimé, qu'elle rencontrait furtivement dans les coins sombres du Palatin, se souvient de la présence terrifiante de l'impérieuse dynaste qui essaya de briser la première liaison de son fils. Elle ne réussit par ses vains interdits qu'à faire monter en passion une liaison de type ancillaire que chacun alors jugeait sans conséquence. Acté qui ne nourrissait au début aucune ambition engagea un combat dangereux, autant pour sauver son amour que pour protéger un être faible et hésitant, un adolescent immature, révolté et fasciné à la fois par la majesté de sa mère. Elle lui apprit à se voir comme un homme et comme un Empereur. Menacée d'abord par Sénèque qui ne pouvait comprendre aucune passion et se méfiait de celle-là qui captait exagérément l'âme de Néron, elle le convainquit de sa sincérité et il finit par voir en elle l'instrument providentiel de l'émancipation de son élève.

Tout allait se dérégler très vite. Un an à peine après l'assassinat de Claude, Néron pouvait se demander s'il en était le vrai bénéficiaire, car ceux qui l'ont perpétré soi-disant à son profit, sa mère et Pallas, prétendaient maintenant à tout l'héritage. Les finances et la diplomatie étaient de leur domaine réservé, Agrippine derrière un rideau téléguidait les séances du Sénat, elle contresignait les correspondances aux gouverneurs des provinces. Plus encore que Livie dans les débuts de Tibère elle s'y montra capable et résolue. Les incidents se multipliaient. Finalement Sénèque et Burrus l'emportèrent sur Pallas qui, plus chanceux que Narcisse, ira terminer ses jours dans ses immenses domaines. Cet ancien esclave qui ne communiquait avec ses esclaves que par écrit se retira la tête haute avec sa cour sous l'œil admiratif de Néron. Agrippine éclata alors en invectives et menaça son fils d'aller rappeler aux prétoriens que l'héritier authentique de l'Empire était le fils de Claude, Britannicus, qui venait d'atteindre sa majorité. Fût-ce un hasard si Britannicus disparut peu après, terrassé au cours d'un banquet ? Acté qui était présente avec Néron s'est toujours posé la question. Elle a cru sur le moment à une crise d'épilepsie dont on savait le jeune garçon atteint. Elle l'avait vu quelquefois sortir de sa torpeur pour agresser Néron qui le détestait. Ses précepteurs étaient des hommes corrompus. Mais quel poison pouvait avoir eu un effet si foudroyant ? S'il en eût existé un, les œuvres de Locuste eussent été plus expéditives — comme le fut à vrai dire l'enterrement du malheureux petit prince la nuit même, sans honneurs.

La rumeur publique soupçonna la mère et le fils de complicité de crime, alors qu'Agrippine venait au contraire de perdre avec le dernier des Claudes son dernier moyen de chantage sur Néron. Elle renoua avec son ancienne tactique et se lança désespérément dans une entreprise de séduction totale auprès du jeune homme toujours instable, et dont la sentimentalité commençait à faire place à l'obsession sexuelle. Elle allait si bien y réussir que cette fois-ci la rumeur parla d'inceste. L'entourage s'en inquiéta et Sénèque demanda à Acté d'informer son amant du grave danger d'impopularité qui le menaçait. La peur l'emporte toujours en Néron sur toutes les autres pulsions. Il signifia à sa mère d'aller vivre ailleurs, il lui retira son escorte prétorienne et sa garde germaine. Bientôt Agrippine, isolée, se verra accuser de complot par des ennemies qui relèveront la tête. Mais elle relèvera la sienne plus haut encore et écrasera ses juges de son indignation véhémente. Elle fait cause commune désormais avec Octavie sans se soucier de compromettre la malheureuse enfant. Combien de temps faudrait-il la supporter encore ? Elle avait tout juste quarante ans, elle était forte, on découvrira bientôt qu'elle était une excellente nageuse.

Acté avait d'autres soucis alors. Elle voyait Néron à vingt et un ans perdre déjà sa fraîcheur de bel adolescent, ses traits commençaient à s'amollir et son caractère devenait imprévisible. Les leçons de Sénèque n'ont servi à rien, l'éducation militaire qu'était censé prodiguer Burrus restera absolument nulle. Du moins ces deux tuteurs ont-ils maintenu par leur autorité morale et grâce à leur parfaite entente le clan des affranchis dans son rôle administratif et les prétoriens dans la discipline, tout en se ménageant avec le Sénat des rapports courtois. Mais il eût fallu encore que la toute-puissance de l'Empereur ne s'exerçât pas à tort et à travers et qu'il les laissât gouverner en son nom. Ce n'est pas tout : on devait aussi éviter que l'activité ludique dans laquelle il se confinait ne devînt incohérente, totalitaire et ruineuse. Ce très délicat équilibre a bien fonctionné pendant les cinq premières années malgré les caprices d'Agrippine, mais aussi à cause des freins qu'elle mettait sur Néron.

Ces freins allaient être brisés par l'intrusion d'une nouvelle femme dans les alcôves du Palatin, Sabina Poppée. Acté pourrait raconter heure après heure les longues manœuvres de l'intrigante qui n'a régné que quelques années, mais pour sa propre éternité. Elle a vu le piège trop subtil tendu à Néron par son grand ami Othon, le mari complaisant de Poppée qui a été piégé à son tour par les deux amants dont il va être vengé demain peut-être. Ce petit conte immoral qu'Ovide eût goûté provoquera une suite de malheurs : un matricide — on fait assassiner la mère qui s'oppose au mariage —, un lâche assassinat — on répudie l'épouse gênante, puis on la fait exécuter —, un accident stupide — on tue la femme aimée d'un coup de pied rageur au ventre, avec l'enfant qu'elle porte —, enfin une usurpation — on a expédié le mari trompé en Lusitanie d'où il revient dix ans après à la tête d'une armée de coup d'État. Acté n'a rien raconté mais les historiens s'en chargeront. C'est miracle qu'elle ait survécu à cet enchaînement de crimes qui a fini par donner la nausée à Burrus et à Sénèque. Ce dernier, ce virtuose de l'ambiguïté, est parti après s'être résigné à légaliser le meurtre déguisé en accident (puis en suicide) de son amie (puis ennemie) Agrippine. Mais il n'a pu jouir jusqu'au bout de sa retraite volontaire : c'est justement ce volontariat qui a paru injurieux et suspect à Néron autour duquel Tigellin faisait le vide. Le stoïcien saisi par le pouvoir y a gagné lui aussi son éternité. Comme tous les Romains, Acté pleure au récit de son suicide forcé. Elle lui conserve un profond sentiment d'estime : tous les autres étaient pires.

Aujourd'hui, Néron l'interroge humblement du regard, il voudrait savoir ce qui va se passer. Elle a pitié de cet être adipeux, sale, avec sa barbe rousse de deux jours, mais elle ne peut plus rien pour lui alors qu'elle était sûre, il y a dix ans, de pouvoir l'aider à devenir un de ces grands princes-artistes dont l'histoire du royaume de Pergame où elle est née gardait la mémoire vivante. Il aurait pu s'entourer d'une cour de créateurs et, pourquoi pas, être le meilleur d'entre eux dans l'art de la poésie où il s'essayait avec un talent certain. On aurait parlé du siècle de Néron, comme de celui de Périclès et d'Auguste. Il se serait en même temps illustré par ses conquêtes, grâce aux grands stratèges qui se battent loyalement aux limites de l'Empire. L'occasion lui avait été offerte de reconstruire une superbe métropole neuve enfin habitable par tous les citoyens sur les ruines de la vieille Rome qu'un accident providentiel, un immense incendie, avait ouverte au génie de ses architectes. Il lui eût été facile de se concilier les grandes familles sénatoriales en contrôlant l'avidité des affranchis hérités de Claude et en laissant la carrière aux jeunes nobles ambitieux. Quant au peuple, il eût pu obtenir de lui une popularité de bon aloi par de grands travaux d'utilité publique plutôt que par des Jeux ruineux. Bref, il avait toutes les chances, et tous les dons pour gouverner un âge d'or.

Pourquoi s'est-il engagé aveuglément sur le chemin inverse ? À quel moment a-t-il dévié d'une direction que Sénèque s'évertuait à lui proposer et où tant d'hommes de qualité l'eussent accompagné ? Certains feront remonter le début de sa divagation à l'assassinat de sa mère qui libéra sa vraie nature et l'emporta dans une course à la honte. Mais aux yeux d'Acté, la racine du mal était plus ancienne et plus profonde. Néron n'a jamais eu envie d'être un despote, si ce n'est pour être plus libre d'être un acteur. Sa vocation était purement histrionesque, il ne se sentait exister que sur les planches d'un vrai théâtre, avec les accessoires réglementaires et devant le public ordinaire. S'il y ajoutait sa claque d'*augustiani,* c'était pour profiter d'un usage très ancien, et s'il eut recours à quelques procédés déloyaux il ne fit qu'imiter les pratiques de ses concurrents. Que Tigellin forçât la dose et organisât des tricheries en sa faveur, il ne voulait pas le savoir. Jamais il ne se flatta de régner sur le théâtre de l'univers ou sur la scène du monde comme un César, sa volonté de puissance ne s'accomplissait pas dans les abstractions du pouvoir, mais dans le succès de ses performances personnelles. Les adulations, les applaudissements qui ne saluaient pas son propre mérite et ses dons innés développés par son travail, ne l'intéressaient pas.

Mais qui eût pu comprendre et accepter cette prétention à la fois immodérée et dérisoire, cet égocentrisme réducteur chez un enfant destiné à l'Empire ? Agrippine et ses conseillers ne virent dans ce cabotinage qu'un caprice et peut-être un dérivatif opportun. Personne n'a cru que des goûts aussi fantasques pouvaient un jour devenir un substitut au devoir politique, que l'État serait géré comme un pur spectacle, que le petit amateur se gonflerait à la dimension d'un professionnel omnipotent et omniprésent. Acté elle-même, qui connaissait bien ses ambitions esthétiques refoulées, n'imaginait pas qu'elles exploseraient en délire, mais elle comprend maintenant que la libération personnelle de Néron fut aussi celle de toute une société, celle des milliers de créateurs enchaînés dans une tradition humiliante qui, pour la première fois, prenaient en quelque sorte le pouvoir. Cette révolution apollinienne, orphique, bachique n'aura eu qu'un temps, les armées d'Espagne sont en marche pour l'écraser. En vérité elle s'est déjà autodétruite par ses excès, et de ces excès Néron n'est pas le seul responsable. L'incompréhension maternelle l'a acculé dans un univers onirique, la perversion de Tigellin l'y a enfermé, avec des cohortes de sycophantes aux cheveux longs qui l'ont grisé. On n'avait pas le droit de tenter un grand enfant avec les jeux mortels du pouvoir absolu. Acté a envie de pleurer. Il est trop tard pour faire de Néron le simple cytharède de concert qu'il rêva d'être un instant pour leur bonheur à deux.

Elle lui promet d'aller s'informer auprès des prétoriens du poste de garde. Le tribun est réticent à parler, elle comprend qu'il a l'ordre de ne pas laisser partir l'Empereur en attendant le retour de Phaon. Le préfet Nymphidius joue un jeu personnel très obscur. Il répand le bruit que Néron a fui en Égypte, abandonnant ses sujets, alors qu'il le retient ici. On suppose qu'il travaille pour lui-même et qu'il cherche soit à négocier le retour de Néron, soit à prendre Galba et Othon de vitesse et, prétention incroyable, se faire proclamer Empereur. Une chose est sûre, il demande que l'on veille sur le joli Sporus dont il brûle de s'emparer. La vie de Néron ne vaut donc plus très cher. Acté pense alors à le sauver en le cachant chez elle, quel qu'en soit le risque. Elle en fait la proposition à Épaphrodite et Phaon qui reviennent à nouveau de Rome, mais ils la prient fermement de ne pas s'occuper de Néron qu'ils vont mettre eux-mêmes en lieu sûr. Les trois femmes sont embarquées de force dans leur voiture et quittent le domaine.

Il est quelques heures après midi, le temps s'est mis à l'orage. Quatre cavaliers cheminent sur la via Ostiensis en direction de Rome puis, contournant la Ville à l'est, ils remontent vers le nord-est et s'engagent sur la via Nomentana. Ils longent les murs du camp des prétoriens sur le Viminal, d'où parviennent les bruits de vifs débats publics. Ils entendent acclamer le nom de Galba tandis que celui de Néron est couvert par les huées. Des passants qu'ils croisent leur demandent s'ils ont du nouveau sur Néron. Le cavalier le plus pauvrement vêtu — il est en tunique fripée, un vieux manteau sur les épaules — a le visage voilé par un foulard. Mais le vent très violent fait tomber le foulard au moment où ils dépassent un prétorien qui rentre chez lui après la relève. Celui-ci reconnaît son Empereur et le salue. Il est apparemment en retard d'une information et de toute façon il n'est pas en service. Mais Néron agonise de peur, Phaon lui a dit qu'il n'était plus en sécurité dans les Jardins Serviliens et qu'on allait le conduire dans une autre cache à l'opposé de la route d'Ostie où on le cherche. Tant de précautions permettent de penser que tout n'est pas joué, que quelque chose se négocie encore et que Néron, en faveur de qui on pourrait mobiliser des foules, demeure un gage entre les mains des affranchis.

Le petit groupe passe le pont sur la rivière Anio et, à la quatrième borne de la via Nomentana, s'engage dans un chemin sur la gauche. Là on met pied à terre et l'on attache les chevaux. Néron a perdu ses chaussures avec toutes ses affaires dans sa chambre pillée la nuit dernière. Elles n'auraient d'ailleurs pas résisté aux rocailles du chemin. Il essaie de poser son manteau sous ses pieds, mais ils sont bientôt en sang. Il se traîne jusqu'au mur d'une vieille grange qui est une dépendance de la villa de Phaon. Celui-ci s'excuse de ne pas l'accueillir dans ses magnifiques salons où circulent trop de serviteurs, il va falloir sans éveiller l'attention pratiquer un passage à l'arrière de cette grange isolée. En attendant, l'Empereur est invité à trouver refuge dans les trous d'une carrière de sable. Alors il a enfin un réflexe de dignité, ou de peur, il déclare qu'il ne se laissera pas enterrer vif. Une pluie d'orage l'inonde, il boit l'eau d'une flaque et soupire que c'est donc là le nouveau rafraîchissement inventé pour Néron, — un signe qu'il est déjà entré dans le personnage de héros humilié qui convient parfaitement à sa situation. Il est bien l'homme de théâtre qu'il a toujours rêvé d'être. Dès lors qu'il a trouvé son rôle, quel qu'il soit, il le tient avec talent. Il jouera aussi consciencieusement la peur, la lâcheté, qu'il a joué la magnificence et il n'aura jusqu'à la fin que des tirades d'acteur. Quand il parlera de lui, ce sera à la troisième personne, comme s'il était le coryphée de sa propre tragédie.

La brèche dans le mur une fois percée, on l'y fait passer en rampant et on lui assigne une paillasse où il s'allonge épuisé. Il n'a rien mangé depuis la veille, mais il refuse le pain rassis qu'on lui présente, il boit seulement un pichet d'eau tiédasse. Alors les deux affranchis qui s'efforcent visiblement de le mettre en condition de souhaiter lui-même sortir de la vie commencent à en évoquer devant lui les moyens les plus expéditifs, et l'habituent à l'idée que ces moyens sont moins redoutables que les supplices. Qu'il ne compte en tout cas pas sur eux pour l'aider à mourir, leur serment de fidélité les en empêche. Par là ils lui suggèrent peut-être de les délivrer de ce serment. Néron tergiverse, à son tour il propose qu'ils lui montrent par l'exemple comment on se supprime soi-même. Puis il s'interpelle avec violence : « Néron, c'est indigne de toi, oui, indigne », et il s'accuse d'ignominie. Il les prend à témoin : « Il faut du sang-froid, n'est-ce pas, dans de tels moments ! » Il gagne des minutes en demandant à Sporus d'aller chercher du bois pour son bûcher, puis à Épaphrodite de creuser une fosse pour son tombeau. Il gémit : « Quel artiste va périr avec moi ! » À ce moment un messager mystérieusement informé de leur présence ici, entre avec un pli pour Phaon. Néron le lui arrache des mains et lit que le Sénat l'a déclaré ennemi public et condamné au châtiment des parricides. Il demande en quoi cela consiste. Phaon lui décrit les modalités du supplice avec de terrifiants détails. Alors il se précipite sur deux poignards qui sont à la portée de sa main, il en éprouve les pointes en tremblant, puis il les remet dans leur gaine. « L'heure du destin n'est pas encore venue », décide-t-il.

Les poignards, Néron n'en a jamais manié que sur la scène, et ils étaient en carton. Son arme favorite est celle des femmes, le poison. Il se singularise parmi ses contemporains par son dégoût du sang et s'affole à la moindre petite coupure. Il n'a jamais voulu qu'on lui raconte le suicide de Sénèque, ni ceux de Pétrone, de Corbulon, ou de tant d'autres qu'il avait commandés avec une certaine satisfaction dans l'espoir qu'on ne parlerait plus d'eux — mais ils se sont arrangés pour en faire tout un théâtre. Pourquoi lui a-t-on dérobé ce matin la préparation de Locuste ? Il envie la mort de Britannicus, tombé raide. Il le revoit et il revoit du même coup Agrippine, Octavie, qui sont toujours devant lui, menaçantes, dès qu'il faiblit. Enfin il va être débarrassé de leurs fantômes. Il ne croit pas au monde des morts, les problèmes métaphysiques, le culte des dieux, la survie de l'âme lui sont étrangers. S'il est épouvanté de mourir, c'est parce que sa carrière d'artiste va être interrompue avant qu'il ait pu pleinement se réaliser et parce que le monde totalement néronien n'est pas encore accompli. Il n'a que trente-deux ans. On lui en avait promis soixante-treize, mais il paraît qu'on s'était trompé d'horoscope, c'était au contraire celui de Galba. Alors tout est raté, il pleure sur son immense néant.

Quelque chose se passe. Ses compagnons regardent au loin, un bruit se rapproche. L'acteur se redresse, il prend la pose du guetteur, on l'entend réciter Homère : « Le galop des chevaux aux pieds rapides frappe mes oreilles. » Épaphrodite lui tend en silence un poignard, puis l'aide à guider sa main vers sa carotide. Néron cherche des yeux Sporus et le voit qui s'enfuit. Il pousse la lame, se blesse. Épaphrodite fait le reste. Un centurion a défoncé la porte, il se précipite sur l'homme à terre, baignant dans son sang, et appuie son manteau sur la plaie. Il y a encore une lueur dans le regard de Néron, elle est reconnaissante. « Merci... fidèle... Trop tard... » dit-il au prétorien qui en réalité avait l'ordre de le ramener vivant pour le livrer au dernier supplice.

Le spectacle est fini, tout le monde a déserté le théâtre où gît l'artiste qui a le plus mal joué la pièce. Trois femmes arrivent quelques heures plus tard, elles ont été guidées par un avis secret, si ce n'est par un mystérieux instinct. Elles portent avec elles des draps, des baumes, des parfums. Néron sera proprement enveloppé dans des brocarts d'or quand on le brûlera dans la cour de la ferme. Ensuite Acté, l'impératrice de l'ombre qui aura racheté toutes les vilenies du siècle, emportera l'urne dans le magnifique tombeau des Domitii qu'on voit au Champ de Mars, sur la colline des Grands Jardins.

VESPASIEN

OU LA MORT DEBOUT

La via Salaria trace difficilement son chemin immémorial de Rome à l'Adriatique en escaladant maints massifs montagneux. C'est une région ingrate que celle des monts Sabins dans laquelle est engagée la petite caravane qui a quitté hier le Palatin avec l'Empereur dans sa litière d'homme malade. Pourquoi s'impose-t-il cette épreuve alors qu'il eût pu rester en Campanie dans une des plus reposantes résidences impériales où ses prédécesseurs venaient habituellement se soigner ? Un mystérieux tropisme semble le ramener vers le rude pays de son enfance chaque fois qu'il doit faire face à de graves problèmes existentiels. Il appartient à cette race sabine qui a des rapports très forts avec la terre. On voit bien qu'il est un paysan lorsqu'il fait arrêter sa litière en haut de la dernière crête et descend lourdement pour aller embrasser le spectacle qui s'étend à ses pieds. C'est celui d'une vallée où il reconnaît la petite cité et les villages de ses ancêtres. Il est arrivé au terme de son voyage, à Réate, à soixante kilomètres seulement au nord-est de Rome, sur cet autre versant de l'âme romaine qui a toujours été à ses yeux d'abord italienne et rustique.

Il n'est pas grand et frappe surtout par sa structure massive qui lui confère en autorité ce qu'elle lui a ôté en majesté. Son visage carré, son cou empâté pourraient être vulgaires si le regard pénétrant sous un large front strié de rides, si le menton fort sous une bouche mince n'exprimaient une puissante énergie. Flavius Vespasien a soixante-dix ans. Il n'a jamais été malade jusqu'à cet accès de fièvre qui l'a saisi en Campanie. S'il existe un remède à son mal dont le siège est l'intestin, il le trouvera dans le pays sabin où il connaît une station thermale miraculeuse. Sinon, il finira sans doute là sa vie, dans la maison où son grand-père et son père sont revenus mourir après d'honorables carrières de centurion, de receveur de douanes, et ici même de banquier local. Il a voulu garder intacte cette maison très simple, ainsi que celle, plus cossue, de sa mère qui avait un rang social plus élevé. C'est cette Vespasia qui lui a inculqué un désir de promotion dans les honneurs dont il ne voyait pas la nécessité car il se sentait fort bien dans son statut de chevalier destiné aux affaires. Mais elle lui donnait sans cesse en modèle son frère aîné, Sabinus, qu'elle avait poussé dans la carrière sénatoriale et qui était appelé à de hautes fonctions. Il céda et déjà sous le règne de Caligula il avait rang de préteur.

Il demande un cheval, il ne veut pas entrer à Réate couché dans une litière entourée de gardes. L'équitation lui est pénible, il a des douleurs dans le ventre et dans les jambes, mais la dignité de sa fonction passe avant tout. Cette dignité, il la veut aussi sobre, mais aussi exemplaire que possible. Il s'est juré de n'humilier personne sous son autorité depuis le jour où, jeune édile chargé de la voirie à Rome, Caligula le fit couvrir d'immondices par les balayeurs en criant que le quartier qu'ils traversaient était sale. Il avait vite compris que le pouvoir absolu portait des germes d'inhumanité et pendant les règnes fous il choisit de servir au loin. L'amitié de Narcisse favorisa sa carrière militaire et lui évita les dangereuses nécessités de la courtisanerie. Il exerça ses tâches de général et de proconsul avec un strict professionnalisme, mais il y eut évidemment des périodes creuses dans sa vie et même des moments de gêne matérielle. Il les assuma grâce à sa sobriété naturelle, sans prendre aucun risque politique. Il bénéficiait, il le reconnaît, de l'aide de son frère aîné, Sabinus, qui avait réussi, lui, un parcours sans faute à Rome où il était devenu un indéracinable préfet de la Ville, charge suprême. Il y avait donc deux manières de sortir de Réate. La plus prudente, vu les temps, ne serait pas la moins glorieuse, en fin de compte.

Rentrer à Réate, pour longtemps et peut-être pour toujours, est un moment de forte émotion pour l'homme qui a froidement pris d'assaut des dizaines de villes et qui est passé sans états d'âme sous des centaines d'arcs triomphaux. Il y rentre avec l'appareil le plus modeste, quelques dizaines de prétoriens, et une petite suite d'amis et de fonctionnaires. On dira encore qu'il est avare et qu'il ne veut pas entretenir chez lui pour une période indéterminée tout le train impérial, même s'il espère bien y continuer à gérer les affaires. Oui, il est avare, mais pas moins des deniers de l'État que de sa propre fortune terrienne qu'il mesure du regard dans la riche vallée de Réate. En fait, son règne a été généreux mais dans les limites de ressources publiques. Il avait hérité une rigoureuse expérience de banquier provincial. À son fils Titus qui s'étonnait qu'il eût mis un impôt sur les urinoirs de Rome, il présenta quelques petites monnaies : « Sens-les, l'argent n'a pas d'odeur. » D'ailleurs Titus, qu'on dit munificent, n'est pas moins économe que lui. C'est affaire de mesure. La générosité bien calculée est une grande leçon de gouvernement oubliée depuis Auguste.

Il est exact que Vespasien se voudrait un nouvel Auguste. Il n'en aura pas eu le prestige inégalable, il n'aura fait que rétablir les grands équilibres de l'œuvre du Fondateur. L'État de droit qui a failli mourir à Rome depuis cinquante ans est enfin remis en vigueur, le régime impérial est refondé pour un siècle peut-être. Vespasien ne rêve pas, même sa vanité est bien relativisée par son bon sens. S'il est calme au seuil de la mort qui ne le laissera probablement pas revenir à Rome, c'est qu'il est assuré de la continuité de son œuvre. Titus est son double bien installé au Palatin, il lui a confié les insignes impériaux. Si quelque chose peut être garanti sur la Terre, sa succession sera une réussite sans précédent. C'est plus qu'une chance, un long calcul, ce fut la condition même de son arrivée à l'Empire. Il l'avait annoncé solennellement comme une menace : « Mes fils me succéderont, ou personne. » Pour Titus, c'est fait et bien fait. Pour Domitien, le second, le doute subsiste. Mais Titus a à peine trente-huit ans. À cet âge il ne pensait même pas au pouvoir.

Il donne le signal du départ pour la dernière étape. Dans une heure il sera dans le verger familial, il retrouvera le goût des cerises de son enfance. Le soleil de *Junius*[1] commencera à descendre derrière les monts Albains. Il a déjà pris une longue distance des problèmes du gouvernement qui ont occupé sa pensée quinze heures par jour depuis dix ans qu'il règne Il se réserve de rappeler de temps en temps qu'il demeure le chef suprême, l'unique

1. Juin 79 après J.-C.

dépositaire des choses sacrées, le grand Pontife, même si les dieux ne sont pas pour lui très présents et même s'il ne se considère pas comme leur interprète infaillible sur Terre. S'ils se manifestent, c'est par des signes indirects, certains tout à fait inattendus dont les augures ont le sens exact, et lui l'intuition. Son esprit rationnel n'est pas indifférent à ces mystérieux messages qui l'ont atteint aux moments les plus importants de sa vie, en particulier dans le Temple de Sérapis à Alexandrie, pour lui donner confiance et l'encourager à oser, ce qu'il est par nature réticent à faire. Il n'est pas Jules César, il ne court pas à la rencontre du destin, il l'attend et en tire parti avec prudence, comme Auguste. D'autres moins patients ont toujours pris pour lui les risques dans lesquels il n'aimait pas s'engager. Ces hommes-là, à commencer par Titus, ne lui ont pas manqué, ils ont joué les plus grosses parties à sa place, mais ils auraient été incapables de ramasser la mise que lui seul sait gérer.

Quelquefois il pense à écrire l'histoire des chances surnaturelles et des calculs heureux qui ont conduit sa surprenante carrière. Il a commencé à dicter des Mémoires dans lesquels les nouvelles générations de Romains puiseront la haine de la tyrannie et du désordre. Il y montrera comment la déchéance des institutions entraîne en peu d'années, mais pour longtemps, celle des esprits. Il a vécu le retour à l'état sauvage d'hommes tout pareils à ceux qui aujourd'hui travaillent dans la concorde à la prospérité commune. Il a fallu beaucoup de sang pour apaiser les dieux scandalisés par l'abandon des règles de la bonne foi et de l'humanité, règles transgressées à la tête de l'État, et de proche en proche dans les armées provinciales, au détriment de la paix civile. Tout ne s'était pas corrompu partout au même degré et il connaît à Réate des hommes qui ont à peine entendu parler des folies de Caligula, et d'autres à Alexandrie qui en ont gardé un souvenir épouvanté. Mais il ne doute pas que, faute d'un retour aux sources de l'âme paysanne italienne, l'Empire tout entier eût dérivé vers les mirages de l'absolutisme oriental avant de se fracasser sur les récifs de l'anarchie.

Assurément d'autres que lui ont ressenti au même moment les mêmes craintes. On en eut la preuve lorsqu'ils furent tous en état de se déclarer et qu'il y eut moins de risque que de nécessité à affronter Néron. On vit alors sur le même rang apparent et avec les mêmes sentiments d'indignation, se lever des hommes forts qui assumaient les réalités de l'Empire et souffraient difficilement dans leurs lointains commandements la honte du théâtre grotesque de Néron. Le plus puissant d'entre eux, Corbulon, agit prématurément et tomba dans les rets de Tigellin. Vespasien, lui, jouissait de la chance de l'obscurité de ses origines, on ne pensait pas à lui comme un recours possible. Aussi Néron ne s'inquiétait-il pas de son existence et s'il le convoqua lors de son séjour en Grèce, ce ne fut pas pour le mettre à mort, comme Corbulon et quelques autres généraux, mais pour qu'il applaudisse à ses spectacles. Malheureusement il s'y endormit et on le mit à la porte sans autre forme de procès. Il alla végéter dans un coin obscur du pays où il pensait rentrer dans les affaires lorsque, à la fin de l'année les choses tournant mal en Judée, on eut besoin de lui pour aller remettre les Juifs à la raison. Il avait cinquante-sept ans.

L'histoire de cette guerre, d'autres la raconteront, il n'a pas eu le temps de l'achever. Paradoxalement il renvoie à ce propos au superbe récit de son principal adversaire d'alors, le Juif Josèphe, qui commandait les révoltés de Galilée. Ce Josèphe, envoyé de Jérusalem pour organiser l'insurrection, avait un véritable génie de la résistance armée. À la prudence méthodique de Vespasien qui redoutait ce genre de guerre contre des fanatiques, il opposait sa propre stratégie du faible contre le fort. Mais au fond il savait la cause de ses compatriotes perdue à terme. Il eût préféré négocier, il ne sous-estimait pas comme les autres la puissance des Romains et leur obstination atavique. Il fit de son mieux, mais une à une ses citadelles tombèrent, Gabara et Jotapata enfin. Là Vespasien vit, après plusieurs jours de recherche, Josèphe sortir de sa cachette où ses quarante camarades s'étaient entr'égorgés dans l'ordre d'un tirage au sort qui avait fait de lui le dernier survivant. Il se demande encore si c'est la chance ou quelque génial calcul qui avait servi ce Juif hors du commun. Titus, qui allait faire de lui son ami intime, connaît peut-être son secret. Plus important pour Vespasien est le secret que Josèphe lui révéla en présence de Titus : il accéderait bientôt à l'Empire. Ruse d'un homme perdu ? Non, le don de prophétie l'habitait visiblement. C'est à cet instant que Vespasien commença à croire à son destin suprême. Rien cependant ne justifiait encore une telle espérance. Néron se préparait à rentrer à Rome au milieu de la joie populaire. Un jour peut-être quelque Tigellin irait lui raconter que Vespasien ne pouvait venir à bout de bandes rebelles qui tenaient tête à trois légions romaines. Cette guerre en effet s'enlisait. Après la Galilée, il fallut prendre Joppé, Tibériade, Tarichée, Gamala, Giscala. Chaque fois la population s'entre-tuait, se suicidait collectivement, ou était massacrée. Que serait-ce alors à Jérusalem dont la citadelle était réputée imprenable ?

Il n'aimait pas de ce type de guerre d'anéantissement. Il enviait son collègue, légat de Syrie, Mucien, qui avait hérité de Corbulon des légions remises à neuf et une frontière enfin pacifiée avec les Parthes. À Alexandrie le préfet d'Égypte, Tiberius Alexander, régnait tranquillement en vice-Roi. Quand au début de l'année suivante parvint en Orient la nouvelle de l'insurrection de Vindex et de ses attaches avec Galba, les trois chefs de l'Orient entrèrent secrètement en concertation. Mais ils ne décidèrent rien, laissant l'initiative et tous les risques aux Occidentaux mieux informés. L'échec de Vindex anéanti par le trop honnête légat de Bonn, le philosophe Virginius Rufus, était un avertissement : les armées de Germanie ne permettraient à aucune autre, surtout pas à des Gaulois, de prendre la tête d'un soulèvement. Mais Rufus refusant l'Empire que ses soldats lui offraient, ce furent les légions d'Espagne qui trouvèrent la voie libre devant elles. Quand Galba et Othon arrivèrent à Rome, Néron était déjà mort, trahi par ses préfets du Prétoire, mais pleuré par les prétoriens. L'Orient ne put que se rallier à Galba, et Vespasien envoya Titus le féliciter.

Vespasien n'avait pourtant pas beaucoup de sympathie pour le vieux Galba, souple avec les puissants, dur avec les soldats, conservateur maladroit, entouré d'hommes qui ne valaient pas mieux que Nymphidius et Tigellin qu'il fit d'ailleurs exécuter parce qu'ils avaient trahi leur Empereur. Cette concession faite aux prétoriens et au petit peuple prouvait que l'image de Néron était encore très populaire, au point que l'on vit en plusieurs endroits de l'Empire des imposteurs se faire acclamer sous son nom. Galba ne gagna rien à négocier des compromis et après six mois de règne les prétoriens lui préférèrent Othon, l'ancien ami de Néron, et l'assassinèrent sauvagement. Titus était en route lorsqu'il apprit la mort de Galba par lequel il espérait, croit-on, être adopté. Il jugea plus prudent de rebrousser chemin. À Rome, les intérêts de la famille étaient suffisamment représentés par son oncle Sabinus et son jeune frère Domitien. Lui était devenu le principal lieutenant de son père.

Il y avait décidément quelque chose de pourri à Rome car, après Galba, Othon ne réussit pas à s'y imposer, même après qu'il eut relevé les statues de son ami Néron, ou peut-être, pense Vespasien, à cause de cela. Or ces deux Empereurs mal aimés s'étaient, pendant leur long exil proconsulaire, très bien conduits chez les Espagnols et les Lusitaniens. Depuis le temps d'Auguste, le Palatin portait malheur et Vespasien estima qu'il était urgent d'attendre que les germes infectieux de l'absolutisme en aient été chassés. Il se mit en position de réserve en Égypte et confia à Titus la surveillance de la Judée et l'encerclement méthodique de Jérusalem. Mucien et lui établirent, grâce à l'habileté de Titus, d'étroites relations d'amitié. Pendant ce temps en Occident Othon faisait face à un nouveau compétiteur, qui se disait plus « néronien » que lui, Vitelllius, le légat de Germanie. Cette fois-ci les armées du Rhin étaient décidées à ne pas laisser passer leur chance. Une impitoyable guerre civile s'engagea entre les Vitelliens et les Othoniens, dont les troupes se rencontrèrent à Bedriac, entre Vérone et Crémone. Le combat féroce et indécis pouvait être gagné par Othon, mais ce dernier, dans un accès de fatalisme, se suicida au moment où la chance allait lui sourire. Cet esthète n'était pas fait pour régner. La route de Rome était ouverte aux Vitelliens, qui s'y déchaînèrent. Moins que quiconque, Vitellius, dont la principale occupation était de banqueter, n'était capable de rétablir l'ordre.

Vespasien avait la chance, ou la sagesse, de se tenir loin du théâtre de ces luttes sauvages. À Alexandrie la maîtrise des expéditions de blé vers l'Italie lui assurait une position stratégique qui pourrait être décisive. Mucien et les légions d'Orient ne devaient intervenir qu'au dernier moment. À Rome, Sabinus et Domitien essayaient de gagner du temps. Mais le premier s'enferma imprudemment dans le Capitole qui fut incendié et tout espoir de compromis anéanti. Le second put se cacher. Enfin le chef des armées du Danube, Antonius Primus, jeta ses légions dans la fournaise. La fin de Vitellius fut une fête atroce, comme s'il fallait un paroxysme de barbarie pour purger Rome de dix-huit mois d'anarchie. Vespasien, proclamé Empereur par les troupes de Julius

Alexander en Égypte [1], n'avait plus de compétiteur. Personne ne songea jamais à taxer son attentisme de lâcheté ou même de ruse : c'était plutôt un modèle de sang-froid et de bonne division des tâches. Antonius Primus l'Aquitain était un parvenu qui ne pouvait prétendre à l'Empire. Mucien, un grand seigneur qui n'en avait pas envie pour lui, Titus, un fils dévoué qui brillait dans l'ombre de son père. Seul Domitien manifestait des signes d'impatience inquiétants : Mucien le remit à sa place.

Le nouvel Empereur ne se pressa pas de revenir à Rome. Il resta encore dix-huit mois à Alexandrie. Ce très long retard faisait partie de son pacte tacite avec Mucien qui s'était volontairement chargé de normaliser la situation en Occident pour le compte de son ami. Que Mucien n'ait pas demandé à partager le pouvoir dont il assumait les tâches ingrates de nettoyage pouvait paraître étrange, mais Vespasien ne s'en étonna pas. Il connaissait son homme : pour Mucien, disciple d'Épicure, féru de sciences naturelles, le pouvoir n'était pas une fin en soi, il y trouvait momentanément des satisfactions d'ordre esthétique. Il le déposerait aussi loyalement qu'il s'en était chargé. En attendant Vespasien devrait supporter sa totale franchise. Voilà, estime Vespasien, comment des hommes civilisés doivent se comporter entre eux. Sans la liberté d'expression, il n'y a pas de vraie République — encore ne faut-il pas abuser de cette trop belle maxime des stoïciens que le noble Helvidius Priscus avait sans cesse à la bouche : il se rendit intolérable au Sénat, on dut l'exiler et il perdit mystérieusement la vie.

La République, il veut bien qu'on en garde le nom puisqu'Auguste y tenait et que les Romains n'aiment pas qu'on leur rappelle qu'ils sont soumis à des monarques. Mais les querelles de mots n'intéressent pas l'homme de Réate. Son problème est de faire vivre ensemble sous les mêmes lois plus de quatre-vingts millions d'individus, d'assurer la paix civile et la sécurité des frontières. Pour cela il dispose d'un mandat qu'il a fait légaliser par le Sénat et qui se résume en une formule dans laquelle on aurait peine à voir le fondement d'un État démocra-

1. 1er juillet 69 après J.-C.

tique : « Que Vespasien soit autorisé à faire des traités avec qui il voudra. Qu'il possède le droit et le pouvoir d'accomplir tout ce qu'il jugera bon en rapport avec l'intérêt de l'État et la majesté des choses divines et humaines, publiques et privées... Qu'il soit dispensé d'observer les lois auxquelles ses prédécesseurs se sont soustraits... » En fait c'était déjà cela, le système augustéen : un pouvoir discrétionnaire dont on ne se sert pas, tant il est démesuré. Ceux qui se laissent aller naïvement à en user deviendront fous et seront abattus. Tout est affaire de mesure à Rome et l'exercice du gouvernement suppose de grandes vertus de retenue. Sans doute parce qu'il doutait de les avoir, Mucien s'est très vite retiré. Galba et Vitellius croyaient à tort les avoir, ils finirent massacrés. Othon s'était aperçu à temps qu'il ne les avait pas, il se suicida. Titus les a, son père en est sûr maintenant, son règne sera heureux. Domitien ne les a pas, c'est la seule grave préoccupation de Vespasien.

Cette retenue que les Romains appellent aussi *moderatio* est la pièce essentielle de la Constitution non écrite de Rome. Mais peut-on fonder une société sur la qualité d'âme de ses dirigeants ? Vespasien est convaincu que la sagesse des ancêtres est encore très présente dans les classes moyennes de l'Empire. Aussi l'acte majeur de son règne a-t-il été de renouveler le Sénat en y appelant des centaines de notables provinciaux. Ces hommes-là ont apporté à Rome l'esprit de Reate, plusieurs générations passeront avant qu'ils ne perdent la sève de leurs racines. Les siennes sont là dans sa terre de Sabine, un peu triviales, il le sait, mais Rome n'a-t-elle pas failli périr d'esthétisme décadent ? Une cure de conservatisme bourgeois est nécessaire à la santé de la société romaine. Lui-même se fait plus rustre qu'il n'est en réalité. Ses plaisanteries sont lourdes. Il se distrait avec de joyeuses concubines. Quand il devint veuf de la mère de ses fils, il alla rechercher une ancienne maîtresse, l'affranchie Cenia qui régna intelligemment dans l'ombre. La princesse Bérénice eût-elle jeté son dévolu sur lui plutôt que sur Titus, il ne se fût pas embarrassé d'elle et de son impatiente ambition, bien qu'il ait été sensible à son charme. Mais là n'est plus maintenant son problème, il sent ses forces l'abandonner, il est soucieux de quitter la vie avec dignité.

Il sait que le secret de la dignité est dans le métier bien fait, pendant tout un mois il ne s'arrêtera pas de travailler pour méditer sur sa mort annoncée. De son lit il tient des réunions, écrit des messages au Sénat et reçoit des délégations étrangères que Titus a la délicatesse de lui envoyer, mais il s'affaiblit de jour en jour. Il ne sait pas que les eaux thermales du pays qu'il croit curatives sont contre-indiquées pour l'affection qui ruine ses intestins. Un matin on l'entend dire sur le ton de l'humour : « Mes amis, je me sens devenir Dieu ! » Mais ce n'est pas avec ce mot d'esprit qu'il quittera les hommes, c'est dans un ordre impérieux qu'il donne à ses médecins réticents : « Par Jupiter ! Laissez-moi me lever ! Un Empereur doit mourir debout... » Il se redresse seul et s'effondre [1]. L'Empire restauré demeurera debout encore un siècle durant.

---

1. 24 juin 79 après J.-C.

TITUS

OU LA MORT AVANT L'HEURE

Le même sommet de la même route, le premier col où la via Salaria atteint le versant est des monts Sabins et va descendre dans la plaine de Reate ; la même litière impériale entourée des mêmes cavaliers rouges de la Garde prétorienne, et suivie d'une petite cohorte d'amis, cette fois-ci jeune et flamboyante. Ce sont des officiers de l'état-major du Prince, des membres de son cabinet grandis avec lui, associés à ses travaux et à ses plaisirs. Vu à quelque distance, c'est un cortège superbe d'hommes dans la force de l'âge aux tuniques multicolores, aux casques surmontés d'aigrettes, qui semble se rendre à une partie de campagne dans la douceur des premiers jours de septembre[1]. Bien différente paraît cette scène de celle qu'on avait vue deux ans plus tôt en ce même endroit lorsque Vespasien était descendu de sa litière pour contempler une dernière fois la vallée de son enfance. Pourtant elle est plus tragique encore.

C'est Titus qui est dans la litière fermée, tremblant de fièvre. Il ne pourra même pas mettre pied à terre comme son père l'avait fait dans un dernier sursaut de volonté. Il ordonne qu'on s'arrête et ouvre les rideaux : le spectacle des plaines sous ses yeux et du village ancestral où il a passé tant d'étés l'émeut aux larmes. Ses compagnons l'entendent se plaindre que la vie se retire de lui injustement. « Les dieux sont témoins pourtant que je n'ai rien à me reprocher... » Après un instant de silence, il reprend : « Sauf une chose, une seule chose... » Tous restent figés dans une longue angoisse muette. Titus n'en dira pas plus. Il donne le signal du départ.

1. 81 après J.-C.

Cette route, il l'a faite pieusement depuis des années parce qu'elle est à ses yeux l'itinéraire le plus court entre la toute-puissance de la nature et la toute-puissance de l'homme qui sont les deux pôles du destin de sa famille. Famille élue par les dieux pour le bien des hommes, ose-t-il penser, car tout comme son père et aussi peu religieux fussent-ils l'un et l'autre, il n'a jamais écarté l'idée de la prédestination de sa race. Sinon pourquoi l'oracle de Sérapis aurait-il promis dans son temple l'Empire à Vespasien, et pourquoi celui de Vénus à Paphos lui aurait-il confirmé pour lui aussi cette même perspective ? Ce n'est pas sans réticence, il s'en souvient, que son père accepta de mettre en œuvre à Alexandrie ses dons de thaumaturge sur un aveugle et un estropié. Il fut bien obligé, devant l'évidence de la guérison miraculeuse, d'y croire lui-même. Il est le divin Vespasien maintenant, qu'il l'ait voulu ou non, et son apothéose il y a deux ans à Rome a été grandiose — mais fallait-il vraiment qu'une cérémonie aussi exceptionnelle soit si vite renouvelée ? Titus souffre d'une infinie tristesse dont personne ne pourrait prendre la mesure, aussi entouré, aussi aimé fût-il, personne si ce n'est une absente...

A-t-il été assez digne des richesses que la Nature avait placées dans son esprit et dans son cœur, il est trop tard pour se le demander et il craindrait d'avoir à reconnaître qu'il a perdu beaucoup de temps quand il ne savait pas qu'il en aurait si peu. Sa jeunesse a été trouble. Comment eût-il pu en être autrement au sein d'une famille qui cherchait à s'élever dans une société agitée de mortelles convulsions ? Vespasien avait trente ans lorsque Flavia Domitilla lui donna son premier fils qui vit le jour, si l'on peut dire, dans une chambre obscure d'un grand immeuble locatif à étages du quartier romain appelé Septizonium. Titus a eu la curiosité d'aller visiter cette chambre que son père a voulu conserver intacte, comme pour se souvenir et faire souvenir les siens des difficultés de ses débuts. Certes Vespasien venait alors d'accéder au rang de préteur qui consacrait sa carrière sénatoriale, mais c'était dans les derniers temps du règne de Caligula où il était prudent de faire son chemin dans l'ombre. En vérité, il eût pu sans risque loger plus confortablement sa famille, mais il était avare au point de faire honte à Titus lorsque celui-ci fut appelé très tôt à fréquenter les écoles aristocratiques. Sa mère en souffrit-elle, il ne l'a jamais su car il a peu de mémoire d'elle. Elle était d'origine modeste, peut-être même servile, devenue Romaine par naturalisation. D'elle il tient ses dons artistiques qui ne brillaient pas chez les Vespasiens. Où était-elle quand son mari, protégé par Narcisse, fut envoyé en Bretagne où, en présence de Claude, il conquit l'île de Wight ? Lui-même était alors en pension au Palatin pour servir de condisciple à Britannicus, car on avait déjà remarqué ses dons précoces et sa nature heureuse.

C'était un dangereux privilège que de grandir aux côtés d'un jeune Prince à la personnalité et au destin mal assurés. Titus, de deux ans plus âgé que Britannicus, comprenait très bien toutes les équivoques de l'hérédité de ce camarade destiné à l'Empire — une mère trop jeune aux instincts déchaînés jusqu'au suicide, un père trop vieux à la volonté enchaînée par sa lubricité. L'enfant, de santé délicate, fut confié à des précepteurs douteux à la solde d'Agrippine lorsque celle-ci succéda à Messaline et entreprit de substituer Néron au fils de Claude. Mais c'est Néron qui se débarrassa tour à tour de son rival et de sa mère, sous le regard terrifié, mais impassible, de Titus. Deux scènes ont marqué à jamais sa sensibilité. La première fut une soirée de jeunes gens au Palatin, au cours de laquelle Néron mit au défi Britannicus d'exécuter un tour de chant devant ses camarades tous déjà un peu ivres. Le garçon qui allait fêter ses quatorze ans se leva et improvisa le lamento déchirant d'un jeune prince dépouillé de son légitime héritage. La fête s'arrêta aussitôt tant l'émotion fut profonde. Britannicus ne pouvait plus désormais vivre longtemps. Sa fin précipitée, quelques jours après, au cours d'un dîner auquel assistait Titus, bouleversa Rome comme un drame annoncé dont on accusera toujours la main de celui à qui il a profité. Titus en demeurera longtemps malade comme s'il avait lui-même partagé dans la coupe de son ami un breuvage attribué à Locuste. À coup sûr c'est son âme qui fut empoisonnée.

Bien d'autres adolescents de sa génération furent avec lui entraînés dans le tourbillon des plaisirs équivoques de la Cour néronienne. Encore y eut-il quelque retenue tant qu'Agrippine vécut — mais c'était alors un trouble d'une autre nature qui bouleversait Titus, la disgrâce de son père menacé par l'élimination de son protecteur Narcisse. Il fallut attendre la mort de l'Impératrice vindicative pour que la famille revînt aux affaires. Vespasien obtint le proconsulat d'Afrique et fit entrer son fils dans la carrière. Titus eut l'occasion de s'illustrer dans les légions de Germanie et de l'île de Bretagne. Mais il ne trouvait rien dans cette vie militaire qui lui élevât l'âme. Quelque chose lui manquait, une sensibilité que la chaude présence d'une mère ne lui avait pas donnée, que les liaisons homosexuelles ne comblaient pas, que deux mariages de raison ne lui apportèrent pas — du second cependant il obtint une fille, une Julie. Paradoxalement il allait rencontrer les premiers bienfaits d'un attachement sécurisant dans la tendresse lointaine et pudiquement dissimulée de son père, l'homme rude aux dehors cyniques. Vespasien voyait grandir en Titus sa propre image plus distinguée, plus cultivée, plus passionnée, et c'est vrai que ce fils lui ressemblait physiquement tout en projetant sur son entourage des charmes et des dons qu'il s'était résigné, lui le provincial parvenu, à ne pas avoir. Loin d'être jaloux de ce meilleur lui-même, il s'appliqua généreusement à en faire son double et son prolongement.

À vingt-neuf ans, Titus fut appelé d'urgence à l'état-major de son père qui venait d'être inopinément chargé par Néron de rétablir en Judée la présence romaine mise à mal par une révolte juive. Cette révolte était justifiée par les abus de certains agents impériaux protégés par l'entourage de Néron. Tout le dispositif oriental était menacé par des chefs de guerre improvisés qui, avec une rapidité et une efficacité stupéfiantes, avaient terrorisé ou fanatisé les populations regroupées dans des villes puissamment fortifiées. Quand Vespasien fut expédié là-bas, le légat de Syrie, Cestius, venait de perdre six mille hommes en rase campagne. Déjà les factions des rebelles — conservateurs, modérés et extrémistes — se massacraient entre elles par dizaines de milliers, Saducéens, pharisiens, zélotes et terroristes sicaires se disputant la direction de la résistance. Celle-ci trouva son terrain d'élection en Galilée où Jérusalem expédia un jeune noble, Josèphe, comme Titus âgé de vingt-neuf ans, dont on connaissait les prodigieuses capacités intellectuelles mais dont ses chefs avaient peut-être sous-estimé le caractère. Titus aime toujours ce Josèphe que son père et lui capturèrent et qui s'efforça avec eux de mettre ses coreligionnaires à la raison. Il allait sous leurs murs, pendant les sièges, leur crier que les Romains étaient invincibles. Malgré les apparences il n'avait rien d'un traître, il était seulement très bien informé — on en aura la preuve lorsqu'on lira l'*Histoire de la guerre des Juifs* qu'il rédige en ce moment à Rome.

Cette guerre qui fit sans doute plus d'un million de morts chez l'ennemi fut pour Titus une suite de moments pathétiques. Les gens de Rome en furent informés après coup, et pendant quelques jours seulement, à l'occasion d'un triomphe qui les stupéfia par la richesse du butin exposé et par le nombre de prisonniers qu'on fit s'entre-tuer dans l'arène. Mais rien ne pouvait les amener à se représenter ce dont ils se souciaient peu, à savoir l'âpreté des combats qui, trois ans durant, tinrent quatre légions en haleine au pied de citadelles qu'il fallut réduire une à une par des surenchères de ruse, d'inventions et de courage. C'est le problème des militaires, pas des citoyens romains qui ne se sentent nullement solidaires des armées provinciales, au contraire. Titus apprit près de son père, qui fit de lui d'emblée son premier lieutenant, la grandeur et la servitude du métier de chef. Il passa par Alexandrie d'où il ramena la XVe Légion Apollinaris jusqu'à Antioche où Vespasien venait d'arriver par la route des Détroits pour prendre la tête des deux légions de Judée, la Ve Macedonia et la Xe Fretensis. Avec les troupes auxiliaires de cavalerie, les Romains alignaient quarante mille hommes auxquels s'ajoutèrent vingt mille autres fournis par plusieurs rois alliés, notamment Agrippa II de Judée, fils de cet Agrippa qui vivait à la cour de Caligula en vertu des liens très anciens entre la dynastie du vieil Hérode et celle d'Auguste. Ces Rois des Juifs ne régnaient plus que sur de petits territoires que l'amitié de Rome leur concédait et cette amitié ne tenait plus qu'au charme personnel d'une lignée brillante de princes pratiquement élevés à la romaine. Agrippa II partageait avec sa sœur Bérénice le pouvoir et, disait-on, le même lit, sans compter une commune ambition et les plus riches séductions physiques et intellectuelles.

Bérénice avait eu et perdu plusieurs maris. À trente-neuf ans elle régnait effectivement sur la principauté de Chalcis pendant que son frère faisait sa cour à Rome ou à l'état-major des Romains. Elle comprit vite que l'avenir de sa dynastie était entre les mains de Vespasien et elle se rendit à Antioche pour examiner ses chances de conquérir ce conquérant. Elle l'étonna par son intelligence et ses cadeaux, il l'accueillit chaleureusement, mais c'est Titus qu'elle fascina par sa beauté mûrissante et son esprit, et c'est par Titus qu'elle fut séduite. Il se souvient de cette rencontre où il brilla de tous ses prestiges. Un légat de légion entouré de ses officiers dégage une puissance formidable. S'il est jeune et beau, il paraît surhumain. S'il sait réciter des chants entiers d'Homère, improviser des poèmes, jouer du luth, une Reine jette instantanément son dévolu sur lui. Qu'il ait la réputation d'être débauché et cynique n'est pas un obstacle pour une femme mûre et experte en aventures. Qu'elle soit juive, de la race des adversaires, et de dix ans plus âgée, n'est pas suffisant pour décourager un homme attiré par l'étrangeté, stimulé par les difficultés et à la recherche d'une tendresse passionnée. Une Reine d'Orient, une Cléopâtre pour un nouvel Antoine, il n'en faut pas davantage pour réveiller les fantasmes de l'Histoire.

Mais Titus et Bérénice n'avaient pas l'ambition et n'eurent pas l'occasion de jouer aux dés le sort du monde. Quatre ans durant, Titus, aux côtés de son père, puis seul devant Jérusalem, mena d'incessants combats, ville par ville, mètre par mètre, affrontant personnellement des risques mortels, commandant d'affreux massacres, alternant les actes de cruauté et de pitié, selon les nécessités ou les élans incontrôlables de son âme. Comment rester maître de sa sensibilité devant la folie suicidaire d'un peuple qui se précipitait par désespoir sur l'acier des légions, ou du haut des murailles, comment contenir la férocité vengeresse de ses propres soldats ? Il se souvient d'avoir autorisé ses centurions à dresser des forêts de croix devant Jérusalem pour briser le moral des assiégés. À peine Josèphe détourna-t-il son regard, à peine Bérénice eut-elle un frisson. Lui-même en vint à penser que ces Juifs n'étaient pas un peuple civilisé, ou que la haine des Romains leur avait ôté la raison. Il lui arrivait de supplier Bérénice de lui donner la clef de l'âme de sa race, mais elle avouait l'avoir elle-même perdue. Josèphe qui passait pour être un grand docteur de la Loi citait Isaïe, mais ce n'était pas une explication. Alors Titus ne se posait plus de problèmes, il se battait le jour et buvait la nuit avec ses camarades. Bérénice, présente ou absente, était la reine de ses pensées. Il ne la mêlait pas à ses orgies de soldats, mais ils avaient leurs moments de vie inimitable qu'aucune autre femme ne lui avait jamais apportés.

Peu à peu il découvrit les chemins de la maturité. Après avoir exploré les zones troubles de sa nature, celles aussi de la société romaine, celles enfin du pouvoir trop précoce, il en mesura à temps les dangers et fit un grand effort sur lui-même pour atteindre à la maîtrise de son caractère. Il y fut aidé par l'exemple de son père — mais cela n'eût pas suffi à le stabiliser, pas plus que les leçons de Sénèque et de Burrus n'avaient fortifié les premières dispositions de Néron : il y fallait aussi le soutien de la confiance, l'élan de l'affection. Vespasien comprit cette attente et cet appel d'une âme inassouvie, il devint plus qu'un père, un ami de tous les instants. Le gouverneur de la Syrie voisine, Mucien, vit comme une chance inespérée l'envoi auprès de lui du fils de son collègue et rival Vespasien, venu comme un jeune messager de bonne volonté. Bérénice eut l'intuition qu'un environnement de tendresse féminine et de raffinement de l'esprit était indispensable pour compléter l'équilibre d'un être aux possibilités immenses mais encore incontrôlées. La conjonction de ces trois influences aida Titus à pencher vers le bien qui n'était qu'une des virtualités de sa nature dont beaucoup craignaient au contraire les premières errances.

La sagesse ne lui vint pas d'un seul coup. Il fut tenté plusieurs fois d'enfreindre les limites de la prudence au cours des manœuvres politiques compliquées qu'il eut à mener après la mort de Néron, entre son père à Césarée, Mucien à Antioche et Tiberius Alexander à Alexandrie. Sans les cinq légions voisines Vespasien ne pouvait espérer jouer aucun rôle, et sans un bon négociateur il avait peu de chances de s'allier ces deux puissants généraux qui n'avaient à première vue aucune raison de s'effacer devant lui. C'est là qu'on vit à quel point la nature des hommes peut être décisive dans des sociétés où en principe seule la force cynique détermine les événements. Le hasard voulut que trois grands caractères, trois intelligences supérieures eussent en partage la région la plus riche de l'Empire, du Caucase jusqu'aux sources du Nil. Un hasard supplémentaire fit qu'un jeune prince efficace et loyal courut de l'un à l'autre pour s'assurer qu'ils faisaient tous la même analyse de la situation anarchique où s'enfonçait Rome. Bien plus, si cet agent de liaison avait eu la moindre tentation d'outrepasser son rôle, ses trois mandants lui eussent fait paternellement la leçon. Vit-on jamais situation plus exemplaire pour l'intérêt général ? Titus vécut là les mois les plus exaltants de sa vie. Il se reproche seulement d'avoir pensé alors et dit qu'il avait donné l'Empire à son père. Bérénice ne fut pas étrangère à cette petite poussée d'orgueil. Vespasien fit semblant de ne pas s'en apercevoir. Au contraire il en conclut que le meilleur remède serait de saturer Titus de charges et d'honneurs.

Il le fit au détriment de son autre fils, Domitien, et cette partialité, Titus en est convaincu, risque de coûter cher à Rome. Que le caractère du second n'ait jamais été clair, l'aîné le sait bien, et il estime n'avoir eu aucun tort à son égard, sinon celui d'être plus doué et mieux aimé. Mais son père n'a sans doute pas assez dissimulé, ou compensé, l'éclatante préférence qu'il avait pour lui. Combien de fois a-t-il plaidé la cause difficile de Domitien lorsque tous les rapports envoyés de Rome en Judée et à Alexandrie faisaient état d'une conduite brutale, présomptueuse et irresponsable du garçon de dix-neuf ans qui était sorti de la clandestinité pour prétendre assumer le pouvoir au nom de son père. Or Vespasien n'avait délégué son autorité qu'à Mucien qui, arrivé bientôt dans la Ville, s'efforça de remettre Domitien à sa place. Celui-ci rongea son frein, revint à l'Université où il se livra à des excès de tous genres qui ternirent sa réputation. Cependant Titus, de son côté, n'avait pas une meilleure image. Les Romains semblaient se complaire comme toujours dans les récits des débauches réelles et supposées de leurs jeunes princes.

Titus fit de louables efforts pour remonter ce courant lorsque, après la chute de Jérusalem et la ruine du Temple, il fut proclamé *Imperator* et consul en même temps que son père revenu en Italie. Mais il commit de nouvelles imprudences au cours de voyages dans les provinces d'Orient en compagnie de Bérénice, notamment au Temple du bœuf Apis à Memphis où il se laissa coiffer du diadème royal. Le bruit courut à Rome que le couple méditait de se tailler un Empire oriental. Prévenu de ce bruit, Titus s'alarma exagérément et, laissant là sa Reine, monta sur le premier navire marchand en partance, débarqua à Pouzzoles d'où il chevaucha précipitamment jusqu'à Rome pour trouver Vespasien tout surpris de son arrivée inopinée. Il se jeta dans ses bras en criant : « Me voici, mon père, me voici ! » L'Empereur dont le bon sens ne s'était pas attardé à de vagues rumeurs fut cependant ému de cette marque de loyauté. Titus reçut le pouvoir souverain de la *tribunitia potestas,* et, cumul exceptionnel de charges, la préfecture du Prétoire. Par cette concentration d'autorité, Vespasien déléguait à son fils aîné bien des tâches difficiles et impopulaires. Titus était dès lors condamné à gouverner avec équité ou à se faire haïr. Son père l'observait avec confiance et fierté. Il se souvient de la peine qu'il eut à surmonter l'épreuve. Il méritait bien l'Empire.

Il en avait le partage, mais il se sentait un peu perdu à Rome, aux prises avec toutes les tensions et corruptions d'un pouvoir beaucoup plus compliqué que le siège d'une ville. C'était lui l'assiégé maintenant. D'instinct, quand il était harassé ou hésitant, il cherchait autour de lui le regard complice et suprêmement intuitif de Bérénice. Mais il comprenait qu'elle n'était pas désirée ici. Vespasien l'eût à la rigueur acceptée parce qu'il estimait que sa présence serait plus bénéfique que nocive pour l'équilibre de Titus. Mais Mucien était d'un avis contraire, il mesurait la force du courant antijudaïque à Rome. Son influence, toutefois, diminuait, il se repliait peu à peu sur ses plaisirs sensuels et sur son œuvre d'historien. Deux ans plus tard il n'était déjà plus en état de s'opposer à l'installation de Bérénice à Rome.

Elle y arriva sans bruit et sans protocole, ou plutôt on s'habitua à la voir progressivement intégrée dans le protocole quotidien qui, par la volonté de Vespasien, était aussi simple que possible. Le soir de son triomphe, harassé, il dit à Titus : « Si j'avais su, je n'aurais rien fait pour mériter une telle corvée. » Le Palatin était un lieu ouvert où l'on pouvait approcher l'Empereur apparemment peu gardé. Il vivait en concubinage avec Cenia comme Titus avec Bérénice — la première était d'extraction trop modeste pour avoir le rang d'Augusta, la seconde de souche trop royale. Filles de l'Orient l'une et l'autre, elles étaient dotées d'une riche expérience politique. Cenia avait été l'intendante d'Antonia, la fille d'Antoine, en Égypte, Bérénice restait l'interprète de son frère Agrippa. On se doutait bien qu'à travers la Princesse une influence venue de loin, l'éternelle fascination des monarchies hellénistiques, s'exerçait sur le nouveau gouvernement. À la faveur de la liberté d'expression que ce gouvernement tolérait à Rome, un courant d'opposition s'organisa, regroupant des sénateurs stoïciens, des philosophes radicaux et des militaires aigris. À bout de patience, Vespasien les condamna tous à l'exil et il y eut même quelques exécutions. L'opprobre en retomba sur Titus qui, avec ses prétoriens, avait la responsabilité de la police. Quand il fut clair que Vespasien vieillissant lui déléguait la plus grande partie de son autorité, on commença à redouter qu'il inaugurât un règne despotique. Titus se souvient avec amertume qu'on parlait de lui comme d'un nouveau Néron.

Maintenant, parvenu lui-même au bout de la course brève et vertigineuse de sa vie et voyant approcher la maison rustique de ses ancêtres où il a hâte de s'aliter, si brûlante est sa fièvre, il mesure le risque qu'il a couru et qu'il a fait courir à Rome dans ces années de montée au pouvoir. Le meilleur des princes — et il aspirait sincèrement à ce titre — peut à son insu se conduire en despote. On lui faisait un crime de quelques orgies et de comportements fastueux, mais pour qui connaît bien le dedans des choses, c'est la moindre des tentations pour un hôte du Palatin. Non, le crime, ce serait de céder à l'abus inconscient de la puissance, au sentiment d'irresponsabilité, à l'illusion de l'immunité qu'entretiennent autour du Prince ses services anonymes. Ceux-ci sont dotés de la permanence indispensable à la continuité de l'Empire, ils détiennent les clés du Trésor et les secrets d'État.

Alors à quoi bon couper les têtes des Narcisse, des Pallas, des Épaphrodite, puisqu'ils renaissent spontanément, nécessairement. Sans doute ce ne sont plus maintenant des affranchis, des eunuques extraits des sérails orientaux, ce sont d'honorables chevaliers italiens choisis pour leurs mérites. Mais le problème n'est pas là, il est dans l'usage qu'on fait d'eux, dans la distance qui risque de s'installer entre eux au sommet de l'État et la base où s'appliquent les décisions. Ce contrôle est épuisant s'il veut, comme il le doit, s'exercer sur les détails d'exécution autant que sur les grands desseins. Deux hommes seulement depuis un siècle ont compris et maîtrisé entièrement cette impérieuse nécessité, Auguste et Vespasien. Titus s'était enfin persuadé de leur suprême sagesse. À mesure qu'il voyait se rapprocher le moment de la succession paternelle il contrôlait mieux son impatience et, s'inspirant point par point de ces deux grands modèles, il opta pour l'effort dans la sérénité et l'humanisme dans l'autorité. Bien que ce fussent là deux tendances de sa nature, il eut quelque peine à les faire prévaloir sur les commodités de l'arbitraire et les sûretés de la perfidie. Il se trouva de plus en plus souvent en désaccord avec les conseils beaucoup trop subtils et peu appropriés à la psychologie romaine que lui prodiguait Bérénice dans sa passion de le servir. Vespasien dut le mettre en garde plusieurs fois contre des manœuvres maladroites ou douteuses où il s'était laissé entraîner par elle. Des conflits surgirent.

La succession n'était pas gagnée d'avance. Un complot militaire fut étouffé dans l'œuf. Ses auteurs avaient misé sur l'impopularité de Bérénice : innocente, elle en fut la seule victime. Titus et elle se trouvèrent confrontés ensemble, plutôt que l'un contre l'autre, à un terrible dilemme. Il ne sait plus la part de nécessité ou de sacrifice consenti qui entra dans la douloureuse décision de rupture qu'ils prirent en commun ou, plutôt, qui leur fut imposée par la pression de leurs proches. Là ses souvenirs se troublent, il doit les chasser en bloc pour ne pas aggraver son mal. Il est enfin arrivé à Reate. Il ne craint pas d'occuper la chambre et le lit au pied duquel son père est mort. Comme lui il est superstitieux, mais comme lui il pense qu'il faut se conduire en homme et en Empereur devant le destin. Empereur il l'aura été en second pendant huit ans, seul pendant deux ans. Ces deux ans furent superbes. Il est sûr, tant les témoignages lui en vinrent de tout l'Empire, que les siècles en garderont un souvenir lumineux.

L'abnégation dont Bérénice et lui avaient fait preuve à leur corps défendant créa en effet dans le peuple un court soulagement, suivi d'une longue émotion. Vespasien, réaliste comme il l'était, ne vit que l'avantage qu'en tirait sa dynastie et mourut plus tranquille. Titus, lui, sortit de sa crise intime résolu à ne pas laisser se détendre les ressorts de son âme qu'il avait mis victorieusement à l'épreuve. Le sacrifice consenti à la raison d'État n'aurait de sens que s'il le faisait servir au bien de l'État. Sinon il n'avait d'alternative que dans le désespoir et la recherche de misérables compensations. Il choisit de réformer ses mœurs ou en tout cas d'en arrêter la dégradation et de supprimer l'étalage qu'il en faisait. Le Palatin fut bientôt purgé de tous ses hôtes douteux, comédiens, danseurs et éphèbes. Rome ne tarda pas à savoir qu'un nouveau règne était en gestation et qu'il était inutile de spéculer sur une crise dynastique. Vespasien pouvait rejoindre les dieux, les Flaviens resteraient à Rome. Comme Auguste il n'était pas venu seulement pour mettre fin à une guerre civile et rendre le pouvoir au Sénat, ou pour le laisser aux caprices des armées. Il le léguait à ses fils, d'abord à l'aîné qui héritait de lui en même temps une espérance de survie de trente années encore. Cet aîné n'avait pas de fils, il pourrait en avoir, et au pire le puîné était une assurance de continuité. Telles étaient les perspectives heureuses à la mort du refondateur de l'Empire.

Vespasien divinisé et Titus nouveau Pontifex Maximus, Domitien ne reçut pas la promotion qu'il attendait. Il demeura César, consul, mais dut se contenter de vagues promesses d'association et de succession. Visiblement Titus ne voulait pas s'encombrer d'un jeune trublion qu'il conjurait en vain de vivre en paix à ses côtés. Il s'était, lui, engagé corps et âme dans une politique de consensus général comme s'il avait hâte de regagner par le déploiement de sa séduction ce que son père s'était acquis par la spontanéité de son caractère. Ce caractère demeurait un mystère pour Titus comme il le resterait sans doute pour tous ceux qui pensent que le gouvernement des hommes et des choses est très compliqué et exige des facultés intellectuelles d'une subtilité supérieure. Or pendant dix années d'un règne hérissé de périls, Vespasien semblait s'être dirigé avec son seul bon sens paysan, madré certes, mais exempt de sophistication. Il dissimulait mal ses sentiments, et, en contrepartie, il ne fit regretter à personne de lui avoir parlé franchement. Titus, féru de culture littéraire, l'esprit encombré par une mémoire prodigieuse, supérieurement diplomate, avait peine à simplifier les problèmes de l'État auxquels il s'appliquait avec une passion qui brûlait jusqu'à sa santé.

Tout prenait à ses yeux une dimension historique, et une haute portée morale. Frustré de l'affection d'une seule femme, il eût voulu conquérir le cœur de l'humanité tout entière et on put croire un instant qu'il y réussirait tant il multipliait les gestes de générosité. On l'entendait dire qu'il aimerait mieux mourir que de faire mourir quelqu'un. Il se faisait un devoir de ne renvoyer aucun solliciteur sans quelque espérance, même si ses collaborateurs lui reprochaient de promettre plus qu'il ne pouvait tenir. Constatant un soir qu'il n'avait rien fait d'utile pour les autres depuis le matin, il se plaignit : « Mes amis, j'ai perdu ma journée. » On citait de lui des actes de clémence et de touchantes délicatesses. Est-ce en dépit de cela, ou à cause de cela qu'il commit à l'égard de Bérénice une dernière avanie qui le tourmente encore aujourd'hui ? Un an après son départ, quelques mois après la mort de Vespasien, la Reine revint à Rome et se présenta au Palatin. On lui répondit que l'Empereur était absent. Ce n'était pas vrai, elle comprit qu'il était devenu un homme différent. Elle n'eût pu ramener dans son âme encore en lutte que des souvenirs d'une poésie trouble, et l'image peut-être d'une séduction usée. Bérénice avait maintenant plus de cinquante ans et lui-même, bien que plus jeune, voyait ses traits s'épaissir, sa belle chevelure bouclée se raréfier et son teint se ternir rapidement, dangereusement. Mieux valait peut-être abandonner au passé le couple de la beauté triomphante et de l'ambition conquérante. Bérénice repartit pour toujours en Judée, dans son royaume mort, rendu aux sables du désert.

Dès la même année, les malheurs s'abattirent sur l'Italie et sur Rome. Le 24 août la terre trembla à Pompéi et le cratère du Vésuve explosa à dix heures du matin, projetant une masse énorme de cendres qui obscurcit le ciel. À midi, le nuage retombé était devenu le linceul de la ville de tous les luxes, de tous les plaisirs. Herculanum avait subi le même sort. Titus fit l'impossible pour secourir les victimes de ce désastre. L'année suivante un incendie ravagea pendant trois jours et trois nuits le quartier du Champ de Mars et du Cirque Flaminius, détruisant les Saepta Julia, le Panthéon d'Agrippa, le théâtre de Pompée entre autres monuments dont l'Empereur entreprit à ses frais la reconstruction.

Plus grave peut-être pour Rome, et plus irrémédiable, fut la ruine rapide de sa santé. Le mal qui consumait ses poumons voyait la médecine impuissante : une fois encore on se souvint que les sources thermales voisines de Reate opéraient des miracles. Titus y est conduit dès son arrivée, on lui donne des bains tièdes pour faire baisser sa fièvre, mais sans résultat. Alors on voit surgir au galop, à la tête d'un commando de prétoriens, Domitien que son frère a le temps de reconnaître et de remercier de sa sollicitude. Domitien s'en prend aux thaumaturges incapables et décrète que Titus est atteint de la même affection qu'Auguste au même âge et que le même remède prescrit alors par le grand médecin Musa opérera le même effet radical : un bain glacé avait immédiatement fait tomber la fièvre d'Auguste et guéri son abcès au foie.

On court au sommet des monts Albains chercher un peu de neige éternelle. Pendant ce temps, Domitien repart s'assurer à Rome l'investiture des cohortes prétoriennes. On plonge Titus qui déjà délire dans une bassine de neige fondue. La fièvre quitte en effet son corps, la vie aussi [1].

---

1. 13 septembre 81 après J.-C.

DOMITIEN

OU LA MORT AU VENTRE

Tous les jours au sortir de la piscine qui communique avec sa chambre il ne peut éviter le spectacle déprimant de son anatomie déclinante que lui renvoient les plaques de phengite, un marbre réfléchissant découvert récemment en Cappadoce, dont il a fait revêtir les murs de ses appartements. Non, il n'est pas narcissique, l'image qu'il traque est celle des assassins qui l'attaqueront dans le dos, il en a le pressentiment et la terreur constante. Depuis toujours le malheur est derrière lui, attaché à ses pas. Souvent dans ses longues errances solitaires sous les portiques de son palais démesuré, il fait brusquement volte-face pour faire front à l'adversaire, ses gardes peut-être, ou ses chambellans qui le suivent à distance. Mais alors il offre son dos à ceux qui peut-être l'attendent sur son chemin. La meilleurs sécurité est encore la phengite, bien que sa myopie naturelle se soit aggravée. On ne le sait pas, on voit seulement que son regard fixe un ailleurs inquiétant et il en tire avantage pour troubler ses interlocuteurs. Partout, sauf dans ses bains, il est en majesté, revêtu de pourpre et d'or, souvent couronné de sorte qu'on ne remarque pas sa calvitie avancée. Mais confronté à sa nudité, à son ventre devenu obèse et ses jambes amaigries, il étouffe des rugissements de fureur. Il n'a que quarante-cinq ans, et déjà tous les avantages physiques de sa jeunesse vaniteuse ne sont plus que des souvenirs amers.

Il se fait racler, pour la détartrer, la peau humide du dos et du ventre avec une strigile par un petit esclave de sa chambre qui a la garde de l'autel des Pénates et qui sert à l'occasion ses fantaisies sexuelles — mais au quotidien il utilise plutôt les femmes pour ce qu'il appelle sa « gymnastique du lit », pratique très expéditive. Dans son zèle l'enfant écorche un bouton qui saigne. Domitien explose de colère, il a une horreur panique du sang, et même celui des bœufs sacrifiés à sa divinité lui est insupportable au point qu'il en a interdit les hécatombes. Mais il se calme tout à coup car l'espoir lui vient que cette petite perte de sang suffira momentanément à apaiser les dieux qui, au dire des augures, en ont besoin ces jours-ci. La lune en effet s'est teintée de rouge dans le Verseau, signe qu'un événement considérable est en préparation. « Pourvu que ce soit tout pour aujourd'hui », dit-il en étanchant son sang. Il demande l'heure à Parthenius, son grand Chambellan qui est toujours derrière la porte de sa chambre avec trois gardes du palais sous ses ordres. Parthenius lui répond que la sixième heure [1] vient de commencer. Nouveau soulagement pour l'Empereur à qui un oracle a prédit un jour que la cinquième heure lui serait fatale. Ce ne sera donc pas pour aujourd'hui. Il s'approche alors de la fenêtre qui donne sur la longue et vaste dépression aux pieds du Palatin où s'étire l'ovale du Circus Maximus, cher au cœur des Romains. Au-delà, la verte colline de l'Aventin où sont enfouies tant de superbes résidences sénatoriales semble défier celle du Palatin. Le pouvoir est ici, sous ses pieds. L'opposition est en face, proche et insaisissable à la fois.

Domitien respire profondément. Il voudrait que ce pouvoir qu'il aime tant, qui lui a été si longtemps refusé, soit aussi éternel qu'il est enfin absolu. Ce palais dont ses appartements privés n'occupent qu'une partie est le plus grand, le plus impressionnant qu'aucun Empereur ait jamais habité. On l'appelle la *Domus Flavia,* mais c'est lui qui l'a fait construire, son père et son frère n'y sont pour rien. La *Domus Aurea* de Néron n'était à côté qu'un complexe de villas un peu folles, un trop vaste parc d'attractions qu'il a fallu raser pour récupérer des terrains d'habitation et élever le grand Amphithéâtre qui manquait à Rome. Mais un palais officiel avec des espaces de bureaux, des salles de réception et de spectacle, des suites princières à l'échelle de la puissance dominante de la Terre, un tel monument attendait qu'un monarque en commandât les plans au plus grand architecte de l'époque, Rabirius.

Ceux qui trouvent ce cadre trop coûteux, trop imposant, trop froid, n'ont qu'à s'en aller ailleurs, le plus loin possible, *ad patres.*

---

1. 11 heures 30, 18 septembre 96 après J.-C.

Domitien les devine, toujours agglutinés dans son dos, aux pieds de l'autre versant du Palatin, sur le Forum, dans la Curie, dans les théâtres et les salons intellectuels du Champ de Mars. Ce n'est pas par hasard qu'il a choisi de se détourner de cet horizon trop chargé de nostalgies républicaines et même augustéennes. Tout s'y perd dans de stériles débats politiques, dans des échanges de politesses et de coups bas dont on peut faire l'économie. Son père et son frère y ont gâché beaucoup trop de temps. Prendre des décisions, contrôler leur exécution, surveiller les fonctionnaires, distraire le peuple, faire taire les mécontents, à cela se résume l'art de gouverner auquel il s'emploie depuis quinze ans avec autorité et, pense-t-il, avec succès. Pourtant la peur l'habite. Des opposants le harcèlent, certains ouvertement, d'autres sournoisement. Il les craint moins que ceux qui n'ont pas de visage et dont on entend malgré tout le sourd grondement comme ce tonnerre qui éclate depuis quelques jours dans un ciel serein, que les augures ne peuvent expliquer et qui le pousse à bout : « Qu'il tombe, qu'il tombe, et qu'on en finisse vite ! » se prend-il à crier quelquefois. Cette nuit, il a eu un cauchemar qui l'a fait sortir de son lit en courant. Pourquoi ce harcèlement persistant, alors qu'il a neutralisé en toute légalité, par des procès criminels ou des mesures d'éloignement, les plus obstinés de ses adversaires et presque tous ses rivaux potentiels ?

S'il est encore en vie, il ne se fait pas d'illusions, c'est parce que les prétoriens et l'armée lui sont fidèles, que le petit peuple de Rome est comblé par lui de satisfactions, et que les Provinces sont indifférentes aux mœurs politiques de la Capitale : elles jugent un Empereur à l'honnêteté de ses gouverneurs et à la valeur de la monnaie, c'est tout. Sur ces points, Domitien fait aussi bien que Vespasien et Titus, et mieux que Néron. Quant aux prétoriens, leur solde a été augmentée d'un quart, celle des légionnaires d'un tiers. C'est miracle que son père n'ait pas été assassiné pour sa ladrerie, même s'il la déguisait sous des prétextes de rigueur financière. Titus fut sans doute plus généreux avec le peuple. Mais Domitien, lui, est munificent. Il donne des fêtes superbes à l'amphithéâtre Flavien, que les gens appellent Colosseus à cause de la statue géante que Néron avait fait dresser à cet endroit. Il en a agrandi la capacité en le surélevant d'un étage, de sorte que quatre-vingt-sept mille spectateurs peuvent s'y tenir sans se bousculer dans les entrées et les sorties. On voit dans l'arène, parfois illuminée la nuit, des batailles navales, des combats de gladiateurs revêtus de la livrée impériale, et même des luttes de femmes ou de nains. Mais c'est surtout au Grand Cirque hippique qu'il a en ce moment sous les yeux que vont tous ses soins. Aux quatre factions des courses de chars, la rouge, la verte, la bleue et la blanche, il a ajouté la dorée et la pourpre. Il a fait construire une loge impériale directement reliée au palais. De là il a pu assister à la deux mille quarante-huitième victoire de l'aurige Scorpus auquel on a élevé des statues.

Mais au fond il n'aime pas ces spectacles, il n'aime pas ces foules, pas ce bruit qui du matin au soir et quelquefois la nuit monte de la vallée. Il les supporte de moins en moins. Il ne participe pas avec la même spontanéité que Titus aux grands enthousiasmes collectifs. S'il était tout à fait sincère avec lui-même, il reconnaîtrait qu'il méprise le peuple romain au moins autant qu'il déteste l'aristocratie romaine. Trop longtemps mal aimé, il n'aimera plus jamais personne. Dans les notes laissées par Tibère dont il fait sa lecture préférée, il retrouve les mêmes épreuves qui ont marqué l'évolution de son caractère : pas d'amour maternel (sa mère à lui était morte peu après sa naissance, celle de Tibère était partie vivre avec Octave), l'éducation dans la maison d'un père peu chaleureux, d'ailleurs absent de Rome le plus souvent (celui de Tibère était un misanthrope et son second père, Auguste, ne l'aimait pas), l'ombre obsédante portée sur lui par un frère aîné très brillant et mieux aimé. (Tibère était, lui, coincé entre son frère cadet Drusus et son neveu Germanicus, objets d'adulation), tous ces traumatismes subis jusqu'à l'âge d'homme et qui semblaient ne devoir connaître jamais de fin ont provoqué d'irrémédiables dégâts dans deux natures nées exigeantes et introverties. Pourtant jamais Domitien, pas plus que Tibère, n'ont accusé les leurs d'avoir contrarié en eux quelque atavisme optimiste et généreux, comme ils eussent été en droit de le faire. À leurs yeux, la méfiance, la rancune, l'esprit de domination étaient des traits normaux de l'âme humaine, et ils étaient, eux, des parangons de l'humain. Nés plus forts, plus capables, plus impatients de régner que les autres, ils se sont heurtés à ces autres, tous les autres, qui conspiraient à entraver leur légitime ambition.

De tels malentendus, une fois ancrés dans la personnalité ne peuvent générer que des conduites tyranniques. À trente ans Domitien, comme Tibère à cinquante-cinq, n'allait pas relâcher ses nerfs tendus comme les cordes de ces balistes qu'on appelle « scorpions ». L'un et l'autre avaient approché d'assez près le pouvoir pour avoir eu le temps de s'en faire une conception critique radicale. Ils y arrivaient avec un programme de rigueur, une volonté de remise en ordre bien arrêtés, et des préjugés à peine dissimulés. Mais si Tibère pouvait nourrir encore à son avènement quelques nostalgies républicaines, Domitien, trois quarts de siècle après, était franchement converti à l'idéologie monarchique qui avait été importée à Rome dans l'intervalle. Il avait compris que le gouvernement absolu d'un seul était devenu, dès lors qu'étaient levés les tabous de la vieille Rome sénatoriale, parfaitement praticable et beaucoup plus commode. Depuis qu'une administration centrale permanente avait été mise en place par Claude et qu'aux affranchis orientaux Vespasien avait substitué des chevaliers italiens formés dans des écoles de droit, le Prince pouvait se passer du Sénat et gérer tout seul l'État à travers un cabinet d'experts.

Encore fallait-il qu'il tînt lui-même très étroitement et sans répit les rênes. Domitien qu'on croyait jouisseur et inconséquent se révéla un chef de l'exécutif assidu et capable. Ses débuts firent espérer qu'il laisserait le souvenir d'un Empereur juste, bien que trop austère, respecté bien que trop hautain. Hélas, comme il arriva à Tibère, ses qualités mêmes sous-tendues par l'orgueil, rongées par l'amertume, attaquées par la peur, se transformèrent en d'intolérables vices caractériels. Une Némésis semblait avoir fondu sur ces hommes déshumanisés par de trop longs dépits, et définitivement enfermés dans leurs fantasmes d'échec. D'habiles avocats pourraient plaider que Domitien a été le produit malheureux de Vespasien et de Titus, comme Tibère avait été celui d'Auguste. Contraints pendant des années à suivre à distance le char impérial où ils estimaient avoir une place prioritaire, ils ne trouvèrent plus que des plaisirs morbides à le conduire lorsque leur heure arriva. Ils n'ont jamais compris que c'est leur impatience trop visible qui leur a fait prendre de si longs retards.

Parce que la chance avait voulu qu'il soit à Rome le seul Flavien vivant lorsqu'Antonius Primus et Mucien y entrèrent à la mort de Vitellius, il s'était cru investi de toutes les préséances. Il se vantera plus tard, lorsqu'il n'y eut plus personne pour le remettre à sa place, que son père et son frère lui devaient l'Empire. Mais sur le moment il comprit vite que le parti flavien ne l'avait pas pris en compte dans la répartition des rôles décidée au loin par un quatuor de généraux éminemment responsables qui tenaient la moitié de l'Empire. Les intrigues du garçon de dix-neuf ans pour les dissocier se heurtèrent à leur pacte de solidarité. Vespasien prenait note de tout. Domitien n'eut plus jamais sa confiance malgré les plaidoyers de Titus en faveur d'un frère dont il redoutait les rancunes tardives. Humilié, il affecta de se désintéresser de la politique et de cultiver les lettres grecques et les beaux-arts. Cela sentait un peu trop son Néron, mais enfin les gens de bien apprécièrent qu'il favorisât les spectacles de musique et les concours de gymnastique, si difficiles à acclimater à Rome.

La mort de son père porta un coup très rude à son moral parce que contrairement à ses espoirs Titus, déjà en place, ne l'invita pas à partager l'Empire. Il resta persuadé, ou du moins l'affirma-t-il, que le testament de Vespasien avait été subtilisé. Il pouvait craindre d'être définitivement tenu à l'écart et même de payer de sa vie des complots que Titus préférait ne pas voir. Ce furent deux années d'agonie morale dont il se releva à l'instant précis où Titus agonisa physiquement. La cynique précipitation avec laquelle il se fit investir par la Garde, la servilité des hommages du Sénat rappelaient les pires moments de la dynastie julio-claudienne. Toutefois le système flavien avait renforcé les structures de l'État de droit et fait progresser la conscience politique à Rome. Les éléments de rationalité et d'humanité que Vespasien et Titus avaient introduits dans le fonctionnement du gouvernement rendaient difficile et en tout cas injustifiable un retour à l'arbitraire total.

Le risque était plutôt qu'un légalisme trop rigoureux dégénérât en tyrannie administrative et policière. Auguste lui-même avait cédé à la tentation de réglementer les mœurs et Tibère avait abusé de la loi de majesté, censée protéger, au sens strict, la majesté du peuple romain, mais dont il fit une procédure d'élimination des opposants politiques. C'est cette voie oblique qu'emprunta à nouveau Domitien lorsque son caractère aigri et impérieux l'entraîna dans une surveillance tatillonne des actes de l'administration et de la moralité des citoyens. Il se trompait bien s'il croyait gagner la sympathie des honnêtes gens en faisant revivre dans toute leur rigueur les traditions ancestrales. Lorsqu'il condamna à être murée vive dans un souterrain la Grande Vestale Cornélia, accusée d'avoir violé son vœu de chasteté avec le chevalier Celer, il provoqua l'horreur. On se souvint alors qu'il avait lui-même commis le crime d'inceste en prenant pour maîtresse sa nièce Julie, la fille de Titus, qu'il força à avorter, opération dont elle mourut. Mais il est vrai que certaines de ses lois sur les mœurs, par exemple celles qui interdisaient la castration des garçons ou le commerce des eunuques, ou encore la pratique de l'onanisme, parurent opportunes. Seulement, ses meilleures intentions dépassaient toute mesure et le rendaient odieux. Incompris, il s'enferma dans un isolement hautain, et alors que son père et son frère avaient cherché le contact de la foule, il exigea qu'on lui baisât les mains et les pieds et qu'on l'appelât Seigneur et Maître divin, noms qui écorchaient la bouche des vrais Romains.

Son comportement dédaigneux ne l'a pas empêché, au contraire, d'enrichir sans compter Rome de monuments somptuaires aux frais du Trésor, ce Trésor qu'il faut remplir par des impositions publiques, mais aussi par des prélèvements privés, de plus en plus souvent forcés. Les proscriptions à finalité policière servent donc accessoirement à combler les déficits financiers de l'État. Peu à peu ont reparu les sinistres *delatores* que Vespasien avait fait rentrer sous terre. Sans doute la pratique de l'accusation privée rémunérée n'est pas dénuée de base légale puisqu'à défaut d'accusateurs publics chaque citoyen peut — à son profit s'il convainc les juges, sinon à ses dépens — dénoncer le crime d'un autre. Mais il y a là un risque de terrifiants excès et l'on voit à nouveau les talents les plus brillants dévoyés par l'immonde tentation de s'illustrer et de s'enrichir par des procès en majesté qui débarrassent Domitien de ses ennemis. Comment s'est-il abandonné à ces abus, il ne peut s'en défendre qu'en imaginant une immense conspiration dressée contre sa volonté d'ordre moral et de rigueur administrative, et contre son pouvoir sacro-saint. Il n'a pas tout à fait tort. Beaucoup de gens qui se souviennent de ses très récentes origines plébéiennes ne sont pas prêts à le révérer, il faudrait pour cela qu'il ait un peu plus de génie et beaucoup moins de morgue. Il est assez bon gestionnaire mais très mauvais patron. Il affecte d'ignorer le Sénat tout en le faisant surveiller par les *delatores*, et le moindre faux pas est puni de mort. A-t-on le droit au moins de se faire mettre en congé ? Non, tout absentéisme est considéré comme une trahison.

Alors il ne faut pas s'étonner que la spirale de l'opposition et de la répression paraisse sans fin. Son mouvement s'est accéléré il y a trois ans avec la lutte engagée contre les courants philosophiques et les sectes juives et chrétiennes, c'est-à-dire toutes les élites qui ne pouvaient se résigner à une interminable soumission des esprits. On vit se relever les descendants et les admirateurs du stoïcien Helvidius Priscus que Vespasien avait malencontreusement persécuté à mort quinze ans plus tôt, avec le célèbre philosophe Épictète et le magnifique orateur Dion Chrysostome. Ces hommes cherchaient visiblement la palme du martyre — certains n'eurent droit qu'à l'exil. Le contrôle fiscal sur les Juifs astreints à l'impôt à Jupiter Capitolin — l'ancien double drachme payé au temple de Jérusalem — se fit plus strict et l'examen de la circoncision s'effectuait jusque sur la voie publique. Les chrétiens qui s'en prétendaient exemptés furent poursuivis après trente ans de tranquillité. Domitien découvrit que leur religion non licite avait gagné l'aristocratie et fit condamner à mort sous ce chef son cousin germain et la fille de sa sœur Domitilla, ainsi que le consul Glabrio. Sa suspicion s'étendit aux adeptes de l'astrologie qui furent tous exilés.

Mais c'est moins à ces chiens galeux qu'il pense en ce matin de septembre de la quinzième année de son règne (la police lui a signalé que des inscriptions étaient apparues sur les socles de ses statues : « Ça suffit ! ») qu'à la meute trop sage des hauts dignitaires, généraux, consuls, avocats, qui vivent une vie active, brillante, loin de son regard, contre lesquels ses espions ne trouvent pas de preuves. Pourtant ces gens, il en est sûr, sont prêts à entrer dans un complot sérieusement organisé. Leur opportunisme évident ne le rassure pas. Toute habileté lui est suspecte. Ainsi, que cache la retraite des grands consulaires Cocceius Nerva, Virgenius Rufus qui vivent entourés de respect comme des exilés volontaires ? Que médite Frontin, le conquérant de la Bretagne, qui semble tout occupé à ses savants ouvrages sur l'hydraulique, ou le jeune général Trajan qui se satisfait apparemment de la vie de caserne dans les brumes de Germanie ? Et quelles arrière-pensées nourrissent les deux sénateurs-écrivains si prisés par le public pour leur prétendu talent, Pline et Tacite ? Si soupçonneux soit-il à leur égard, il ne peut tout de même pas les supprimer par précaution en l'absence du moindre indice.. Ce problème quasi métaphysique le tourmente. « Les Empereurs, a-t-il dit récemment, n'ont pas de chance car on ne veut croire aux assassinats tramés contre eux que lorsqu'ils en ont été déjà victimes. » Il a eu tout de même la satisfaction de noyer dans le sang le dangereux coup d'État du légat Antonius Saturninus, et de ses légions, de Germanie, mais il y a huit ans de cela et le sang a eu le temps de sécher.

Sa seule sûreté, en fin de compte, a été la protection rapprochée que lui a organisée jusqu'à maintenant l'affranchi Parthenius dont il a fait le chef de la garde intérieure. Mais il se demande si le moment n'est pas arrivé de muter ce personnage devenu trop important et qui ne peut plus espérer d'élévation que dans de sourdes intrigues. Il le voit s'insinuer dans la familiarité de l'Impératrice Domitia et il croit avoir surpris entre eux des signes de connivence. Or Domitia elle-même a depuis quelque temps des attitudes bizarres. Il ne la connaît que trop bien, depuis qu'il l'a enlevée il y a vingt-cinq ans à son mari Aelius Lamia. Cette fille du grand Corbulon a le tempérament chaud, elle s'est envolée un jour avec le mime Pâris, mais Domitien a eu la faiblesse de la reprendre quelque temps après l'avoir répudiée. Pâris comme d'ailleurs Lamia ont perdu la vie dans l'affaire. C'est que Domitia avait encore à cette époque des séductions qu'elle n'a plus, loin de là. Il pourrait bien lui arriver malheur à elle aussi en fin de compte, et à beaucoup d'autres qui ne voient pas qu'il les voit, lui, tisser leur misérable conspiration de palais. Maintenant il marche de long en large, comme s'il venait d'être frappé par une révélation et en effet la chaîne des complicités lui apparaît clairement, il sait où il faut la briser. Il va commencer par épurer sa garde personnelle et la préfecture du Prétoire dont les deux titulaires, Norbanus et Petronius Secondus, sont des personnages capables de tout — c'est même pour cette raison qu'il les a nommés.

Mais la partie sera difficile. Il doit être très prudent car il sent bien que le sommet de la puissance où il est parvenu est paradoxalement un endroit très périlleux. Avoir fait le vide autour de soi est une fausse sécurité, car le moment vient où l'on ne sait plus avec qui repeupler son entourage. Avoir additionné les triomphes sur les Calédoniens, les Germains, les Sarmates, les Daces depuis plus de dix ans est à peine un titre de gloire, le souvenir s'en est perdu aussitôt. L'armée est inoccupée derrière des frontières de béton où elle s'ennuie. Entretenir des murs en Écosse, des fortins sur quatre cents kilomètres de *limes* rhénan, instruire en Dacie les troupes de Décébale dans le cadre d'un accord de coopération est sans doute utile à la sécurité de l'Empire, mais peu exaltant pour les légions qui sont averties qu'elles coûtent encore trop cher. Il est question de réduire leurs effectifs, ou alors d'arrêter les grands travaux de prestige à Rome. Augmenter les impôts serait impopulaire, et les confiscations, suicidaire.

Cependant à Rome quand le pouvoir est dans une impasse, quand il a besoin d'un nouvel élan, il lui reste encore la ressource d'une grande expédition chez les Parthes. Domitien y pense. Il n'est pas belliqueux, il n'a ni le goût, ni le talent de la stratégie, il a connu de sérieux revers sur le Rhin et sur le Danube où il a perdu plusieurs légions. Ses triomphes, il le sait bien (et il sait que ses opposants le murmurent), sont factices — on a dû compléter avec des figurants les défilés de prisonniers sur la via Sacra. Mais puisque le Roi des Rois se livre en ce moment à des provocations, il faut saisir ce prétexte, sortir pendant une année des pièges tendus à Rome et y revenir enrichi du butin ramassé en Babylonie. Sur le chemin du retour il surprendra Décébale dans ses repaires de Transylvanie, il s'emparera de ses immenses réserves d'or. Il ajoutera à ses titres ceux de Parthique et de Dacique. Il sait déjà à quel général et à quelles légions il confiera l'organisation de la campagne : à Ulpius Trajan dont l'étoile monte dans l'état-major. C'est le fils d'un vieux légat de son père en Judée, un Espagnol à la loyauté éprouvée. Il conduira les unités d'élite du Rhin et du Danube. Ainsi les éléments les plus impatients de l'armée partiront et reviendront triompher avec leur Empereur. Pendant ce temps, tout nouveau coup d'État sera impossible à Rome.

Il se sent mieux, il vient de reprendre l'initiative. Un vol de corbeaux passe sur le Palatin, en direction de l'est, les Érynnies s'éloignent donc mais les oiseaux tournent vers la gauche, les Érynnies reviennent, le visage de Domitien reprend son apparence sinistre. Il va achever de s'habiller dans sa garde-robe quand Parthenius lui annonce qu'un messager se présente pour lui communiquer une information confidentielle d'une extrême gravité. C'est Stephanus, l'intendant de sa sœur Domitilla. Il ordonne qu'on l'introduise seul dans sa chambre, et qu'on se tienne aux aguets. Stephanus est un homme corrompu, soupçonné d'avoir détourné une partie des fonds dont il avait la garde. Mais il connaît tous les secrets de la famille et c'est lui qui a déjà dénoncé les attaches chrétiennes de la fille de Domitilla. Il ne vient pas pour rien, car il se traîne, relevant à peine d'un très grave accident. Il porte encore son bras gauche en écharpe. Il met un genou à terre devant l'Empereur qui se penche et lui demande de parler bas. Il se dit au courant d'une conspiration imminente et produit pour preuve une lettre que Domitien lit avec une visible stupéfaction. Mais si ses yeux s'écarquillent et s'il pousse un rugissement, c'est qu'il vient de recevoir dans le ventre la lame d'un poignard que Stephanus tenait caché dans le plâtre de son bras. Domitien est robuste et son obésité a amorti le coup. Il se jette sur son attaquant qui, lui aussi, est grand et fort. Son accident n'était qu'un simulacre. Tous deux roulent sur le sol, Domitien tente de se saisir du couteau, il crie à son jeune esclave de lui apporter celui qui est sous son oreiller — mais il n'a plus de lame.

Personne ne répond aux appels de l'Empereur, Parthenius et les gardes laissent Stephanus perpétrer le meurtre dont il a revendiqué, les dieux seuls savent pourquoi, la préparation et l'accomplissement. Mais ils interviennent quand ils voient Domitien reprendre le dessus malgré ses blessures. Alors les sous-officiers Satur et Clodianus, et l'affranchi Maximus se jettent sur lui et l'achèvent de sept coups de poignard. Aucun ne l'aura frappé dans le dos, comme il s'y attendait. Mais il ne s'était pas trompé sur l'heure : la cinquième vient juste de commencer. Parthenius lui avait annoncé mensongèrement la sixième pour détourner ses craintes et endormir son extrême vigilance.

NERVA

OU LA MORT SANS IMPORTANCE

L'ombre longue, livide, sort lentement du fond de l'obscur vestibule comme une âme encore embarrassée de son linceul. Elle est prisonnière, dirait-on, de deux formes aux couleurs de l'enfer qui la conduisent sans doute chez Pluton. Les deux battants de la grande porte de bronze s'ouvrent devant elles sous l'effet d'une force invisible. La lumière éclatante d'une belle matinée de janvier[1] s'engouffre dans l'atrium de la villa dite de Salluste et rend les couleurs de la vie aux trois fantômes qui reprennent leur apparence humaine. C'est un grand et maigre sénateur aux cheveux blancs dans sa toge blanche bordée de pourpre, encadrée par deux jeunes femmes en tuniques courtes aux couleurs bleu et rouge pompéien attachées sur l'épaule par des fibules d'or. Ils sont ravis de la tiédeur exceptionnelle de ce jour d'hiver et décident de marcher sous les tonnelles du jardin. L'homme paraît très âgé et fragile et il est précautionneusement soutenu par ses deux accompagnatrices qui sont ses nièces. Il n'a en réalité que soixante-six ans, mais son corps est depuis longtemps affaibli par une maladie digestive chronique qui lui fait souvent rendre sa nourriture. Cette maladie, par chance, ne semble pas atteindre son moral comme c'est souvent le cas dans les affections de l'estomac, et il y a au contraire dans ses yeux des lueurs d'extase devant la beauté de ses nièces et la splendeur du jardin.

Ce jardin n'est pas uniforme, son étendue comme la variété multiple de sa flore et de ses agencements architecturaux lui ont valu son pluriel de *Horti Sallustiani,* les jardins de Salluste, si

1. 27 janvier 98 après J.-C.

beaux que les maîtres de Rome se les ont appropriés. Le très digne sénateur qui s'y est retiré est l'Empereur du moment, Cocceius Nerva, qui ne sait plus à vrai dire quel titre revendiquer depuis qu'il a volontairement partagé son pouvoir, il y a trois mois, avec un général plus jeune et plus prestigieux que lui. Ce général, Ulpius Trajan, qui commande en Germanie lui a fait dire qu'il avait mieux à faire là-bas pour le moment que de venir s'installer au Palatin, et lui-même a décidé de déménager ici, sur la colline du Pincius voisine de celle du Quirinal, au nord-est de Rome, pour respirer plus librement. Le Palatin est donc inoccupé, il le restera peut-être longtemps, mais il vaut mieux y laisser s'évaporer les odeurs méphitiques de l'absolutisme dont Domitien l'avait imprégné. Où s'exerce le pouvoir en ce moment, et qui en est le véritable détenteur, la question devrait se poser dramatiquement dans un État bouleversé par l'assassinat de son Empereur, il n'y a pas plus de seize mois. Paradoxalement personne ne s'en inquiète plus, bien que l'homme fort soit à quinze jours d'ici et que l'autre, présent, soit venu cacher sa faiblesse dans un jardin de rêves. C'est qu'il a su rétablir à temps la confiance et remettre en place la légitimité. Il sait que, ces conditions remplies, les institutions de Rome peuvent continuer à fonctionner de leur propre mouvement pendant quelques mois sans heurts.

Ce matin il a décidé de ne plus se préoccuper des problèmes du gouvernement que ses collègues du Sénat, et particulièrement le petit groupe de ceux qui ont tout manipulé dans l'ombre depuis longtemps, plus longtemps qu'on ne le croit, gèrent avec sagesse, en liaison maintenant avec Trajan. Parmi ces personnages qui ont fait le coup, il y a près d'un an et demi, certains sont morts, d'autres pas, les meilleurs par chance. Qui se souvient encore de Stephanus, l'homme au couteau dans la manche qui a exécuté le tyran ? Il n'a pas survécu à la mêlée qui a vu intervenir des prétoriens fidèles à Domitien, leur généreux employeur. Ce n'est pas sans peine que leur préfet, Petronius Secondus, qui était dans le complot les a repris en main, mais ils sont restés persuadés d'avoir été joués, car c'est le Sénat qui pour une fois avait reconquis l'initiative ce jour-là. Le chambellan Parthenius y est accouru pour annoncer que la voie était libre à l'élection constitutionnelle d'un membre de l'Assemblée que les conjurés avaient évidemment choisi. Les militaires, pris de vitesse, osèrent d'autant moins contester ce choix que nombre de leurs chefs étaient dans le secret.

Comment ce secret a-t-il été gardé par tant de complices alors que tant de conspirations ont été si facilement et si régulièrement éventées depuis un siècle ? Celle-ci, il est vrai, n'a pas dérogé à la règle qui veut qu'un Empereur ne puisse être supprimé que par son entourage. Mais que la méfiance obsessionnelle de Domitien, ses formidables précautions aient été déjouées est aux yeux de Nerva le signe que le ciel était du côté des meurtriers. Certains pourtant ont été cruellement punis : peut-être est-ce là le souvenir le plus pénible de sa vie, si ce n'est même le vrai prélude à sa mort. Il y a environ quatre mois de cela. Il régnait avec bonheur depuis plus d'un an sur une société qui semblait apaisée. Il avait mis un terme aux règlements de compte afin que tous ceux qui n'étaient pas sans reproches puissent vivre dans la sécurité. Il avait même donné des gages aux nostalgiques du régime déchu en rappelant à la tête des prétoriens un certain Aelius Casperianus, leur ancien préfet sous Domitien. Ce Casperianus s'était apparemment assagi, mais peut-être fut-il débordé par ses hommes car il se présenta un jour au Palatin à la tête d'une troupe furieuse qui pénétra dans la salle du Conseil et exigea qu'on lui livrât Parthenius et Petronius Secondus, qui étaient devenus les plus proches collaborateurs de l'Empereur depuis qu'ils l'avaient porté au pouvoir. Car c'était bien eux qui, avant de mettre à exécution leur complot avec l'Impératrice Domitia elle-même — tous redoutaient non sans raison d'être les prochaines victimes du despote aux abois —, avaient secrètement averti Nerva de l'éventualité d'un vide dynastique à remplir bientôt. Il fit devant eux un geste de sa main où brillait un diamant de grand prix, et ce geste valait acquiescement.

Ces hommes n'étaient peut-être pas sans défauts, mais ils avaient assumé des risques énormes pour leur salut et du même coup pour les libertés publiques. Une heure après l'attentat, Parthenius expédiait des équipes d'esclaves municipaux avec des échelles pour déboulonner toutes les statues de Domitien et marteler son nom sur tous les monuments publics tandis que les monnaies à son effigie étaient envoyées à la fonte. L'opération s'étendit à toutes les villes de l'Empire à mesure que les ordres y étaient apportés par des messagers rapides. Des lettres expresses rappelèrent tous les exilés et les îles de relégation les plus lointaines furent vidées. Les délateurs de basse condition périrent instantanément sans procès. Les autres attendirent en tremblant.

Voilà ce qu'on devait à l'action ambiguë mais décisive de Parthenius et de Secondus, voilà ce que les hommes de la sécurité de Domitien ne leur pardonnaient pas. Ces derniers étaient donc devant l'Empereur leurs glaives déjà sortis des fourreaux. Alors, en Nerva, l'homme des compromis et des fines dialectiques fit place instantanément au défenseur de l'ordre et de la loi. Il se souvint qu'il était l'héritier d'une lignée de juristes célèbres. Il se dressa et écarta les bras comme pour faire un rempart de son corps à ses collaborateurs, mais les assaillants continuèrent à avancer. Alors il écarta les bords de son manteau impérial et offrit son long cou maigre à leurs glaives, geste superbe qu'ils méprisèrent. Ils voulaient seulement l'humilier et consommer leur vengeance. Violemment bousculé il tomba et s'évanouit de frayeur. Il ne les vit pas se précipiter sur tous ceux qu'ils rencontraient dans le palais. Parthenius fut leur première cible, ils lui coupèrent les organes génitaux et les enfoncèrent dans la gorge jusqu'à ce qu'il pérît étouffé. Petronius Secondus fut transpercé avec beaucoup d'autres.

Ensuite — ce souvenir obsédant noue son estomac et aggrave son mal — ils le sortirent de son inconscience en l'arrosant d'eau froide et le portèrent au Forum où il fut obligé de les remercier publiquement pour avoir puni les assassins de son prédécesseur qui s'étaient infiltrés dans son entourage. Domitien n'avait-il pas puni de la même façon Épaphrodite dont il avait fait son secrétaire particulier ? Il se souvint un jour que ce collaborateur avait « aidé » Néron à mourir quinze ans plus tôt, exemple assurément pernicieux. Cette longue mémoire des brutes qui ravive à l'improviste leurs instincts homicides est indigne d'une société civilisée. Nerva rentra au Palatin meurtri dans son âme et dans son corps. Il voulait abdiquer et ne le pouvait pas. « Je n'ai pourtant rien fait, disait-il à ses amis, qui puisse m'empêcher de déposer l'Empire et de revenir à la vie privée. » Mais parmi ces amis quelques-uns savaient exactement où il fallait aller parce qu'ils guidaient de longue main toute l'opération secrète, c'étaient les chefs du clan espagnol très influent à Rome depuis les Sénèques. Ce clan, apparu il y a une ou deux générations seulement, regroupait des descendants de colons installés trois siècles plus tôt en Bétique et en Tarraconaise par Scipion l'Africain. Devenus de grands notables chez eux, ils se poussèrent les uns les autres vers les sommets à Rome où ils investirent le Sénat de Vespasien. De la seule petite ville d'Italica, près de Séville, on vit arriver les Licinius Sura et les Ursus Servianus, qui sont aujourd'hui l'âme de la conspiration avec les Ulpius Trajanus et les Aelius Hadrianus tandis que du municipe d'Uccubi débarquaient les Annius Verus, tous consuls ou destinés au consulat et même, pourquoi pas, à l'Empire ? Ces hommes voyant qu'ils ne pourraient plus longtemps utiliser Nerva qu'ils avaient choisi parce qu'ils le savaient moralement intègre et physiquement usé, et qu'il n'avait pas de fils, passèrent à l'exécution de la dernière phase de leur plan.

Ils saisirent le prétexte d'une petite victoire des légions du Danube pour faire monter l'Empereur et les corps constitués au Capitole où une foule de badauds était rassemblée. Là, Nerva déposa une palme sur les genoux de Jupiter puis, se retournant, il fit une déclaration inopinée : « Pour le bien de l'Empire, du peuple et pour le mien même, j'adopte Ulpius Nerva Trajan. » Le moment, le lieu, la circonstance, la publicité donnaient à ces paroles, qu'on le voulût ou non, une force solennelle et une valeur sacrée. Il n'en fallait pas davantage pour créer des liens de famille, de paternité au sens légal et religieux, entre deux citoyens romains. Les prétoriens, une fois de plus, furent pris de court. On descendit au Sénat tout proche, et là Trajan, devenu fils de Nerva, fut acclamé César et associé au pouvoir *in absentia*. En principe il n'en savait rien, et cependant il était lié. Nerva n'a jamais cherché à éclaircir ce point, l'essentiel pour lui était acquis : il avait sauvé l'honneur, et sa vie. Mais il était à bout de forces. Sous l'apparence d'un partage de l'Empire, il venait en réalité d'abdiquer. Il voudrait vivre encore quelques années pour profiter de sa retraite bien méritée.

Les promesses des roseraies ravissent le vieux poète. Nerva se souvient d'avoir chanté leurs timides pousses lorsqu'il s'adonnait à la poésie et qu'on récitait ses vers légers à la cour d'un jeune Empereur qui se flattait, lui, d'être un second Virgile. Néron, qui avait quelques talents, ne dédaignait pas celui de son ami Cocceius qu'il appelait le nouveau Tibulle — autrement dit un peintre charmant des forêts et des champs. Cette réputation de petit élégiaque lui fut très utile à une époque où quelque succès trop éclatant pouvait attirer sur vous les foudres d'un prince jaloux. Nerva n'était pas Lucain, il put vivre, bien que ses horoscopes fussent, disait-on, un peu trop favorables. Par la suite il développa une autre vocation, celle du droit qu'il tenait de son hérédité, car son père était le chef d'une école de jurisprudence dite coccéienne. Là encore il sut se faire une honorable et prudente réputation à la Commission des lois du Sénat. Son légalisme lui valut une haute décoration bien compromettante qu'il reçut avec Tigellin après l'écrasement de la conspiration de Pison. Il pourrait invoquer qu'elle lui fût décernée à son corps défendant pour honorer la partie du Sénat restée loyale. Et c'est vrai qu'il eut la chance de n'avoir pas été approché par les conjurés : ils le jugeaient peu sûr, il les jugea indéfendables. Mais il préfère oublier cet épisode et se penche pour respirer un massif de safran.

Il fait halte dans un petit reposoir, une *diaeta*, que prolonge un *solarium* exposé selon les savants principes de Vitruve à 33 degrés vers le sud-est. De là il domine, au pied de la pente abrupte de la Collina Pinciana, l'immense plaine du Champ de Mars couverte de monuments magnifiques dont les toitures de bronze et de cuivre scintillent sous les rayons du soleil au milieu d'une mer de tuiles roses. À sa gauche, il aperçoit la masse blanche du Capitole puis la verte colline du Palatin. C'est déjà pour lui un monde ancien, tout à fait étranger. En revanche pour ses nièces dont il surprend le regard nostalgique, c'est le cœur de l'univers, elles brûlent d'y revenir, d'entrer dans les boutiques d'orfèvres, dans les théâtres et les odéons où règnent toutes les libertés. Comme il a toutes les indulgences, il les laissera repartir bientôt. Il n'y aura plus après lui de mâles en ligne directe chez les Nerva. Son destin était d'assurer la transition du pouvoir. Un Forum en construction perpétuera son nom, on l'appelle déjà le *Forum transitorium,* tout simplement parce qu'il en réunit deux autres. Mais il n'est pas interdit de voir là un symbole.

Il lui arrive d'oublier qu'il est encore Empereur, que personne n'est au-dessus de lui sur la Terre puisqu'il a seul le titre impartageable de *Pontifex Maximus*. En réalité, si illimités que soient ses pouvoirs, il ne peut même pas exercer celui qui lui tient à cœur, faire payer à Casperianus sa conduite sacrilège. Le préfet est maintenant inoffensif, car s'il bougeait, les aigles des légions de Germanie fondraient sur lui. Mais il peut toujours espérer l'oubli, ou une amnistie. Nerva le sait bien : n'a-t-il pas lui-même pardonné aux plus odieux complices de Domitien ? C'est un grave débat de conscience que celui qui oppose le devoir de justice aux exigences de la paix civile. Les déportés revenus d'exil s'indignaient de retrouver à sa table leurs propres délateurs. Mais en même temps, sous le prétexte de la justice, les règlements de compte n'en finissaient plus. Alors la voix de l'honnête consul Fronto s'éleva : « Il n'est pas bon d'avoir un Empereur sous lequel personne ne peut rien dire. Mais il est pire d'en avoir un sous lequel n'importe qui peut dire n'importe quoi. » Il entendit la leçon. Pourtant le débat n'était pas tranché au fond. Il ne le sera peut-être jamais.

Casperianus, lui du moins, ne s'en tirera pas à si bon compte. Le premier acte de Nerva après l'adoption de Trajan a été d'envoyer à celui-ci le diamant, trésor de la famille, qu'il portait au doigt, accompagné de ce vers de l'*Iliade* : « Que les Danaéens expient mes larmes sous les coups de tes flèches. » Le message était transparent. Trajan n'a plus qu'à choisir son moment. Ce qu'il sait de lui — il ne le connaît personnellement pas très bien, c'est Licinius Sura qui l'a désigné — lui permet d'espérer qu'il procédera à un sérieux nettoyage à froid. Il aimerait le voir arriver au plus vite à Rome, mais il est évident au contraire que Trajan attend au loin que les esprits se calment tandis que ses amis lui préparent le terrain. La vérité est que la classe dirigeante romaine sort d'une grave maladie, tout le monde a été à la fois un peu victime et un peu complice du système de Domitien, système qui n'a été que la lente dégradation de celui tout à fait sain des premiers Flaviens. À partir de quel moment et pour quel motif fallait-il et pouvait-on s'en dégager, ce furent là autant de cas de conscience individuels. Trajan a estimé, lors de la sédition de Saturninus en Germanie, que son devoir était de soutenir Domitien et, trois ans plus tard, il exerçait le consulat. Pourtant l'héritage flavien était déjà moralement corrompu. Pline, Tacite qui aujourd'hui parlent si bien contre la tyrannie, faisaient alors carrière. Finalement, de tous, Nerva peut se flatter des plus beaux titres de résistance : il a passé quelques années dans sa belle villa de Tarente où il peut toujours dire que Domitien l'a exilé.

Là-bas, il avait des fleurs en toutes saisons. Il recevait ses amis qui, sur la route d'Orient et d'Afrique, faisaient escale au fond du golfe, il accueillait des poètes et des philosophes d'Athènes ou d'Alexandrie qui étaient plus chez eux que lui-même sur ces rives où l'on parlait encore le grec. Que pourraient ajouter les siècles aux siècles de civilisation déjà enracinés là ? Il n'y avait à craindre que les tremblements de la terre, les débordements de la mer ou la fin du monde annoncée par les prophètes juifs et chrétiens. Ou bien peut-être de plus secrets malheurs, un lent appauvrissement, la révolte des humbles. Il avait appris davantage en parcourant ses domaines, en visitant ses petits métayers, en écoutant la plainte des esclaves, que dans les séances du Sénat ou dans sa charge consulaire. Il n'avait plus envie de chanter la campagne à la manière de Tibulle, mais de changer la condition paysanne, s'il le pouvait. Or le jour vint où il crut qu'il le pourrait. Ses premières décisions d'Empereur furent en faveur des agriculteurs les plus pauvres. Il fit vendre une partie du mobilier impérial et des domaines publics et il bloqua toutes les dépenses somptuaires afin de distribuer des terres à de petits exploitants libres, pour une valeur de soixante millions de sesterces, soit gratuitement, soit pour un faible loyer de cinq pour cent versé à des fondations charitables. Ces fondations prenaient en charge l'éducation d'enfants de familles nécessiteuses. Nerva est fier d'avoir affirmé ainsi l'orientation humanitaire du nouveau régime. Il regrette de n'avoir pas eu le temps d'entreprendre plus de changements dans l'ordre social, mais il sait aussi qu'il n'aurait pas eu la force de les imposer à ses bureaux et à ses collègues du Sénat. Seul un militaire prestigieux pourra le faire.

À l'instant où il veut reprendre sa promenade dans l'allée des lauriers-roses, il sent une faiblesse dans ses jambes. Il décide de rentrer dans la villa où ses nièces le portent presque. L'image de son ami Vergenius Rufus, tout à coup effondré devant lui il y a quelques mois, le hante. Le très glorieux et très vieux sénateur — il avait quatre-vingt-trois ans — était venu le remercier au Sénat du consulat qu'il l'invitait à partager avec lui. Il s'apprêtait à lire son discours quand son manuscrit lui échappa et, voulant le ramasser, il tomba et se brisa le col du fémur — qui ne se ressouda pas. La mort de ce vieux stoïcien devenu illustre pour avoir refusé trois fois l'Empire qu'on lui offrait fut exemplaire de dignité. Nerva se demande si un épicurien comme lui saura mourir avec autant de grandeur. En réalité, depuis qu'il est inactif dans ce jardin d'hiver où l'éclosion de la nature se fait attendre, il traverse de plus en plus souvent des moments de dépression que son entourage prend pour des somnolences. Il se replie alors sur son estomac fragile d'où émanent, croit-il, des messages de mort. Cette mort, il ne la craint pas, il lui arrive même de la souhaiter puisqu'il n'a plus rien à attendre sur la terre.

La vie lui a trop donné, trop tard, et elle lui a trop subitement repris ce qu'il n'avait pas demandé. Si Vergenius Rufus a été plus sage c'est que, né dans un milieu modeste, il ne s'est pas jugé suffisamment bien préparé à un destin suprême, et s'il a servi le pouvoir impérial de Néron à Domitien, s'il l'a sauvé même, cela ne lui donnait nullement à ses yeux le droit de se l'approprier. Nerva, lui, issu d'une famille aristocratique liée à celle d'Auguste, n'a pas eu ce scrupule. Sa modestie n'a pas eu de peine à se faire violence lorsqu'on l'a appelé au devoir d'État. Il en avait mesuré tous les risques, sauf celui de la transcendance obligée. Devenir Empereur c'est être arraché à la condition humaine, mais à cela il n'a pas eu le temps de penser lorsqu'on l'a arraché à la condition privée. Aujourd'hui il n'a pas plus qu'hier peur de la mort naturelle contre laquelle il a longuement fortifié son âme comme tout bon Romain, mais il a peur de l'immortalité surnaturelle. Devenir Dieu, nul ne sait ce que cela veut dire, surtout quand on ne s'y est pas exercé déjà sur terre, comme l'ont fait tous ses prédécesseurs quoiqu'ils en aient dit, et même Vespasien quoiqu'il en ait ri. Il a eu le droit de repousser tous les honneurs extraordinaires que le Sénat voulait lui décerner, mais il n'aura pas celui de refuser l'apothéose qui lui sera votée aussitôt après sa mort.

L'apothéose, c'est trop pour lui, cela choque son sens de la *moderatio* dont il a fait la règle de sa vie et qu'il vient de faire graver dans le bronze. S'il aspire comme tout homme bien né à laisser une trace dans les mémoires, c'est pour cette seule vertu qu'il veut être honoré. La *moderatio* dans les rapports humains est la première exigence de la civilisation. Seuls Auguste, puis Vespasien et Titus l'ont traduite un moment dans leurs actes mais il reste à l'institutionnaliser dans une loi fondamentale dont Nerva a eu le temps d'écrire le préambule. En faisant prendre par le Sénat et en prenant lui-même l'engagement sacré de ne plus mettre à mort aucun de ses membres pour des motifs de majesté, il a transformé les données de la vie politique, et, par contagion, celle de la société. En supprimant à la tête de l'État toute tentation de régler les différends par la violence, il a créé un précédent qui, de proche en proche, va humaniser l'exercice du pouvoir et les rapports sociaux à tous les niveaux. Il s'est assuré que Trajan ferait le même serment dès son retour devant le Sénat.

La petite défaillance physique qu'il vient de ressentir est un avertissement. Il a peine à marcher et il faut faire avancer sa litière. On la dépose dans l'ombre de l'atrium où il reprend son apparence de fantôme. Les médecins lui prescrivent de la viande de sanglier cuite dans le vin pour remonter ses forces. À peine l'a-t-il mangée qu'il la vomit. Alors il se prescrit à lui-même la diète qui le soulage de ses douleurs mais l'affaiblit. Ses proches craignent pour sa vie et le supplient de se laisser alimenter. Leurs voix plaintives lui semblent parvenir de très loin, c'est donc qu'il change de monde et cette sensation ne lui est pas pénible. On avait eu tort de s'apitoyer sur son grand-père qui avait choisi de mourir d'inanition pour fuir la vue de Tibère, son vieil ami devenu tyrannique. Ce n'est pas ce Cocceius qui souffrait le plus, mais Tibère impuissant à l'obliger à vivre. Nerva abandonne avec soulagement un monde où il n'avait plus rien à faire, où ses sens étaient désormais impuissants à jouir et où il allait s'engourdir dans l'arrière-saison de la gloire. Il s'étonne à peine de ne pas voir Jupiter l'attendant sur un Olympe riant, il n'avait jamais cru à cette divine assomption. Mais il ne voit pas non plus la barque de Charon sur le noir Styx où ont rendez-vous les simples mortels. Il ne voit rien car, il en était sûr, il n'y a rien au-delà des merveilleux jardins de la Terre.

TRAJAN

OU LA MORT D'HERCULE

Une lourde matinée d'août sur les quais de l'Oronte à Antioche. Le carrosse impérial, surmonté d'un dais qui protège ses occupants du feu solaire déjà ardent, s'arrête devant l'embarcadère où appareille une frégate fluviale. Au sol un autre rideau protège le carrosse de la curiosité non moins ardente d'une population toujours avide de spectacle : c'est l'escadron des nouveaux cuirassiers de la garde, les *equites singulares,* que l'Empereur Trajan vient de recruter en Germanie. N'avait-il donc pas assez de ses prétoriens pour le défendre ? On sait qu'il est peu soucieux de sa sécurité, on l'a souvent vu se mêler à la foule. Mais on sait aussi qu'il aime le décorum, et ces géants au casque étincelant sont très impressionnants. Plotine, son épouse qui l'aide à mettre pied à terre avec précaution, n'est visiblement pas à l'aise entre ces centaures d'acier. Elle se dit sans doute qu'ils attirent la foudre divine, comme tout ce qui est trop brillant. L'homme dont elle partage le destin n'avait vraiment pas besoin de faire parade de ce retour à Rome qui lui est imposé par les circonstances. On commence à savoir ici que ses conquêtes sont menacées et que sa santé est altérée. L'armée tout entière ne pourra pas l'ignorer longtemps, et les foules versatiles de l'Orient en tireront à leur tour des conclusions séditieuses. Heureusement, pense Plotine, un homme fort, jeune et pondéré, restera ici à la tête des légions.

Cet homme va au-devant du couple impérial. Il embrasse l'Empereur et l'Impératrice dont il est le neveu et le plus proche parent dans la lignée masculine. Ses cheveux et son collier de barbe bouclés, son long nez droit donnent à Hadrien un air de héros grec qu'il cultive évidemment car il se flatte d'avoir été dès ses années de *vigintivirat,* c'est-à-dire son entrée dans la carrière sénatoriale, un précurseur de la mode hellénique à Rome. Cette mode largement suivie aujourd'hui tranche avec celle de la génération de son oncle qui, lui, a le visage glabre et les cheveux coupés en frange sur le front comme il était de tradition à Rome avant que les nouveaux philosophes grecs n'aient infiltré la haute société. Les deux hommes ont la même forte stature. On ne saurait dire qu'ils ont un air de famille, car leurs deux branches andalouses se sont un peu éloignées, mais ils appartiennent visiblement à la même race solide des nouveaux maîtres de l'Empire, ces provinciaux venus repeupler le Sénat et les cadres de l'armée usés et décimés pendant le dernier siècle. On ne compte plus à Rome qu'une dizaine de descendants des vieilles familles républicaines. Les proscriptions ou les mœurs, l'usure du sang, prétendent certains, ont fait disparaître tous les autres, Julio-Claudiens, Scipions, Metelli, Gracques, etc. L'oncle et le neveu qui s'entretiennent maintenant à l'ombre d'un portique figurent l'autorité tranquille, la force neuve des colons espagnols appelés à relayer les paysans italiens qui, avec Vespasien, avaient commencé l'œuvre de restauration.

On assiste, dirait-on, à une passation de pouvoirs d'une portée historique. L'Empereur drapé de pourpre transmet l'*Imperium* majeur sur l'Orient, sur la moitié de l'Empire, au général à la cape écarlate. Tous deux se penchent sur un papyrus déroulé. Leur front bas, leur nez fort, leur bouche mince, leur cou puissant, et le bras aux veines saillantes du plus vieux posé sur la large épaule du plus jeune, quelle magnifique image pour illustrer la continuité dynastique. Plotine la fixe dans sa mémoire, elle en suggérera le thème à Apollodore, l'architecte de la colonne qu'on achève d'élever sur le nouveau Forum. Elle ne sait pas que le document dont les deux hommes discutent avec une visible tension n'est pas, comme elle l'espérait, l'acte solennel du partage de l'Empire, mais simplement le tableau d'avancement des centurions de la légion de Cappadoce. Trajan l'enroule nerveusement et d'un geste impératif le tend à Hadrien, puis il s'avance vers l'embarcadère. Il repousse son aide de camp, Phaedimos, qui voudrait l'aider dans sa marche difficile. Il n'a pas retrouvé pleinement l'usage de sa jambe gauche qui, trois mois plus tôt, a été paralysée avec la moitié de son corps. S'exposer au soleil nu-tête — il ne veut de casque que celui de sa célèbre chevelure blanche — est imprudent, son médecin personnel, Criton, vient le lui rappeler mais il l'écarte lui aussi. Il s'attarde à saluer ceux qui l'ont accompagné jusqu'ici, les officiers et les simples soldats, les chefs de service et les secrétaires qu'il connaît tous par leur nom. Il dit à chacun : « Merci, vous me reverrez bientôt. » Beaucoup se détournent pour pleurer car ils doutent que ce bonheur leur soit accordé par les dieux.

Trajan et Plotine rejoignent le groupe de leurs intimes qui va avec eux descendre l'Oronte sur la frégate fluviale jusqu'au port de mer de Séleucie d'où ils seront transbordés sur le vaisseau amiral de la flotte d'Orient. Sabine, la femme d'Hadrien, qui demeurera à Antioche avec l'homme qu'elle n'aime pas et qui ne peut la souffrir, pleure dans les bras de sa mère Matidie. Cette dernière est une personne imposante qui joue un grand rôle dans la famille des Ulpii, celle de Trajan, dont elle est la nièce. Sa mère, Marciane, était la sœur aînée de l'Empereur, tous les deux nés à Italica en Bétique de ce valeureux Ulpius Trajan qui s'éleva jusqu'au grade de général de division sous Vespasien et Titus. Marciane épousa un Matidius qui avant de disparaître lui donna cette Matidie, veuve à son tour d'un Sabinus dont elle eut le temps d'avoir Sabine. La lignée s'arrêtera là, car Sabine et Hadrien, mariés depuis sept ans, n'auront sans doute pas d'enfants et Plotine, qui a épousé Trajan il y a trente ans, a su très vite qu'elle ne pourrait jamais en avoir. Marciane et son vieux père le général sont morts après avoir eu la chance d'assister à l'avènement triomphal de Trajan qui s'empressa de les diviniser, faveur à laquelle il n'aspire absolument pas pour lui-même, vivant ou mort. Mais il sait qu'il n'y échappera pas lorsqu'il ne sera plus là. Il n'a exprimé qu'un désir, celui d'affronter l'éternité avec Plotine dans le socle de la colonne sur son Forum.

Plotine, c'est cette personne qui se tient auprès de Matidie, aussi modeste d'apparence que l'autre est expansive, moins grande, moins en chair, les cheveux noirs tirés dans un chignon de nattes sur la nuque. Sa dignité est un peu raide, dans sa robe blanche trop sobre. Un observateur attentif comprendrait que son autorité est au centre du groupe des trois femmes unies par une confiance mutuelle profonde et une commune tendresse pour leur grand homme. L'Impératrice règne sur le cercle étroit des intimes, Matidie administre le clan des Ulpii, Trajan s'en remet à elles pour la gestion des affaires de la famille et de la Cour. Il les aime de tout son cœur, il sait qu'elles se liguent pour son bien, il se défend de leur zèle avec bonhomie. Il est le plus souvent absent, mais elles le suivent aussi loin qu'il leur est permis. Plotine a renoncé à être jalouse, d'ailleurs elle ne saurait l'être que des jeunes éphèbes dont Trajan fait son ordinaire. Comme ceux-ci sont en général incorporés dans les services d'état-major et qu'ils partagent la vie des camps, ils échapperaient de toute façon à sa surveillance et son amour-propre ne souffre pas de spectacles couverts par le secret militaire. Personne n'ignore que l'Empereur pratique l'homosexualité mais nul ne peut nier son aspect viril qui est pour les Romains plus impressionnant que toutes les rumeurs.

Deux hommes se trouvent en permanence dans l'entourage immédiat de Trajan, l'un est son médecin Statilius Criton, l'autre son aide de camp Ulpius Phaedimos. Criton est attaché au service de santé des prétoriens. Phaedimos est un affranchi de la famille qui sert de secrétaire privé et de chambellan à l'Empereur. Ils ne collaborent pas volontiers entre eux, mais ils y sont forcés. Trajan manifeste une confiance quasi paternelle à Phaedimos qui lui est totalement dévoué. Ce jeune homme est dans tous les secrets d'État, mais ne joue aucun rôle dans l'État, ce qui rend sa présence à peu près tolérable aux yeux des grands dignitaires. Criton lui aussi en sait long, trop long, sur son patient qui n'aime pas beaucoup en lui l'homme, mais qui doit faire confiance au médecin, surtout depuis l'attaque dont il s'est incomplètement rétabli. Le médecin, pour sa part, ne doit pas oublier son allégeance aux prétoriens et nul n'ignore qu'il est très proche d'un troisième personnage qui se tient un peu en retrait du groupe des intimes, mais au premier rang des notables, Acilius Attianus, le préfet du Prétoire. Si l'on s'arrête aux apparences on pourrait déjà deviner qu'il est dans la mouvance d'Hadrien dont il imite le port de la barbe, nouveauté chez les prétoriens. La chose devient certaine lorsqu'on sait qu'il a été son tuteur à Italica à la mort d'Afer Hadrianus le père. Trajan, déjà à Rome, était l'autre tuteur, plus exactement c'est Plotine qui a exercé la tutelle effective du jeune garçon auquel elle s'est attachée comme à un fils qu'elle aurait aimé avoir.

Attianus rentre à Rome avec Trajan dont il assure la sécurité avec une de ses cohortes embarquées. Il a un long aparté avec Hadrien. Beaucoup de femmes pleurent au moment de la séparation, sauf Plotine qui ne s'abandonne jamais en public. Mais on peut voir que son regard ne se détachera pas du quai jusqu'à ce que l'image d'Hadrien devienne un point imperceptible. Trajan, lui, est maintenant installé à l'avant dans un fauteuil, comme s'il se préparait à découvrir les lumières du phare qui signale l'entrée du port d'Ostie, ce port qu'il a voulu le plus moderne du monde. Dans son esprit il est déjà au Sénat, à peine terminées les cérémonies rituelles du triomphe, il y rend compte des moments héroïques de sa campagne, sans en cacher les vicissitudes, il rappelle les grandeurs de la mission civilisatrice de Rome, les exigences de la sécurité des provinces d'Orient menacées depuis leur création, il y a deux siècles, par l'expansionnisme parthe. L'heure n'est plus, dira-t-il, aux mauvais compromis néroniens et flaviens sur l'Arménie et sur le désert de Syrie jusqu'à l'Euphrate, mais à l'établissement de frontières avancées sur le Tigre avec annexion de l'Arménie et occupation de la Mésopotamie. Cet objectif vient d'être atteint mais il faudra encore une année pour le stabiliser. Trajan va exposer au Sénat son projet de revenir dès le printemps prochain avec de nouvelles forces. C'est pure politesse vis-à-vis de cette Assemblée qui a toujours accepté ses demandes par acclamations — elle lui a même envoyé dire il y a quelque temps : « Ne prends pas la peine de solliciter de nous l'autorisation de vaincre tel ou tel peuple dont nous n'avons aucune idée. »

Plotine interrompt la rêverie de son époux. Elle est très contrariée parce qu'il est sans couvre-chef sous un soleil de plomb. Il fait remarquer qu'il a vécu soixante-trois ans nu-tête, elle lui rétorque avec vivacité que c'est cela justement qu'il a payé dans le désert après le siège d'Hatra dont il devrait bien tirer la leçon. Elle l'ennuie, mais elle a toujours raison. Il se lève pour se mettre à l'ombre, et il ressent un léger éblouissement qu'il surmonte en s'appuyant au bras de sa femme d'un geste affectueux dont il est coutumier avec elle. Mais elle a perçu cet instant de faiblesse, elle sait qu'il reste menacé d'une rechute, Criton l'en a avertie. Seulement il ne faut pas lui parler de son accident, il ne peut vivre que dans l'intégrité de sa puissance dont il n'a pas encore délégué la plus petite parcelle. Plotine lui fait mal en lui rappelant Hatra et il comprend bien qu'elle y met une intention à peine voilée. Mais il s'obstine à ne pas en tenir compte et il change aussitôt de sujet. On ne l'amènera pas à parler de sa succession. Il sait que tout devrait l'y conduire, et que tout le monde y pense autour de lui. Il a bien vu sur le quai d'Antioche qu'Hadrien et Attianus étaient furieux qu'il n'ait pas abordé le problème avant son départ, comme s'il n'y avait pas là une formidable hypothèque sur l'avenir de Rome. Mais sa réponse est toute prête : pourquoi en parlerait-il spécialement à Hadrien alors qu'il existe un Conseil Impérial, des consuls et un Sénat, et pourquoi cette précipitation ? C'est bien là toute la question. Trajan sait en réalité qu'elle n'est pas aussi infondée, aussi impertinente qu'il voudrait le croire.

Hatra est le souvenir le plus pénible de sa vie et, depuis trois mois, non seulement il ne peut l'effacer, mais chaque jour au contraire quelque détail refoulé dans les brumes de son cerveau convalescent lui revient en mémoire. Il remontait le cours supérieur du Tigre après avoir couronné à Ctésiphon, trois cents kilomètres plus bas, un nouveau Roi des Rois parthe, Parthamaspates, fils transfuge de son ennemi principal, Chosroès, qu'il venait de chasser de sa capitale. Ce couronnement n'était pas une vraie victoire romaine, malgré les apparences. Chosroès, qui s'était enfui à la nage, chevauchait au même moment à travers ses immenses provinces de Perse et de Médie et reconstituait de nouvelles armées. Parthamaspates, déjà déconsidéré, ne régnerait pas longtemps sur la Babylonie que Trajan lui rétrocédait. Et voici maintenant que plus au nord la Mésopotamie elle-même était menacée par une contre-offensive de Chosroès qui a trouvé des alliés providentiels dans les nombreuses communautés de ses sujets juifs. Ces derniers, issus de vieilles diasporas enflammées par les rescapés des guerres de Judée, prenaient leur revanche sur leurs rivaux héréditaires grecs et romains. Profitant de la dispersion des forces légionnaires d'occupation, ils massacrèrent leurs garnisons dans tout l'Orient, de la Cyrénaïque à l'Égypte, de Chypre à la Babylonie. Trois années de conquêtes méthodiquement préparées, brillamment exécutées s'en allaient en lambeaux. Trajan expédia ses généraux Martius Turbo et Lucius Quietus, spécialistes du maintien de l'ordre, pour reprendre pied sur les principaux points stratégiques. Le premier était diplomate, on l'envoya en Égypte. Le second, un petit chef maure rallié devenu l'officier le plus puissant de l'armée avec ses célèbres cavaliers en burnous, était sanguinaire, on le lança sur les Juifs. Il était évident qu'à terme il faudrait abandonner une grande partie du terrain, mais pas avant d'avoir anéanti Chosroès.

Le verrou de la Mésopotamie était Hatra, citadelle élevée au cœur du désert, entre les sites prestigieux d'Assur et de Ninive. Elle était tenue par des Bédouins pillards qui en avaient fait leur refuge réputé inexpugnable, avec ses murs de briques et de tuiles séchées renforcées de bitume. Mais quelle place-forte résistait aux machines de siège romaines ? Celle-ci apparemment. Trajan dut se rendre à l'évidence, les défenses étaient inabordables, tant la grêle de traits des archers était dense, et même là où elles étaient enfoncées on ne pouvait pénétrer. Un jour, exaspéré, il jeta son *paludamentum* pourpre qui le désignait aux tireurs d'élite et, à la tête d'une tune de cavalerie, s'engouffra dans une brèche. Mais reconnaissable à sa fameuse chevelure blanche, il fut la cible des archers et son officier d'ordonnance reçut les flèches qui lui étaient destinées. Il tourna bride pour la première fois de sa vie. La chaleur, la soif et les moustiques achevèrent de décourager l'armée qui dut lever le siège. Les Arabes et les Juifs, chacun pour leur part alliés objectifs de Vologèse, avaient désorganisé le dispositif romain. Trajan se résigna à revenir à Antioche pour le reconstituer.

À la tête de la IVe Scythica il se remit en marche dans des plaines torrides où la légion ne pouvait couvrir plus de vingt kilomètres par jour alors que le trajet en comptait six cents. À mi-chemin il commença à comprendre ce que la médecine grecque appelait l'année climatérique de la vie d'un homme, cette crise qui se répétait de sept ans en sept ans pour passer par l'étape de tous les dangers à soixante-trois ans — c'était exactement son âge. Si rien ne lui arrivait jusqu'au dix-huit septembre, jour de son anniversaire, dans deux mois, il serait hors d'atteinte. Il entendait le battement de ses artères dans ses tempes, mais il n'écoutait pas les conseils de Criton et continuait à chevaucher sans casque. Un soir, devant le *praetorium* du camp établi près d'un oued, il invita ses officiers à un banquet suivi d'un spectacle où se produisait son danseur favori, le célèbre Pylade. Il but plus encore que de coutume, refusant d'admettre que sa formidable capacité à supporter le vin avait vieilli avec lui. Aujourd'hui il ne peut même pas se souvenir du visage de l'éphèbe qu'il emmena ensuite sous sa tente, il revoit seulement ceux de Criton et de Phaedimos penchés sur lui lorsqu'il reprit conscience après une très longue absence. Il ne pouvait ni bouger, ni parler. Il ne savait plus où il était. Bientôt il se sentit doucement balancer dans une litière portée par six hommes au milieu d'*equites singulares* qui empêcheraient la mort de s'approcher de lui. Une semaine après il commença à reconnaître les gens et les lieux. Déjà sur les rives du Chamares il parlait un peu et dans les palmeraies d'Édesse il fit quelques pas. À Zeugma, seul point où l'Euphrate supérieur se laissait traverser, il prit dans ses bras Plotine et Matidie venues à sa rencontre. Elles ne le lâcheront plus. Elles feront en sorte que personne ne puisse prendre toute la mesure de son infirmité, elles seules avec Phaedimos et Criton percevront les signes du désespoir que son orgueil et sa volonté dissimuleront à son entourage.

Par Criton, Hadrien et Attianus sont informés du délabrement du moteur de l'Empire, mais ils n'ont pas accès à la résidence où ce moteur est en réparation, dans les hauteurs suburbaines des jardins de Daphné. Trajan communique avec eux par des messages qu'il dicte à Phaedimos et qu'il signe d'une main qui s'affermit. Sa pensée aussi a retrouvé toute sa clarté. Alors pourquoi cette réclusion volontaire ? Plotine seule l'a compris, mais elle est liée par la dramatique responsabilité qu'elle assume auprès d'un homme qui est désormais en sursis dans le monde dont il a la charge. Charge totale et impartageable, du moins la conçoit-il ainsi. Elle seule peut l'amener à mesurer les risques qu'il fait courir aux siens, à l'État, et à ses millions de sujets s'il s'obstine à ne rien déléguer et à ne pas préparer sa relève. Elle a son idée là-dessus mais elle n'a de chance de la faire aboutir qu'en infléchissant avec douceur les événements et les pensées de son mari. Elle a discrètement suggéré à Hadrien qu'elle travaillerait mieux à sa candidature s'il témoignait pour sa part d'un grand calme et de patience. Elle déplore l'humiliation ainsi infligée à Hadrien, mais il doit comprendre la blessure d'amour-propre dont souffre de son côté Trajan. Elle aime les deux hommes également, mais chacun à la mesure de son âge et de sa valeur propre.

Dans son fauteuil installé sous une tente à l'avant du navire, Trajan poursuit intérieurement son discours au Sénat. Sans doute il peut tout ce qu'il veut, mais il veut aussi que les autres le veuillent comme lui et il ne s'épargnera aucun effort pour les convaincre. Il sait par expérience que le travail de persuasion rend tout plus facile en fin de compte et que la longue et patiente recherche du consensus général fait gagner beaucoup de temps et de peine. C'est ce que Dion de Pruse, son ami royaliste, appelle le despotisme éclairé et Pline, son ami républicain, le principat libéral. Voilà pourquoi il rentre à Rome afin de se retremper aux sources de la légitimité et pour expliquer que l'enjeu oriental est formidable. Sans doute peu de Romains sont allés au-delà de l'Euphrate, et aucun impunément. Pourtant le fleuve réputé infranchissable avant qu'il n'y jette des ponts de bateaux, n'est pas la vraie frontière de l'Empire. Celle-ci doit être portée plus à l'est, il faut se ménager des places de sécurité en Mésopotamie, et jusqu'en Assyrie, de même qu'il faut au nord annexer purement et simplement l'Arménie. Il ne peut y avoir de condominium romano-parthe sur l'Arménie, dira-t-il au Sénat. Chosroès nous l'a signifié en détrônant notre protégé. S'il veut la petite Arménie, c'est qu'il veut l'Asie Mineure tout entière et par là l'accès à la mer Noire. Il aura du même coup le contrôle du Caucase et le contact avec les Alains, ses cousins Sarmates qui lui ouvriront le Pont Euxin. Tous nos royaumes clients du Bosphore tomberont alors sous sa puissance. Les frontières de l'Euphrate ? Mais c'est pour les Parthes une base opérationnelle de leurs avancées dans le désert Syrien, jusqu'aux portes d'Antioche, de Palmyre, de Damas et de Petra, clefs de leur vieux rêve d'ouverture sur la Méditerranée. Voilà pourquoi il fallait aller jusqu'à Ctésiphon pour écraser les velléités expansionnistes de Chosroès.

Il y a plus. Rome ne peut tolérer le monopole des importations des produits de l'Inde et de la Chine que s'arrogent les caravaniers parthes. Ceux-ci à partir de Palmyre sont pratiquement les maîtres du commerce de la soie dont la route passe par Ctésiphon, Merv, Bactres, et les pistes mystérieuses des hauts plateaux de l'Asie centrale. Un marchand grec, Maes Titianos, dit les avoir empruntées : le voyage jusqu'en Chine dure sept mois et à chaque étape des intermédiaires s'enrichissent de l'or romain. La route maritime des Indes, source des diamants, de l'ivoire et de la cannelle, est elle aussi rançonnée. Même problème sur la route de l'encens qui part de La Mecque et arrive à Petra où les trafiquants arabes s'approvisionnaient à un denier la livre qu'ils revendaient six fois plus cher aux Romains avant que Trajan n'envoyât Palma conquérir l'Arabie, qui est intégrée aujourd'hui dans l'unité douanière de l'Empire. Il pense que les sénateurs et surtout les chevaliers d'affaires d'Ostie seront aussi sensibles aux arguments économiques qu'à ceux de la stratégie. Le déficit du commerce oriental s'accroît continûment avec la soif de luxe de Rome, tandis que les mines d'or et d'argent européennes s'épuisent, et que le trésor des Daces a déjà été entièrement investi en dépenses d'urbanisme et de voirie dans l'Italie et les Provinces. Il était devenu nécessaire de rééquilibrer, au besoin par la force, les courants d'échanges internationaux et, pour cela, de briser d'abord les positions dominantes du négoce parthe. C'est fait. Une taxe par tête de chameau a été décrétée. Reste à l'appliquer sur des millions de kilomètres carrés de désert.

Matidie est venue s'asseoir silencieusement à côté de son oncle qui prend sa main avec affection. Tous deux regardent les rives luxuriantes de l'Oronte qui sont des jardins et des vergers de contes orientaux, mais leurs pensées scrutent des horizons assombris. Ils ne peuvent trouver les mots pour exprimer l'angoisse qui les étreint et engager un impossible dialogue. Matidie voudrait parler de la discorde qui s'aggrave dans le ménage de Sabine et elle devine que Trajan lui répondra qu'il n'a jamais approuvé ce mariage, c'est Plotine qui l'a souhaité. Il n'était pas, quant à lui, disposé à prendre cet engagement supplémentaire vis-à-vis d'un garçon dont les qualités brillantes ne compensaient pas à ses yeux les défauts du caractère. Hadrien lui paraissait trop sûr de lui, trop égocentrique, trop esthète et trop violent à la fois pour exercer des responsabilités qui engagent le sort de la meilleure partie de l'humanité. Que ses dons intellectuels soient à la mesure de la tâche, il n'en doute pas, mais a-t-il l'*auctoritas,* l'*humanitas* et la *moderatio,* en un mot cet équilibre moral qui est nécessaire à la conduite des grands ensembles de peuples aujourd'hui ? Matidie a compris à certaines réflexions de Trajan qu'il se pose cette question, et elle partage la même inquiétude quand elle voit comment ce gendre difficile se comporte avec sa fille. Mais, comme Plotine, elle se demande s'il ne serait pas plus conforme à la loi naturelle que le plus proche par le sang soit, à mérite égal, jugé le plus digne de la succession.

Trajan rompt finalement le silence qui devient trop lourd entre eux. Il murmure : « Hadrien paraissait troublé ce matin, mais il a tort de s'inquiéter. Il a un très bel avenir devant lui. J'aurais dû le dire à Sabine. — Pourquoi pas à lui-même, ce serait plus clair ? — Non, il est trop impatient, il demanderait aussitôt des assurances. Qu'il attende un peu, bon sang ! À son âge je n'avais encore que deux légions, il en a quatre... » Ce n'est pas la réponse qu'espérait Matidie, elle se voit mal rapportant à Plotine que son protégé montera en grade dans trois ans. Peut-être va-t-il falloir que dès demain, hélas, il dispute par la force, dans une nouvelle guerre civile, un pouvoir qu'il devrait hériter par testament. Le disputer à qui, d'ailleurs ? À Quietus, ce Maure sinistre, à Palma, ce vieux troupier du désert, à Servianus, ce cousin de province débarqué d'Italica ? À Neratius Priscus, ce très estimable juriste ignoré de l'armée ? Non, ce n'est pas possible, Trajan doit avoir une autre idée, il sait qu'il a plusieurs fois échappé miraculeusement à la mort, dans le tremblement de terre qui a ruiné le palais impérial, à Antioche il y a trois ans, à la flèche d'Hatra avant-hier, et hier à une rupture d'anévrisme dans le désert. S'il rentre à Rome c'est sans doute pour mettre de l'ordre dans ses affaires en accord avec le Sénat et avec Plotine. La sagesse va prévaloir, pense Matidie. La probabilité paraît de son côté, Trajan n'est en effet pas homme à arrêter des décisions constitutionnelles de cette importance sans prendre le pouls de l'opinion et sans consulter ses amis et sa famille. Mais en attendant, le destin, lui, poursuit son cours aveugle.

Séleucie d'Antioche se flatte d'être le troisième port de l'Empire. Tête de ligne du commerce maritime est-ouest, ses quais grouillent de commerçants, matelots et porteurs de toutes les nationalités, ses bassins sont rutilants de navires multiformes aux voiles multicolores. Comme sa rivale Alexandrie, elle expose l'impressionnant étalage du cosmopolitisme qui a gagné la société romaine — ou plutôt gréco-romaine — , ne peut-on s'empêcher de penser ici, car l'imprégnation hellénistique domine et fédère toutes les autres influences. Mais Trajan a pu constater combien cette synthèse était à la fois vivante et superficielle. La force seule ne suffirait pas à la perpétuer car elle fait et défait aussi bien à tout instant les liens qui rattachent les uns aux autres des peuples, des races, des dynasties héréditairement hostiles. Les légions viennent d'en faire une fois de plus l'amère expérience. Le droit non plus, si universel que l'aient conçu les Romains, ne peut être la discipline commune à tous ces gens, même si l'on a décidé de localiser à Beyrouth le centre universitaire d'études juridiques de l'Empire où l'on travaille en latin. Le commerce, lui, est un facteur de solidarité mais aussi de rivalités, et les tentatives pour le régulariser se heurtent à de puissants groupes d'intérêts grecs, juifs, arabes, parthes, aussi opposés à son étatisation qu'à sa totale libération. Alors comment faire tenir ensemble toutes ces forces hétéroclites ?

Trajan est allé, il y a quelques mois, le demander aux mânes d'Alexandre, dans la chambre où le héros est mort à Babylone, cinq siècles plus tôt. La réponse a été et elle sera toujours ambiguë parce que le Macédonien, avec des forces minimes, a laissé derrière lui en Asie un principe civilisateur sur d'immenses territoires alors que les Romains, avec des forces lourdes, ont peine à faire régner leur principe organisateur sur une petite partie de son héritage. C'est sans doute que l'Orient est plus ouvert aux visionnaires qu'aux administrateurs. César, peut-être, qui partait à l'aventure en suivant son étoile, eût pu pénétrer ce monde s'il avait vécu. Trajan, lui, n'a rêvé qu'un instant quand, arrivé aux bords du golfe Persique, il a vu à Bassora un navire en partance pour les Indes : « Si j'étais plus jeune, soupira-t-il, j'irais là-bas moi aussi... » Mais déjà ses arrières étaient menacés. Maintenant il ne songe plus qu'à consolider son épopée mal en point. Il doute que ses successeurs puissent conserver les conquêtes qu'il a poussées plus loin qu'aucun Romain avant lui.

Dans l'après-midi il embarque sur le vaisseau amiral de la flotte d'Orient. Des cabines confortables sont aménagées sous l'entrepont. Il se remet aussitôt à son travail habituel qui consiste à lire les rapports qui lui sont transmis par centaines de Rome et de tous les points de l'Empire, où qu'il soit. Il n'en laisse aucun sans réponse, rien ne lui échappe du fonctionnement de son administration, les bureaux connaissent sa formidable capacité d'absorber les détails : c'est une habitude contractée pendant ses années de tribunat de légion, qu'il avait prolongées bien au-delà du temps réglementaire, à l'étonnement de ses amis. Il semblait insouciant de sa carrière et enfoncé dans l'inculture des casernes. En réalité, dix ans de camp lui avaient tout appris sur le commandement des hommes et sur l'art militaire. À trente ans il était l'officier et l'administrateur le plus expérimenté de sa génération. Mais à quoi bon puisque sous Domitien mieux valait ne pas trop se pousser du col ? Il ne s'est jamais interrogé sur l'utilité d'exceller dans les moindres des choses qu'il avait à faire, pas plus qu'Hercule, sous la protection duquel il était né à Gadès, ne s'inquiétait de la finalité des travaux que le Destin lui assignait — sinon les eût-il menés à terme ? Cette question ne l'effleurait pas. Après quelques charges ordinaires à Rome, il alla commander la VIIe Gemina en Espagne, mais il se trouva bientôt que cette légion fut la seule disponible à l'ouest pour aider Domitien à mâter la rébellion des armées du Rhin entraînées par leur légat Saturninus. Trajan dut partir à marches forcées et s'il n'eut pas, par chance, à affronter son collègue, c'est qu'un autre plus proche l'avait déjà fait. Il revint tranquillement et en chemin s'arrêta à Nîmes dans une riche famille gallo-romaine dont il épousa l'héritière, Plotine.

Depuis trente ans elle est sa compagne forte et discrète. Lorsqu'il fit son entrée d'Empereur à Rome, elle était à ses côtés, tous deux montèrent à pied dans leur nouvelle demeure du Palatin. Là Plotine se retourna et dit à la foule immense qui les suivait : « Telle que vous me voyez entrer ici, vous me verrez en sortir. » C'est à quoi elle se prépare, son instinct l'avertit que Trajan est au bord de la rupture. La pire des hypothèses ne peut être écartée : qu'arriverait-il s'il n'était plus demain en état d'exercer le pouvoir ? Aucune mesure constitutionnelle ne prévoit cette situation qui n'a pas de précédent. Qui, du Sénat ou de l'armée, constaterait l'empêchement de gouverner et qui prendrait la relève ? Un Empereur peut-il être un mort-vivant ? Elle frémit à la pensée des choses atroces qui seraient décidées secrètement au nom de la raison d'État. Elle ne pourrait s'y opposer, ni même élever de protestation dans le cas où... L'image d'Hadrien passe devant ses yeux. L'ambition suprême, elle le sait, est toujours féroce, quelquefois elle doit l'être dans l'intérêt général. L'instrument de cette ambition s'avance justement vers elle, c'est Attianus, il lui parle avec respect, elle le hait comme le complice auquel elle sera probablement liée demain. Elle a compris qu'il avait arrêté avec Hadrien les réponses à toutes les situations prévisibles. Qu'elle ait son rôle à jouer dans chacune est évident, mais pas un mot, pas même un signe ne peut le laisser entendre.

Elle s'approche de la cabine de Trajan devant laquelle Phaedimos monte la garde. Ce chien fidèle l'impatiente un peu, surtout lorsqu'il lui propose de prévenir l'Empereur qui est en train de travailler — comme si en ce lieu et en ce moment le protocole avait encore un sens. Elle entre et, en effet, elle dérange. Trajan lui fait signe de s'asseoir et poursuit sa dictée, tandis que les sténographes se succèdent. Il déplace les unités d'Espagne au Maroc pour réprimer des troubles, et de Germanie en Pannonie pour contenir des attaques de Sarmates. Il s'inquiète des lenteurs des travaux de la via Salaria. Il expédie des contrôleurs financiers dans des cités du Péloponnèse qui se ruinent en dépenses de prestige, il demande une enquête sur la gestion du gouverneur de la Gaule

Belgique. Il consulte le Sénat sur la promotion de trois questeurs. Ses messages sont brefs et clairs, le plus souvent courtois quand ils font suite à une demande d'instruction. Il aime être interrogé, même s'il répond dans bien des cas : « Je te fais confiance, tu es mieux à même que moi, sur place, pour en juger. » On dirait qu'il est à lui seul tout l'État puisqu'il en tient tous les fils : mais ces fils sont maniés avec une remarquable souplesse qui donne un air de libéralisme à son pouvoir omniprésent. Personne n'est dupe, Trajan est un chef autoritaire mais sa générosité et son bon sens le font accepter par tous, aimer par la plupart. Il a reçu, après quinze années de règne, le titre sans précédent d'*Optimus*, qu'il partage en toute simplicité avec Jupiter. Mais au fond il préfère encore se rattacher à Hercule qui avait mis sa force au service des hommes sur la terre.

Plotine voit des signes de fatigue sur son visage, il transpire et son élocution s'embarrasse. Il se tourne vers elle pour lui annoncer qu'il vient d'augmenter de cent mille sesterces l'aide à l'éducation des fils d'agriculteurs les plus pauvres, et qu'il est prêt à mettre la même somme dans une Fondation de jeunes filles qui porterait son nom. Il suggère qu'Hadrien pourrait l'aider à la gérer. Plotine le remercie, mais fait observer qu'Hadrien a sûrement d'autres soucis plus urgents en ce moment. « Lesquels ? » demande-t-il d'un ton faussement surpris. Alors elle ne peut plus contenir son impatience et pour la première fois fait appel au sens dynastique de l'Empereur malade dont la survie est entre les mains des dieux. Il pâlit et renvoie d'un geste les secrétaires. Derrière la porte, Phaedimos entend une discussion dont les accents sourds laissent deviner la dramatique tension. Les colères de Trajan quand il n'élève pas le ton, et avec Plotine il se contient toujours, sont de violentes épreuves. Longtemps après elle sort, le regard fixe, et rejoint sa cabine. Trajan reste seul. Quand Phaedimos ose entrouvrir la porte, il le voit étendu sur sa couchette avec le même regard. Il comprend que le drame qui couvait depuis plusieurs semaines vient enfin d'éclater. L'Empereur dit seulement : « Qu'on me laisse tranquille maintenant. »

La flotte est en haute mer, poussée par les vents étéens qui conduisent sa course rapide directement des côtes de Syrie à celles de la Cilicie. À partir de là elle longera les rivages de l'Asie

Mineure, riches d'anfractuosités où l'on peut faire halte la nuit en cas de gros temps, et de ports où l'on reprend contact avec le monde habité. Le voyage doit durer vingt jours. La mer est calme en ce début d'août et la navigation se poursuit à la clarté de la lune. Phaedimos essaie de dormir près de la cabine devant laquelle se relayent les sentinelles. Il s'assure plusieurs fois dans la nuit que l'Empereur ronfle comme à l'habitude. Il l'aime comme son père et est prêt à donner sa vie pour lui. Trajan le sait et lui confie des responsabilités exorbitantes aux yeux des familiers et des hauts dignitaires. Ainsi il l'a autorisé à suspendre de son propre chef les ordres qu'il pourrait lancer en état d'ivresse. Il lui dicte ses messages les plus confidentiels et lui a donné en garde un petit portefeuille contenant des documents ultra-secrets. Phaedimos dort avec eux et avec son poignard. Plotine l'estime pour sa loyauté, mais elle paraît quelquefois irritée par sa vigilance excessive : la vérité est qu'une jalousie inavouée les unit et les sépare à la fois, mais cette situation banale n'a encore jamais pris un cours dramatique. Cependant quand vient l'aube de ce matin du neuf août, Phaedimos a le pressentiment qu'une tempête invisible s'est abattue sur la nef amirale. L'Empereur apparaît à la porte de sa cabine, nu, puissant comme toujours, sans doute un peu trop lourd des jambes qui sont gagnées par les varices, car la circulation est le défaut de sa cuirasse herculéenne. Criton s'inquiète qu'il n'ait pas eu encore les petites ruptures d'hémorroïdes qui tous les ans le purgent de ses trop-pleins de sang. Il demande son barbier, et son déjeuner matinal : une purée de fèves, du lard, des dattes et du vin d'Apamée, l'ordinaire de l'armée d'Orient. Il dit à Phaedimos : « Et maintenant, au travail, que personne ne nous dérange. »

Il déploie sur sa couchette des plans architecturaux que lui a envoyés Apollodore de Damas auquel il a donné rendez-vous à l'escale de Rhodes. Il s'extasie une fois de plus sur le génie de cet ami qui a créé pour lui le plus beau forum de Rome dominé par la plus haute colonne de marbre sculpté de l'Histoire, le plus beau marché public de l'Empire et, sur le Danube, le pont le plus audacieux du monde. Et voilà que maintenant il projette la plus haute voûte jamais conçue, celle du Panthéon d'Agrippa sur le Champ de Mars. En vérité, le bâtisseur le plus fameux, c'est lui, Trajan, qui a toujours traîné à sa suite des cohortes d'architectes et d'ingénieurs comme pour laisser sur ses pas un monde plus beau à voir, meilleur à vivre et plus facile à défendre. Une inquiétude le traverse : Hadrien qui se croit le plus doué en tout, ne peut souffrir la supériorité d'Apollodore et a juré sa perte. Il enchaîne sur cette pensée : « Au fait, donne-moi donc les papiers que je t'ai confiés. » Phaedimos sort le portefeuille qu'il garde dans la doublure de sa tunique. Trajan en retire une lettre scellée à la cire, brise le cachet et relit longuement un texte écrit de sa main. Puis il s'abîme dans une profonde réflexion qui dénote un trouble inhabituel chez cet homme d'action rapide. Enfin il trempe sa plume dans l'encrier que lui tend Phaedimos, trace posément quelques lignes à la suite du texte et signe de son large paraphe. « Quel jour ? Quelle heure ? demande-t-il. — Le septième jour avant les ides d'Auguste, à la septième heure [1]. » Il note, replie le papier, puis il imprime le sceau de sa bague sur la cire d'un nouveau cachet. « Quoi qu'il arrive, tu remettras ce plis à la Grande Vestale, et à elle seule. » Le jeune chambellan reprend la lettre qu'il sait maintenant être le testament impérial chargé d'un codicille. Sous sa tunique, son effrayante responsabilité brûle sa poitrine.

À la dixième heure l'Empereur le libère car il se sent fatigué et veut dormir. Le temps s'est alourdi, un orage menace et le capitaine décide de se rapprocher de la côte qui est celle de la province de Cilicie. Phaedimos rencontre Matidie sur le pont. Il est tenté de se rapprocher d'elle en ce moment difficile car elle est la protectrice de la famille des Ulpii à laquelle son statut l'intègre, mais en même temps que pourrait-il lui dire qui ne soit désormais dangereusement secret ? En effet elle essaie de le faire parler sur la santé de Trajan, sur son humeur, sur les grands problèmes qui le préoccupent. Ses réponses évasives éveillent le soupçon. « Je comprends ta discrétion, dit-elle, mais tu comprends bien aussi que nous devons unir nos forces pour aider l'Empereur à sortir de cette mauvaise passe. Nous veillerons, quoi qu'il arrive, sur ton avenir parmi nous... » Cette allusion ne le rassure pas. Il se doute que les autres l'ont mis déjà sous haute surveillance, il dispose du sceau et du code personnel de Trajan, et on le sait porteur des messages les plus secrets. D'ailleurs Plotine et Attianus les observent de loin, comme s'ils suspectaient Matidie de collusion avec lui, à moins qu'ils ne l'aient envoyée pour le circonvenir. Tout est

1. 13 heures, 8 août 117 après J.-C.

possible désormais. Il considérait Matidie comme une seconde mère, mais quand les intérêts dynastiques entrent en jeu elle peut devenir pour lui une cruelle marâtre. Plotine et Attianus sont, eux, ses ennemis mortels. Il les voit s'approcher et comprend qu'il est cerné. Mais les nuages se déchirent tout à coup, la foudre tombe avec fracas dans la mer qui s'agite sous le vent et fait tanguer le navire. Des matelots aident chacun à regagner sa couchette. Phaedimos enjambe les sentinelles abattues par le mal de mer et entre dans la cabine de Trajan qui dort et ronfle puissamment. En réalité, il râle, les yeux ouverts, et il essaye en vain de parler.

Le jeune homme court chercher Plotine, elle est maintenant la conscience de l'Empire. Elle s'est préparée à ce rôle d'un moment que les lois de Rome ne reconnaissent pas mais que les dieux commandent. Debout elle gère froidement le drame. Elle tire d'abord Criton de sa couchette. Il constate une paralysie totale et une perte importante de la conscience. Trajan est enfermé en lui-même, il entend et voit confusément et voudrait exprimer quelque chose. Les prochaines heures diront s'il peut récupérer quelques facultés. Maintenant Phaedimos doit aller chercher Matidie, témoin essentiel. Elle arrive et se penche sur son oncle dont le regard s'éclaire un instant. Ensuite Matidie doit céder la place, dans la petite cabine, à Attianus. Le regard du malade s'éteint alors, comme s'il refusait de voir le personnage qui l'interroge formellement. « Majesté, quels sont tes ordres ? » Phaedimos comprend que Trajan voudrait rugir. Le préfet du Prétoire semble prendre les autres à témoin, mais Plotine lui dit sèchement : « Suis-moi. » Dans la coursive ils font venir le capitaine. Celui-ci désigne le port le plus proche : Sélinonte de Cilicie. On peut y être dans deux heures, la tempête va s'éloigner. Attianus révèle à Plotine le dispositif d'urgence mis en place avec Hadrien avant le départ : toutes les autorités, toutes les villes côtières ont été mises en état d'alerte, des compagnies de sécurité avancent sur les routes du littoral parallèlement à la flotte. Le gouverneur de Cilicie, Bruttius Praesens, est un ami d'Hadrien. L'Asie Mineure tout entière est du ressort du grand Quartier Général d'Antioche.

Si Trajan est perdu, mieux vaudrait qu'il meure ici et tout de suite. Le traîner plus loin serait risquer de sortir du commandement oriental et de rentrer dans la zone des armées du Danube ou sous l'autorité des gouverneurs de provinces sénatoriales. Rome serait alertée avant Antioche, alors qu'à la hauteur de Sélinonte tout est bien verrouillé. Attianus a un long entretien avec Criton à la proue du navire, le vent emporte leur dialogue animé. Phaedimos entend seulement que le préfet finit par crier au médecin des prétoriens : « Assez discuté, c'est un ordre ! » La cabine impériale est isolée par les hommes d'Attianus pendant que le navire entre dans la rade. Sélinonte est un petit port de commerce grec, enfoui dans l'embouchure pierreuse du torrent Selinus. L'endroit est sinistre, les prétoriens de la flotte et ceux qui les suivaient à terre ont vite fait de le couper du monde. À la douzième heure de la journée [1], sur une civière est débarqué un corps inerte que l'on dépose dans la chambre d'une maison réquisitionnée. Une heure plus tard, quelques notables sont invités à entrer. Au fond obscur de la pièce, sur un lit déjà presque funèbre, gît Trajan dont on entend la respiration rauque. Des témoins raconteront plus tard qu'il avait encore les yeux ouverts et qu'on pouvait y voir l'expression de ses sentiments muets. Plotine, Matidie et Criton l'entourent.

Attianus est au milieu de la pièce. Il dit : « Majesté, je vais lire en ta présence et devant les archontes et les flamines de la Cité de Sélinonte le testament que tu as dicté hier, ta main droite étant engourdie, à ton épouse ici présente. Tu as voulu qu'il soit écrit : "J'adopte pour fils Publius Aelius Hadrien qui prendra le nom de César Trajan Hadrien. Puisse la chose être heureuse et favorable au Sénat et au peuple romains comme elle l'est pour moi-même." Suit la signature souscrite en ton nom et sur ton ordre de Plotine Augusta. Maintenant je te demande, devant les dieux et devant les hommes, de dire si tu n'as rien à ajouter ou à retrancher de ces lignes. » Dans un instant de silence on entend les borborygmes qui sortent de la gorge encombrée du moribond. Quelques-uns ont compris qu'il a dit : « Rien », d'autres qu'il n'a rien dit. On pousse tout le monde dehors pendant que les témoins sont invités à signer le procès-verbal. Trajan est laissé seul avec Criton. Phaedimos qui a assisté à la scène de loin s'approche de Matidie : « J'espère que tu ne vas pas signer. C'est une monstrueuse imposture. J'ai bien entendu qu'il protestait. Le testament, il l'a réécrit hier devant moi, il me l'a confié, je suis sûr qu'il ne voulait pas cela... » Matidie

1. 19 heures, dernière heure de la journée en été. Ensuite commencent les douze heures de la nuit, plus courtes, jusqu'à 5 heures du matin.

le regarde avec une sorte d'effroi : « Sûr ? demande-t-elle. Et tu l'as sur toi ? — Oui, je dois le remettre à la Grande Vestale, je vais le faire, mort ou vif. — Mort, mon pauvre petit, mort... » dit-elle tristement, en s'éloignant pour aller signer le procès-verbal.

Phaedimos ne quittera pas Sélinonte. Il sera abattu par les sentinelles en essayant de sortir de la ville. Il avait vingt-neuf ans. Seuls passeront les *equites singulares* porteurs des lettres de Plotine à Hadrien informant celui-ci de son adoption et de son élévation à la dignité de César. D'autres messagers partiront sur leurs pas pour annoncer au César que Trajan est mort dans la nuit et que la nouvelle sera tenue secrète jusqu'à ce qu'il se soit fait proclamer Empereur par les légions d'Antioche. Lorsque les flammes du bûcher de Sélinonte se sont éteintes à la septième heure de la nuit du neuf août [1], Plotine est rentrée dans l'ombre avec la conscience du devoir accompli.

1. Minuit.

HADRIEN

OU LA MORT APPELÉE

Lourdement appuyé au bras de Diotine, son jeune assistant, l'homme majestueux avance à pas comptés sur le grand promenoir de marbre aux cent colonnes du Poecile grec. Le très haut mur qui soutient la voûte du portique ombragé s'ouvre de place en place sur des nymphées de fraîcheur, ou sur des perspectives inouïes : ici l'Académie où enseignait Aristote, là le Lycée où l'on croit voir Platon, mais c'est un de ses lointains disciples, Celer le rhéteur, qui vient rejoindre les deux promeneurs. Il porte le collier de barbe bouclée des nouveaux philosophes, comme le plus âgé des trois, l'Empereur qui l'a pris ici en pension. Les papyrus cousus ensemble qu'il tient à la main sont un exemplaire de la *République* de Platon. « Très bonne lecture, lui dit Hadrien, voyons le livre VI, 486 A. » Celer lit : « *Celui dont la pensée, par sa grandeur, peut embrasser le temps tout entier et toute la réalité, celui-là crois-tu qu'il fasse grand cas de la vie humaine ? — Bien sûr que non, Socrate*, répond Glaucon. — *Alors,* poursuit de mémoire Hadrien, *un tel homme ne craindra donc pas la mort ? — Absolument pas, Socrate...* » Les trois personnages continuent silencieusement leur marche lente. Ils passent devant une Amazone de Phidias et la Vénus de Praxitèle. Ce sont des copies, tout est imitation ici, et imitation de tout. On quitte Athènes la blanche pour la verte vallée de Tempé, en Thessalie, puis on se retrouve dans le Delta du Nil, sur les bords du canal de Canope que longe une colonnade légère et élancée sous les arches de laquelle se tiennent étrangement les caryatides de l'Érechteion que l'on croit avoir déjà vues sur l'Acropole : il n'y a pas d'erreur, c'est bien ici l'autre rive de la Méditerranée, on peut aller rendre hommage à Sérapis dans son sanctuaire au bout du canal... Il faut faire effort pour réaliser qu'on est à vingt kilomètres de Rome, à Tibur, dans un Musée où se résument toutes les beautés du temps et de l'espace, un musée à ciel ouvert que s'est offert le plus grand amateur d'art du monde.

Hadrien s'engage seul sur un étroit pont de bois qui conduit à un îlot dans le lac où glissent les cygnes. Sur l'îlot est posée une petite villa marine où il aime séjourner quand il veut se couper de toute humanité. Là il a une chambre, et un bureau pavé de mosaïques qui représentent ses grandes chasses africaines. Il pousse le pont qui est tournant, laissant ses deux amis sur la rive, et s'assoit un instant encore au milieu de ses livres et des natures mortes qu'il peignait à l'époque où ses mains ne tremblaient pas. Il n'est pas sûr d'y revenir, pas avant qu'un improbable miracle n'ait arrêté le mal qui gagne les extrémités de son corps enflé. Peut-être le climat de Baïes où il va passer l'été [1], et les bains sulfureux de Pouzzoles vont-ils ralentir au moins la progression de son hydropisie et le soulager de ses douleurs intolérables. Il jouit actuellement d'une phase de rémission qui lui a permis de reprendre le contrôle de lui-même qu'il avait perdu depuis quelques mois. Son médecin Hermogène lui a conseillé d'en profiter pour effectuer un séjour en Campanie et se livrer à cette cure dont tant de Romains, parmi lesquels Marius, César, Cicéron et Auguste, se sont trouvés soulagés.

Ce n'est pas la mort qu'il redoute, il l'a vue de très près à la guerre, au cours d'une offensive désespérée des Sarmates, à la chasse, quand un lion de Numidie a attaqué son cheval, et le jour où en Espagne un pauvre dément s'est jeté sur lui avec un couteau. Il a cherché en vain à la recevoir ou à se la donner dans ses récents accès de douleur. Socrate avait raison, il est un certain degré de domination où l'existence d'un homme supérieur confine à l'immortalité, ou du moins à l'indifférence à l'égard des choses simplement terrestres et transitoires par essence. À Éleusis, puis chez les prêtres d'Égypte et même dans les antres des sorciers, il a exploré les frontières de l'au-delà et il a constaté qu'elles étaient imperceptibles pour ceux qui se sont élevés à un destin suprême. C'est son cas. Il n'y a plus pour lui de problème de l'être ou du non-être, mais il reste le problème de la souffrance physique aiguë

1. Été 138 après J.-C.

contre laquelle il est désarmé. Aucun courage, aucune morale, aucun mépris n'en viennent à bout. Il connaissait bien la dialectique des jouissances, il s'y était exercé toute sa vie, il ne croyait pas devoir jamais affronter leur face négative. Il ne s'était pas préparé à cette révolte de ses sens contrariés dans leur recherche naturelle du bonheur, inversés dans leurs pulsions et dressés contre eux-mêmes. Quelles sont les causes d'un tel désordre, quelle est cette maladie à laquelle on donne le nom d'hydropisie qui décrit un symptôme mais pas l'étiologie ? Hermogène explique qu'il a trop longtemps marché nu-tête sous tous les soleils de la Terre. Cela expliquerait au moins ses saignements de nez incoercibles — mais peut-être vaut-il mieux cette purge du sang de la tête que l'apoplexie qui a détruit le cerveau de Trajan. Hadrien, lui du moins, se flatte de n'avoir pas perdu l'intelligence avant d'avoir réglé sa succession. C'est fait depuis six mois et admirablement fait. Le sénateur Antonin assure déjà à ses côtés la gérance de l'Empire.

Non sans peine, il hisse la masse pesante de ses chairs sur une terrasse d'où il embrasse du regard l'étendue de ce domaine qu'il construit depuis vingt ans et qui n'a trouvé ses limites qu'avec celles de ses itinérances. À perte de vue, ce sont temples ioniens, obélisques et sphinges nilotes, théâtres et stades attiques, bois sacrés et cascades de partout. Il n'en a profité que quelques années, quand les signes d'une fatigue qu'il croyait passagère l'ont ramené à Rome il y a quatre ans. Maintenant trop d'images de sa rapide décrépitude lui sont renvoyées par les splendeurs de marbre et par les purs miroirs des bassins, trop de souvenirs d'agonie traînent en lambeaux sur les pavements exotiques des villas où il transporte ses douleurs. Il est en ces lieux à la fois retenu et chassé par un Éden envoûtant et maudit. Ici même, dans cette chambre, il a ordonné à son jeune médecin de garde qu'il lui donne un poison foudroyant. Il l'a menacé des pires tortures s'il ne le délivrait pas de la sienne. Le pauvre garçon s'est enfui pour s'administrer à lui-même le poison. Là bas, il a essayé de soudoyer puis de terroriser son garde-chasse, le Sarmate Mastor, qui eût pu si facilement le poignarder. Mais la brute l'aimait comme un père, elle courut prévenir Antonin qui arriva aussitôt avec des paroles de sagesse et d'affection.

Il prend un rouleau dans un coffre : c'est une copie du livre que vient de lui envoyer Arrien, son légat en Cappadoce, un grand soldat, grand voyageur et grand homme de culture, bref une magnifique illustration de ce siècle qu'on appellera, si l'on est juste, le Siècle d'Hadrien, à l'égal de ceux de Périclès et d'Auguste. Dans ce livre, Arrien reproduit les entretiens qu'il a eus avec un sage, le philosophe Épictète. Hadrien se souvient d'avoir vu Épictète à Nicopolis, en Dalmatie, où il avait été exilé par Domitien après avoir donné à Rome un enseignement trop apprécié par les élites stoïciennes. Il était de mode d'aller visiter dans sa retraite ce Phrygien, ancien esclave du favori de Néron, Épaphrodite. Son genre de vie et sa morale sobres étaient tout à l'opposé des goûts somptuaires du « petit Grec », comme on appelait par dérision à Rome le jeune neveu de Trajan, nouvel Alcibiade à la recherche d'un Socrate. Son Socrate à lui prônait la maîtrise de soi et le refus des passions comme gages de la liberté intérieure, et comme seules défenses contre le despotisme, contre le malheur ou même la mort. La simplicité presque naïve de ses maximes, la trivialité de ses images choquèrent l'esthète Hadrien, avide de jouissances raffinées, qui conclut un peu vite qu'il n'avait rien de commun avec cet apôtre du stoïcisme. Plus tard l'exemple que lui ont offert quelques-uns des disciples de l'esclave-philosophe, et les leçons qu'il a lui-même tirées de la vie l'ont conduit à réviser son jugement.

En effet, qu'un Arrien qu'il a appris à estimer profondément, qu'un Rusticus qui est en train de s'imposer comme une conscience du Sénat et surtout qu'un jeune Marcus Aurelius qu'il a choisi comme assistant et successeur désigné d'Antonin aient vu leur existence transformée par l'enseignement d'un Épictète est un signe qu'il ne peut négliger. À son tour, si la force et le temps de la méditation philosophique lui sont accordés par les dieux, il va se plonger dans la lecture du livre d'Arrien, dont les premières lignes l'ont déjà attaché : « *Ce qui trouble les hommes,* disait Épictète à ses élèves, *ce ne sont pas les choses, mais les jugements qu'ils portent sur les choses. Ainsi la mort n'est rien de redoutable puisque, même à Socrate, elle n'a point paru telle. Mais le jugement que nous portons sur la mort en la déclarant redoutable, c'est cela qui est redoutable. Lorsque donc nous sommes traversés, troublés, peinés, ne nous en prenons jamais à un autre, mais à nous-mêmes, c'est-à-dire à nos jugements propres.* » Et cette maxime encore : « *Ne demande pas que ce qui doit arriver arrive comme tu le veux. Mais veuille que les choses arrivent comme elles arrivent, et tu seras heureux.* » Être heureux... Se pourrait-il qu'un stoïcisme bien tempéré débouche sur l'épicurisme ? Oui, sans doute, si l'on achète le bonheur au prix de la résignation et de la tranquillité. Hadrien se demande si cette morale n'est pas en train de gagner la société romaine telle qu'elle se reconnaît dans ses classes dirigeantes et telle qu'elle aspire visiblement à être conduite : avec modération et sous des règnes paternalistes. C'est pourquoi il pense maintenant que le choix d'Antonin, auquel il ne s'est décidé qu'après beaucoup d'hésitations, est en fin de compte le meilleur. Il avait cru que les Romains, fatigués par les coûteux rêves de gloire de Trajan, plébisciteraient sa grande gestion pacifique et l'éclat de sa politique culturelle. Mais il n'a pas l'impression d'être compris et admiré à la mesure de ses efforts et de son évidente supériorité. Alors, il s'est finalement cherché des héritiers à l'image des aspirations sécuritaires et conservatrices de la nouvelle société gagnée par le confort et le conformisme. Sa propre image n'en apparaîtra que plus fascinante et plus héroïque aux historiens futurs.

Hadrien rejoint ses compagnons de promenade et fait pivoter derrière lui la passerelle qui grince comme un gémissement d'adieu. Il ne pourra pas achever son ultime inspection des soixante-dix hectares du compendium de l'Empire parce qu'une violente douleur est subitement remontée des profondeurs de son être. L'inexorable souffrance ne lui aura donc laissé qu'une courte accalmie. Hermogène aussitôt appelé voit son diagnostic se confirmer, l'Empereur entre dans la phase ultime de son mal. On ne peut que lui laisser espérer le miracle des sources chaudes de Baïes. On hâte le départ, d'abord dans une chaise à porteurs pour franchir les chemins vallonnés de Tibur jusqu'à la via Appia qui, elle, se laisse parcourir sans heurts par des voitures rapides. Il en est, importées d'Alexandrie, d'un confort moderne merveilleux avec couchettes montées sur ressorts, agrémentées d'un compteur de distances qui permet de calculer la vitesse horaire. Enfoncé dans des coussins, Hadrien auquel Hermogène a donné des infusions d'herbes sédatives, revisite dans sa mémoire son enfance en Bétique, la seule province qu'il ait négligée dans ses pérégrinations, il aurait peine maintenant à dire pourquoi.

En vérité il n'avait pas de ressentiment contre Italica qu'il a fait embellir, mais il gardait le sentiment trouble d'une enfance sans affection. Son père mort lorsqu'il avait dix ans à l'aube d'une carrière sénatoriale, sa mère frustrée d'importance, et n'espérant plus que dans la réussite de sa fille aînée, mariée avec un voisin déjà âgé, Ursus Severianus, qui se poussait à Rome, deux tuteurs trop occupés eux aussi par leur rapide mais lointaine ascension, autant de sécurités manquantes. Le jeune garçon allait-il être oublié dans la rugueuse patrie de ses ancêtres hispano-romains séculairement voués au tannage par le soleil, à la culture de l'olivier et à la chasse ? Ou bien serait-il aspiré par le tourbillon de Rome où il faisait de longs séjours dans sa parenté andalouse de plus en plus nombreuse et puissante ? Ses deux natures, l'une physique, emportée et jouisseuse, l'autre intellectuelle, dilettante et ambitieuse, auraient pu le diviser, elles s'additionnèrent pour faire de lui un adolescent prometteur auquel Trajan et sa jeune épouse Plotine s'intéressèrent. Il attacha son destin à leur étoile montante. Mais un besoin lancinant de s'affirmer, de se distinguer des autres, sa hâte à parvenir aux premières places lui valurent bien des mécomptes. Sa séduction était trop voyante, trop arrogante — il n'est pas loin de l'admettre aujourd'hui. Il n'a que d'amers souvenirs de ses débuts de carrière, des rebuffades de Trajan auquel les cohortes de la jalousie dénonçaient ses petites intrigues et ses dépenses excessives. Allait-il revivre les affres d'un Tibère rejeté par Auguste ? Par chance, deux génies bienfaisants veillaient sur lui.

Il revoit le visage régulier de Plotine, sans beauté, sans charme, mais émouvant de tendresse complice quand ils se rencontraient parmi les autres dont ils se sentaient tous deux différents. Il la conseillait dans ses lectures, il amenait chez elle des philosophes qu'il avait connus à l'Université d'Athènes où il était allé étudier pendant une année. C'était l'époque du *Graeculus* dont se moquaient les Romains avec sa barbe naissante et ses liaisons homosexuelles. Ce dernier trait bien attesté pouvait rassurer Trajan, à supposer qu'il eût été jaloux de l'intimité de son neveu avec Plotine — mais il s'irritait surtout de le voir chasser le même gibier que lui et dans ses propres réserves. Ce fut là l'origine de cette colère impériale qui l'inquiéta si fort et que seule l'intervention de son second protecteur, Licinius Sura, put calmer. Sura, cet autre compatriote d'Italica qui avait, comme les Ulpii père et fils, commencé une belle carrière militaire sous les Flaviens, qui manipula la conjuration contre Domitien et son remplacement par Nerva, puis l'appel à Trajan, ce Sura avait autant de personnalité qu'un Agrippa et autant d'immoralité qu'un Mécène. Dans ces deux hommes en un, l'Empereur aimait le premier comme un frère, Hadrien aimait le second comme un parrain. Sura s'entremit donc et crut même peu après pouvoir annoncer à son protégé qu'il allait être adopté et mis en position d'héritier. Mais quand il mourut quatre ans plus tard, rien de tel ne s'était encore produit.

Pour calmer l'impatience de son neveu bien-aimé, Plotine lui rappelait tous les indices favorables qui lui promettaient l'Empire : n'avait-elle pas obtenu qu'il entrât plus avant dans le cercle familial en épousant Sabine, la nièce préférée de Trajan ? Celui-ci ne lui avait-il pas donné, lorsqu'ils combattaient en Dacie, le diamant reçu de Nerva comme un gage d'adoption ? Ne venait-il pas d'être désigné consul dix ans avant l'âge légal ? N'était-il pas chargé de la rédaction des discours de son grand oncle ? Hadrien se plaignait que tous ces signes fussent ambigus. Trajan, objectait-il, s'était fait forcer la main pour lui accorder celle de Sabine. Le diamant ? Mais c'était un cadeau personnel de Nerva qui devait rester dans la famille. Le consulat ? Mais depuis longtemps ce n'était plus rien, au pire une consolation. Les discours ? Mais depuis la mort de Sura, Trajan était bien en peine de trouver un collaborateur de talent. Aucune de ces assurances n'apaisait ses angoisses et il pensa quelquefois en mourir. C'est à cette époque qu'il demanda à Hermogène de lui tracer d'un signe rouge indélébile sur la peau l'endroit exact du cœur dans la poitrine. Quelquefois il lui arrivait de comprendre Tibère qui, las d'attendre le bon vouloir d'Auguste, s'était exilé volontairement par protestation au même âge. Comme lui, Tibère avait su résister à la tentation de se tuer de désespoir et plutôt que de se jeter dans la mer du haut des falaises de Rhodes, il y précipitait ses astrologues inefficaces : trente ans après, devenu tout-puissant, il avait gardé cette habitude à Capri. Hadrien sait par expérience que le besoin meurtrier de vengeance trop longtemps insatisfait ne s'éteint plus jamais, et il doit se contraindre pour ne pas y céder inconsidérément.

Pour plus de sûreté, il se fit lui-même son propre astrologue, et, comme dans tous les arts auxquels il s'est adonné, il est certain d'être devenu en celui-ci le meilleur de son temps. Il ne le laisse ignorer par personne, et c'est ce qui retient beaucoup de séditieux de nourrir des complots contre lui. Certains croient qu'il a tout prévu, jusqu'aux erreurs qu'il commet, et qu'il aurait donc laissé sciemment suivre leur cours. Ainsi il y a deux ans, parvenu à la soixantaine et soucieux de ne pas encourir le reproche d'imprévoyance dont on accable à juste titre la mémoire de Trajan, il a décidé de pourvoir à sa succession. Sabine venait de mourir sans laisser d'enfant, satisfaite, se serait-elle vantée, d'avoir évité de prolonger la race d'un tel homme. Il la croit capable d'une pensée aussi mesquine, une pensée qui jamais ne serait venue à l'esprit de Plotine bien qu'elle fût frappée de la même stérilité. Car, il en est convaincu, dans son couple c'est bien Sabine qui était stérile puisqu'au début de leur mariage il pouvait, lui, procréer. À preuve l'enfant né à cette époque d'une maîtresse qu'il s'était offerte par défi, par snobisme plus que par goût. Ses envies portaient déjà essentiellement sur les garçons, mais posséder la belle Plautia, femme d'un Ceionius, avait valeur de pièce rare dans le tableau de chasse d'un Romain. La race des Ceionii qui remontait aux Étrusques culminait dans la société. Pour le jeune parvenu débarqué de sa province avec son mauvais accent et tenu à distance par les familles de l'aristocratie, cette liaison était un exploit, même si Plautia passait pour mettre beaucoup d'hommes dans sa vie. Que l'enfant fût adultérin, et qu'il fût de lui était assurément problématique. Mais quand cet enfant devint un bel adolescent, Hadrien crut se reconnaître dans ses traits physiques et moraux et, une fois Empereur, il le fit entrer dans sa familiarité.

Lucius Ceionius Commodus était en effet extrêmement beau, et développait des goûts d'esthète fastueux qui fascinaient la jeunesse élégante de Rome. Sa culture étendue et superficielle n'était pas sans charme. Il inventait des voluptés coûteuses et des plats rares, il aimait les femmes et ne se mêlait pas des affaires de gouvernement qui occupaient beaucoup Hadrien. Aussi fut-on stupéfait quand on vit à certains signes que celui-ci pensait lui léguer l'Empire. On eût parié plutôt en faveur de ses héritiers les plus proches dans le clan espagnol : il y avait là deux petits-neveux bien placés, l'un et l'autre orphelins de père et tous deux à la veille de leur majorité. Le premier était le jeune Pedianus Fuscus, petit-fils de son beau-frère Servianus, doyen du Sénat, le second Marcus Annius Verus, un brillant adolescent élevé aussi par des grands-pères installés au sommet des honneurs. Ces ancêtres étaient, chacun pour sa part, prêts à faire don d'eux-mêmes à la République, en assumant quelques années de régence, puis à s'effacer le moment venu derrière les jeunes prodiges qu'ils formaient intensivement au service de l'État. Dans les deux cas leur fortune considérable, leur expérience politique et les dimensions de leurs clans justifiaient qu'ils fussent candidats dans un système constitutionnel fondé depuis Nerva sur le principe du choix du meilleur par les meilleurs : tous ces gens étaient en effet excellents. Alors, pourquoi, se demandait-on, aller chercher aussi loin ce Ceionius, un quasi-inconnu, un dilettante que ni sa formation ni ses goûts ne disposaient au pouvoir suprême, et qui, au surplus, était d'une santé très chancelante — on le savait poitrinaire.

Hadrien était bien informé de tout ce qui se disait à ce propos car il s'était depuis longtemps constitué un très efficace service de renseignements. Il a toujours aimé connaître la pensée intime des autres, moins comme une précaution de police que comme une curiosité psychologique, et s'il intercepte sans scrupule les lettres de ses amis c'est pour mieux approfondir les ressorts secrets de l'âme humaine. Il savait ainsi de source directe — mais il n'en avait jamais douté — que son beau-frère Servianus intriguait pour prendre sa succession, malgré ses quatre-vingt-dix ans, et que le jeune Fuscus se conduisait de façon tout à fait irresponsable. En revanche il pouvait s'assurer, à la lecture indiscrète des lettres que le jeune Marcus Annius Verus envoyait à sa mère et à ses amis, de l'élévation d'âme de ce garçon qui l'avait impressionné par son sérieux — aussi l'avait-il surnommé affectueusement « *Verissimus* ». Les grandes manœuvres dynastiques étaient donc ouvertes et si personne ne comprenait la stratégie d'Hadrien c'est parce qu'elle s'inspirait de plusieurs motifs inavouables. Le premier était le sentiment profond, quasi charnel, que son sang coulait dans les veines de Lucius Ceionius, un peu affadi peut-être mais mêlé au vieux sang aristocratique italien. Il voyait dans ce mélange — et c'était là un deuxième motif — une manière de revanche secrète sur cette classe des *nobiles* qui n'avait jamais accepté ses prétentions à la dominer. Du même coup il captait ses suffrages, condition politique indispensable au succès d'une périlleuse opération dynastique. Car il ne minimisait pas les risques de ce choix apparemment arbitraire contre lequel Servianus tenta en effet de monter une conjuration en soudoyant les prétoriens.

Il n'eut pas besoin de beaucoup de preuves pour faire condamner ce beau-frère détesté qui avait essayé quarante ans plus tôt, par des moyens déloyaux, de le desservir auprès de Trajan. Il avait notamment fait casser sa voiture pour l'empêcher d'être le premier à informer son oncle de la mort de Nerva. Dans un accès de colère, exacerbé par ses douleurs, il lui a envoyé il y a quelques mois l'ordre de se suicider. L'autre a reçu calmement la sentence, s'est fait ouvrir les veines et ses dernières paroles furent pour souhaiter à Hadrien d'avoir une longue agonie et de désirer mourir sans y parvenir. Cette malédiction le poursuit et aujourd'hui il attribue la sourde remontée de ses douleurs, au moment où il s'engage sur la via Appia, à la vengeance posthume du vieux misérable. Comme du même coup il avait fait exécuter le petit-fils et quelques-uns de ses partisans, la voie était libre pour Ceionius, qu'il semblait décidé à associer à l'Empire avec une hâte qui fit soupçonner là la réalisation d'une ancienne et secrète promesse. Mais déjà un troisième fer était au feu dans son esprit surchauffé, car il voyait bien que le nouveau César ne vivrait plus très longtemps. On n'avait pas besoin de lire son triste destin dans les astres, sa pâleur disait assez sa fragilité. « Ce n'est pas un fils, mais un dieu que j'ai adopté », soupirait-il, et il tournait désormais ses regards vers un autre Lucius Ceionius, âgé de huit ans, dans lequel il retrouvait les traits du père, donc les siens propres puisqu'il ne doutait pas que l'un et l'autre fussent issus de lui.

En attendant il fallait que le César Ceionius eût quelque référence militaire si l'on voulait qu'il fût acceptable par l'armée. L'Empereur l'affecta donc au commandement des légions du Danube, comme si, insinuèrent alors certains, il cherchait à précipiter sa fin. Mais, aurait-il pu répondre, y a-t-il un bon climat pour ceux dont le destin consume les poumons ? Ceionius revint bientôt mourant. Hadrien se souvient d'avoir laissé échapper dans sa peine cette réflexion amère : « Nous nous sommes appuyés sur un mur branlant et nous avons gâché quatre cents millions de sesterces. » Il faisait allusion aux sommes dépensées pour promouvoir dans l'armée et le peuple l'image du César. Il regrette ces mots malheureux qui, rapportés au malade, assombrirent ses derniers instants. C'était au début de janvier, il y a six mois de cela. Aussitôt il mit en œuvre le plan de rechange auquel il pensait depuis quelque temps : l'Empire devrait aller enfin au meilleur qui serait assisté du plus proche sous la régence du plus sage. Cette architecture triangulaire du pouvoir avait de quoi satisfaire ses goûts esthétiques — la perfection du fronton grec — et elle répondait à sa profonde intuition politique : Rome a besoin d'un équilibre tripartite entre le Sénat conservateur et provincial — ce sera le consulaire Antonin —, l'antique noblesse italienne — ce sera le descendant des Ceionii, Lucius Verus —, et la nouvelle aristocratie de l'esprit — ce sera l'héritier des Annii, le jeune Marcus, l'excellent *Verissimus*. Pourquoi n'y avoir pas pensé plus tôt ? pourrait-on aujourd'hui demander à Hadrien. À cela il a une réponse en forme d'énigme : « Parce qu'il fallait qu'il y eût en tout cas un Ceionius. » On doit comprendre que dans son esprit la mort du premier, prévue, a levé l'hypothèque charnelle. La dette sera éteinte un jour par le second, l'enfant Lucius. Resteront, si les dieux le veulent, Antonin doublé du jeune Marcus qu'il a été prié d'adopter pour fils en présence de l'Empereur. Autre raison de satisfaction pour Hadrien, le prochain règne perpétuera son idéal de la beauté à travers la trilogie du pouvoir qu'il met en place : un magnifique sénateur dans la force de l'âge qu'assiste un brillant adolescent au regard profond, l'un et l'autre veillant sur un enfant aux traits divins. Puisse-t-il, de là où les dieux l'auront appelé, contempler l'ultime chef-d'œuvre de sa vie.

Mais c'est une image désagréable qui tout à coup l'assombrit. Sa voiture vient de quitter les Marais Pontins qu'on n'en finit pas d'assécher, laisse le mont Circée et ses maléfices sur la droite et pénètre dans la riche Campanie. Elle passe au pied d'une vieille forteresse qui défendait jadis Terracine contre les incursions des pirates. C'est là que s'était retiré Palma, le vieux compagnon de Trajan qui l'avait envoyé conquérir l'Arabie au début de son règne. C'est là que les prétoriens d'Attianus sont venus l'assassiner au début du règne suivant, le sien, soi-disant pour étouffer un complot[1]. D'autres, au même moment à Faventia, en Toscane, exécutaient Nigrines dans la villa de Plautia, la mère de Ceionius, avec laquelle il s'était remarié. D'autres encore à quinze cents kilomètres de là, en Thrace, massacraient le Maure Quietus. Des quatre grands généraux de Trajan restait Celsus qui soignait sa néphrite à Baïes, à deux étapes au sud de Terracine. Il serait surpris par les tueurs le lendemain. Hadrien sait qu'on ne lui a

1. 118 après J.-C.

jamais pardonné ce quadruple crime. C'est Attianus qui a fait du zèle, il assure qu'il a dû prévenir un coup d'État à un moment où Hadrien était encore en Orient — mais les conjurés étaient curieusement éloignés les uns des autres. Quoi qu'il en soit, l'image d'Hadrien restera tachée de ce sang sénatorial qu'est venu épaissir, vingt ans après, celui de Servianus. Que pense le voyageur souffrant au moment où l'ombre de l'ancienne forteresse, retraite sacrée du grand Palma, s'étend sur sa route ? Il pense à ses longues années de félicité que quelques jours maudits ont suffi à ternir aux yeux de ses contemporains et à ceux, peut-être, de l'Histoire. Il avait juré, à son tour, de ne mettre à mort aucun sénateur. Mais un sénateur factieux est une bête puante qu'il faut exterminer, et les militaires assoiffés de gloire sont des aventuriers irresponsables dont il faut protéger l'État. Tous d'ailleurs n'ont pas encore été éliminés.

Il s'est entretenu récemment de ce problème avec Antonin. Il lui a montré la liste des quelques suspects qu'il se propose de supprimer pour lui nettoyer la route et éviter aux jeunes princes de trop difficiles débuts. Antonin est un grand honnête homme, mais un juriste trop scrupuleux. La notion de raison d'État qui permet de transgresser les procédures et les lois pénales le heurte. Il en apprendra sans doute la cruelle nécessité mais pour le moment il bloque les décisions capitales de l'Empereur, son père adoptif. Ce dernier n'a plus les moyens d'imposer toutes ses volontés au Sénat ni même aux prétoriens. Il voit bien que de s'être choisi officiellement des successeurs ampute son pouvoir de fait. Cependant abdiquer lui est impensable et mourir lui est impossible. Il rugit au fond de son carrosse, d'impuissance autant que de souffrance. Maintenant il approche de la pointe sud du golfe de Gaëte, longe le lac Lucrin et peut voir les collines de Baïes. Au-delà scintille le golfe de Pouzzoles dans lequel s'avance le cap Misène. Quand il passe devant les thermes offerts à Baïes par Tibère, il ne peut chasser l'image de Celsus noyé par les sbires d'Attianus dans le bain où il soignait ses membres impotents. Peut-être a-t-on épargné par là au général félon les souffrances dont aucune main compatissante ou même criminelle ne peut le délivrer, lui qui a le droit de tuer. Antonin a donné des ordres stricts pour qu'on le maintienne en vie. « Je serais parricide, a-t-il dit, si je laissais abréger ses jours. » Scrupule inhumain, respect légaliste de la vie, peur d'accéder au pouvoir pour une goutte de sang ? Hadrien pourtant ne considère pas l'euthanasie comme un crime, en dépit des lois. Il a naguère autorisé le vieux philosophe Euphrates, lui aussi atteint d'un mal incurable, à se donner la mort qu'il souhaitait. Personne ne lui témoignera la même générosité.

Il n'était pas revenu dans la villa impériale depuis dix ans, depuis qu'il avait parcouru l'Italie entre son premier grand voyage en Asie Mineure et en Grèce et son périple oriental jusqu'aux cataractes du Nil. Il avait voulu montrer à Antinoüs la baie de Naples, comme une des dernières merveilles du monde qu'ils eussent encore à découvrir ensemble. Le jeune homme semblait étourdi de spectacles, rassasié de nouveautés. Il n'était jamais sorti de sa Bithynie natale avant d'être entraîné dans une interminable tournée d'inspection administrative doublée d'une exaltante aventure touristique. Ils avaient quelques semaines plus tôt participé aux Mystères d'Éleusis où Hadrien s'était élevé à l'initiation suprême, l'époptie, puis sur le chemin de retour ils avaient gravi les flancs de l'Etna pour contempler le lever du soleil. À Baïes ils observaient toute la nuit la course des étoiles sur le dôme infini du ciel posé au-dessus de l'immense étendue marine. Ils voyaient s'allumer Jupiter, Mars et Vénus, ils cherchaient l'astre de César. Mais ce soir Hadrien attendra seul que scintille pour lui l'âme du beau berger bithynien remontée parmi les dieux un jour néfaste entre tous, il y aura bientôt huit années [1].

C'était à Hermapolis, petite cité sur la rive gauche du Nil, entre Thèbes et Memphis. L'obscurité tombait rapidement avec le soleil sur l'horizon du désert. Les marins d'une felouque qui rentrait virent un corps flottant en aval du débarcadère, au milieu d'un champ de lotus. Le nageur s'était sans doute embarrassé dans ces belles plantes de la mort. Ou bien le promeneur solitaire n'avait pas vu le bord extrême du ponton. Ou encore on l'avait poussé. Certains pensèrent qu'il s'était volontairement avancé dans le vide. Personne n'avait entendu d'appel ni de bruit de chute. Pourtant quelle disparition fut plus retentissante dans le monde ? Hadrien dont on n'avait jamais vu les larmes s'abandonna à

1. 30 octobre 130 après J.-C.

pleurer comme une femme. Il décida de surpeupler tout l'Orient des images de l'absent, de lui dédier des temples et des prêtres. Une grande ville, Antinooupolis, s'éleva sur les lieux de sa mort surnaturelle. En Égypte, la tradition met au rang des dieux ceux qui se noient dans le Nil. Alors Antinoüs voulut-il sublimer dans l'immortalité un destin terrestre devenu trop rapidement trop grand pour lui ? S'était-il exténué à suivre son infatigable cicérone ? Ou crut-il que son sacrifice vaudrait à celui-ci la protection d'Osiris, qui s'était lui-même livré au Nil pour le salut des hommes ? Cette explication qui a cours parmi les Égyptiens a longtemps troublé l'âme d'Hadrien. Il se souvient que les prêtres d'Heliopolis qui l'avaient initié à leurs cultes ésotériques évoquaient la croyance à la rédemption par le don d'une vie. Antinoüs était présent à cette révélation, ils en avaient ri ensuite tous les deux.

Pourtant c'est bien la petite étoile de l'adolescent au regard absent qui clignote dans ce coin du ciel au-dessus du Vésuve. Par centaines les témoins ont juré qu'elle était apparue la nuit même du drame. Hadrien croit à la magie dans des circonstances qu'on ne saurait expliquer sans elle. Il ne rejette d'ailleurs aucune croyance, il en a étudié beaucoup et ne juge illégitimes que celles qui troublent l'ordre public, par exemple la religion des chrétiens quand ils bravent les cultes officiels, de même que les rituels absurdes des Juifs, comme la circoncision qu'il a interdite sous peine de mort. Mais la mort, ces gens-là en font fi. Ses légats ont dû noyer dans le sang il y a cinq ans un soulèvement fou, suicidaire, des descendants des guerres de Titus et des survivants des répressions du Maure Quietus que Trajan avait envoyé gouverner la Judée à la fin de son règne. Lui-même avait pourtant, lors d'un passage à Jérusalem, dialogué avec le rabbi Josué ben Hanania qui lui avait parlé si raisonnablement de l'âme de son peuple qu'il s'était résolu, dans une volonté d'apaisement, à reconstruire la capitale laissée en ruines depuis soixante ans. Il avait personnellement travaillé au projet architectural afin que Jérusalem soit un modèle d'urbanisme et, pour marquer symboliquement la rupture avec des siècles de malentendus, il rebâtirait le vieux Temple sur son site historique, mais dans un style moderne du type Capitole romain. La ville neuve s'appellerait d'ailleurs Aelia Capitolina, pour que le nom de sa propre tribu, celle des Aelii, soit comme un gage de réconciliation. Il autoriserait, par faveur, que sa statue y figure à côté de celle de Jupiter. Les travaux commencèrent pendant son séjour en Égypte.

Quand il quitta l'Égypte après en avoir visité tous les sites touristiques, pénétré toutes les profondeurs mystiques et codifié les immémoriales contraintes administratives, il s'embarqua à Alexandrie pour sillonner la mer Égée, source de toutes légendes, et toucher aux terres de l'Ionie, berceau de toute pensée abstraite. Puis il alla inspecter les postes avancés de l'Europe sur la mer Noire, enfin il revint au centre magnétique de sa vie intérieure, à Athènes où il régnait comme archonte d'honneur, plus heureux qu'Empereur à Rome. Mais si son âme était apaisée maintenant, celle du peuple juif était devenue effervescente. En effet, à peine s'était-il éloigné que des hordes rassemblées par un combattant de la Mort, le zélote Bar-Kocheba qui se faisait appeler « fils de l'Étoile », avaient engagé la lutte finale, submergé Jérusalem et réduit en cendres le temple impie des Romains. Les légions et tous les Juifs soupçonnés de pactiser avec l'occupant furent massacrés par les insaisissables sicaires tapis dans l'ombre. Hadrien dut faire venir précipitamment des troupes de toute l'Europe et les plus efficaces spécialistes de la répression, qu'il rejoignit en Judée pour commander à la reconquête de Jérusalem dont il ne resta bientôt plus pierre sur pierre. Les ruines mêmes en furent interdites aux Juifs. Toute la Judée qui se révéla truffée de groupes de résistance fut nettoyée au cours de deux années de ratissage [1] où périrent des centaines de milliers d'habitants de ce malheureux pays dont le nom même fut effacé : c'est désormais la Syrie-Palestine, et les survivants se sont dispersés à jamais dans le monde.

Hadrien n'a pas conscience d'avoir commis là une action barbare car à ses yeux ces êtres rebelles n'appartenaient plus à la société civilisée. Même les Daces qu'il a vaincus sous les ordres de Trajan et poussés hors de chez eux, même les Parthes avec qui il a préféré arranger une paix non glorieuse, leur rétrocédant presque toutes les conquêtes de l'*Optimus Princeps,* ne lui inspirent pareil mépris, pareille haine. Les Calédoniens irréductibles d'Écosse, il n'a pas cherché à les détruire, il les a enfermés derrière une mur bien défendu, les estimant assez punis de devoir rester chez eux dans leur pays sauvage. Il sait, bien sûr, qu'il reste

1. 133-135 après J.-C.

encore beaucoup de Juifs dans l'Empire, à Antioche, à Alexandrie, à Rome, en Gaule, et qu'ils intriguent pour qu'on leur rende le droit d'exercer leur culte et de pratiquer la circoncision. Antonin, qui ne s'est jamais senti défié par eux, cédera peut-être à leurs instances, mais ce sera son affaire, ces problèmes-là ne le concernent plus. Peu importe maintenant que les rabbins racontent que ses souffrances sont une punition infligée par leur Jéhovah. Il sait, lui, qu'elles lui appartiennent, qu'elles sont inscrites dans son destin de chasseur solitaire, rattrapé par la meute de ses passions secrètes. C'est un destin injuste car il aurait aimé être aimé autant qu'il a désiré dominer — il ne voyait pas la contradiction. Cependant Plotine l'a vraiment aimé, mais d'un amour impossible. Une force inconnue bloquait leurs élans. Antinoüs l'a aimé, mais d'un amour mortifère dont seuls les dieux ont le secret. Et pourquoi n'a-t-il pu garder longtemps aucun ami ?

Nombreux sont ceux qui auraient pu répondre à cette question s'il leur en avait laissé le temps ou la liberté, mais presque tous ont fini loin de lui, oubliés, disgraciés, et certains même, dit-on, physiquement éliminés. Si cette dernière accusation injustifiée le blesse, il s'interroge malgré tout sur la série des malentendus qui ont frappé une à une ses amitiés avec les hommes les plus remarquables de l'Empire. Il fait un sort à part à sa brouille retentissante avec Apollodore dont il met toute la responsabilité sur le caractère insupportable du célèbre architecte. Trajan l'avait gâté en lui confiant aveuglément des chantiers gigantesques qui avaient enflé son orgueil et son arrogance. Hadrien se souvient qu'un jour où il essayait de lui apporter ses conseils à propos de la conception du grand Marché de Trajan qui a coûté une fortune, l'autre l'a chassé de son atelier avec ces mots : « Toi, retourne peindre tes citrouilles », double insulte au jeune questeur alors en charge de l'urbanisme et peintre d'excellentes natures mortes dans ses heures de loisir. Aussi bien, devenu Empereur il traça lui-même les plans du Temple de Rome et de Vénus sur le Forum, et les adressa au vieux bâtisseur, moins par déférence que pour lui montrer qu'il savait l'égaler. Mais l'autre les lui renvoya avec des observations si méprisantes qu'il décida de l'expédier au loin et, s'il en est mort, il ne se sent aucune responsabilité dans l'affaire.

La même brouille survint après des années d'amitié avec le célèbre avocat Favorinus. Ce personnage talentueux avait eu le tort de pousser un peu trop loin ses controverses grammaticales avec Hadrien qui un jour rompit brutalement le jeu. Rendu prudent Favorinus s'abstint désormais de relever les impropriétés de style patentes dans les écrits que lui soumettait l'Empereur féru de tournures archaïsantes. À ceux qui lui en faisaient la remarque il répondit : « Comment voudriez-vous que j'aie raison contre un homme qui possède trente divisions ! » Faut-il alors s'étonner qu'il ait été assigné à résidence dans sa petite patrie d'Arles ? Hadrien se trouve encore bien indulgent. Ainsi Attianus qui s'était cru tout permis a d'abord été neutralisé par une promotion au Sénat, puis, demeuré incorrigible, expédié à l'autre bout du monde. Son successeur aussi, ce Turbo venu de rien, aimé, favorisé tant qu'il se contenta d'être assez important, mais intolérable quand il voulut l'être trop. Et celui qui l'a remplacé, ce Clarus si brillant qui, avec son ami l'écrivain Suétone, s'est permis de séduire Sabine. Sabine, ce n'est pas grand-chose, mais c'est tout de même l'Impératrice ! Alors peut-on lui reprocher d'avoir persécuté ses amis, quand ce sont eux qui ont trahi son amitié ?

Il aurait eu d'autres comptes à régler, si les vagues de sa colère et de son mépris ne s'étaient pas éteintes, depuis son arrivée ici, sur les plages de l'indifférence. Ces plages s'avancent au pied de la galerie où il a fait placer les portraits des êtres qui ne lui ont jamais manqué, qui lui permettront encore de supporter les accès récurrents de ses atroces douleurs et qui rendent plus sereins ses moments d'accalmie. Il y a là Plotine, Matidie, Ceionius et Antinoüs. Il hésite à faire venir l'image de quelques autres plus modestes qui lui ont donné des plaisirs secrets qu'il n'a jamais oubliés, mais qu'il ne serait pas convenable de placer à côté d'êtres divinisés. Et ce serait injuste à l'égard d'autres encore qui n'ont même pas eu le temps ou la permission de laisser leur image. Il les consignera dans la partie intime de ses Mémoires qu'il dicte quand il le peut à Diotine. La partie officielle, il l'a déjà confiée à Phlegon, avec des documents que ce mémorialiste publiera sous son nom dans quelques années. On verra que son œuvre administrative, juridique, diplomatique, a été abondante, généreuse et pacifique à l'égal de celle d'Auguste. L'œuvre artistique, elle, n'aura besoin que d'être contemplée par la postérité.

Il a demandé hier à Hermogène de lui dire sur son honneur

quelle chance, si minime soit-elle, il lui donnait de reprendre une vie normale, ou quel risque de durer encore longtemps. L'autre lui a loyalement répondu : « Avec l'aide des dieux, je ne sais. Avec le secours de la médecine, aucun. » Il s'étonne d'avoir ressenti pour la première fois en lui l'atrocité du coup qu'il a porté cent et cent fois aux hommes par ses verdicts de mort. Comme lui, ils sont tous passés en une seconde de l'espérance infime, absurdement brillante, à la certitude totale, absurdement noire. Il se força à remercier Hermogène, il le hait maintenant et ne le reverra plus. Tous les médecins doivent quitter la villa, les pharmaciens aussi, ils n'ont jamais servi à rien, il s'en doutait, sinon à l'affaiblir par leurs diètes, leurs saignées et leur drogues dégoûtantes. Il commande son plat de prédilection, celui que Ceionius dans leurs moments heureux cuisinait lui-même pour eux deux : la *tetrapharmaque,* composée de chair de faisan, de croupion de paon, de tétine de truie enveloppés dans une pâte croustillante. Il boit du vin de Falerne.

Puis sur la terrasse il se laisse aller à l'euphorie postprandiale, il regarde le ciel étoilé, comme huit années plus tôt au même endroit avec Antinoüs. Il appelle Diotine pour lui dicter une pensée. Le jeune garçon entend avec surprise sa voix douce, presque timide, une voix qu'il ne lui connaissait pas, comme s'il s'adressait à un enfant. Il comprend que son maître invoque une chose fragile, ce souffle intérieur qu'il sent prêt à le fuir. L'appel bouleversant prend la forme d'un poème :

Âme, petite âme câline et vagabonde,
Hôtesse de passage et amie de mon corps
Dans quels lieux vas-tu errer maintenant
Pâlotte, désespérée et nue,
Toi qui savais si bien donner le bonheur ?

Hadrien n'a pas de réponse à cette interrogation, car il n'imagine pas une âme privée des jouissances et des douleurs du corps. Mais son immortalité est d'une autre nature, il en doute d'autant moins qu'il la vit déjà, elle est attestée partout. Elle sera aussi multiforme qu'a été son génie sur la Terre, et aussi présente que restera son œuvre parmi les hommes. Elle est associée à l'éternité de Jupiter comme en atteste le sanctuaire de l'Olympeion qui a été élevé à Athènes, centre de l'humanité pensante, au maître des dieux et au maître des peuples assis côte à côte.

Diotine respecte le long silence dans lequel s'est enfoncé le vieux poète à la petite voix qui habite un corps délabré, hier encore le splendide Empereur qu'animait une phénoménale volonté de puissance. Il se demande lequel de ses personnages multiples, contradictoires, imprévisibles va resurgir au terme de sa profonde méditation. C'est devenu un jeu pour lui qui n'a plus rien à craindre des humeurs variables d'un maître dont il a capté les trésors de tendresse inassouvie. Il attendra que Jupiter soit haut au-dessus de l'horizon, puis il dira plusieurs fois doucement : « Maintenant il serait sage de rentrer... » Il n'aura jamais de réponse. Sur la via Appia un carrosse roule à grande vitesse précédé par des cavaliers rouges porteurs de torches. Antonin, averti par Hermogène, vient prendre le relais de l'Empire [1].

1. 10 juillet 138 après J.-C.

ANTONIN

OU LA MORT QU'ON VOUDRAIT

Mars est frais cette année sur les hauteurs de Lorium qu'embrume l'humidité marine portée par les vents d'ouest. Ce n'est pas le meilleur endroit pour soigner un reste de bronchite quand on est dans sa soixante-quinzième année, si vigoureux, si fervent du grand air qu'on ait été toute sa vie. La grande demeure est difficile à chauffer. Quand elle n'était encore qu'une ferme, il n'y a guère plus d'un demi-siècle, elle était beaucoup plus agréable à habiter. Le vieil homme qui en parcourt les pièces entièrement rénovées, prolongées par des ailes que desservent des galeries qui n'en finissent plus, regrette maintenant les dimensions humaines de la simple maison campagnarde où il a passé ses années d'enfance. Pourquoi a-t-il permis qu'on la transforme ainsi ? N'en est-il pas le propriétaire par voie d'héritage ? Non, il n'est plus ici qu'un locataire depuis qu'il a donné tous ses biens à l'État dont il est devenu, il y a vingt-trois ans, le plus haut magistrat. En contrepartie, l'État entretient somptueusement les demeures qui sont mises à sa disposition. Il en a des dizaines, sur le Palatin (où nul n'ose plus entrer dans les galeries hantées par Domitien), à Tibur (où ni lui ni personne n'a eu envie de retourner depuis la mort d'Hadrien), à Centummelle (où Trajan campait sous des lambris dorés), à Baïes (qui n'est ouvert que les mois d'été), et un peu partout dans l'Empire. Mais il n'aime vraiment que les lieux de famille où ses grands-parents allaient chercher des retraites rustiques dans leurs fermes décemment aménagées. Il a pu conserver l'authenticité de celle de Lanuvium près de la via Appia, à vingt-cinq kilomètres au sud-est de Rome, où il est né. Il y séjourne assez régulièrement à la saison des vendanges. Lorium où il est actuellement est à une quinzaine de kilomètres au nord-ouest de la Ville, sur la via Aurelia, parallèle à la côte méditerranéenne.

C'est la proximité de la capitale qui lui a fait choisir cette résidence réputée secondaire mais en réalité principale depuis longtemps. L'Empereur Antonin est viscéralement un campagnard. S'il n'était qu'un amateur de jardins, s'il ne cherchait qu'à fuir les agitations et le bruit du Forum, il pourrait trouver refuge dans les parcs qui forment la riche ceinture verte de Rome et où de belles résidences l'attendent. Mais son tropisme terrien est plus exigeant. Il n'aime pas seulement la nature, il a un besoin atavique de propriété foncière et de gestion agricole. Cette rusticité est un luxe, son seul luxe, car pour un homme qui se veut simple et sobre, installer à la campagne le centre du pouvoir n'est guère économique. Sur la via Aurelia, cavaliers et voitures font jour et nuit la navette entre les bureaux romains et le cabinet impérial. Beaucoup de hauts fonctionnaires doivent rester coucher sur place. Antonin peut toutefois démontrer que ce système est mille fois moins coûteux que le gouvernement itinérant de Trajan et d'Hadrien. Cent fois moins coûteux que le train fastueux de la cour sur le Palatin, que les gaspillages des activités de prestige et des manifestations publiques liées à la présence de l'Empereur à Rome. À Lorium il est possible de vivre dans le calme et l'économie, de se comporter à la limite comme un simple particulier, avec une domesticité réduite. La table y est fournie par les chasseurs et les oiseleurs de la ferme d'en bas d'où l'Empereur tire aussi la laine de sa toge. Le vin est celui de ses vignes de Lanuvium, il connaît les crus de chaque année qui sortent sous ses yeux du pressoir.

On se trompe si l'on pense que ce nouveau Caton veut donner sa sobriété en exemple à ses concitoyens. Il n'est pas leur censeur, il les laisse vivre à leur manière, la sienne est restée celle d'une famille coloniale de rang très honorable et de mœurs traditionnelles. On vivait ainsi depuis deux ou trois siècles chez les Aurelii Fulvi et les Boionii de Nîmes, si riche fût-on. Quand ils se sont alliés aux Arrii Antonini italiens et qu'ils sont entrés dans le nouveau Sénat de Vespasien, la réunion de leurs fortunes considérables ne les a pas fait changer de mode de vie. Pas davantage lorsque leur héritier, le jeune et beau sénateur Titus Aurelius Fulvius, fils et petit-fils de consuls de même nom, épousa Annia Galeria Faustina, elle-même riche et belle héritière de la dynastie hispano-romaine des Annii Verii. Ces derniers étaient venus à Rome du municipe d'Uccubi, en Bétique, à la même époque que leurs compatriotes et voisins espagnols, les Ulpii Trajani et les Aelii Hadriani, originaires d'Italica. Tous ces gens appartiennent au même type d'émigrés rapatriés, portés par la vague montante des provinciaux d'Occident qui se poussaient très fort au Sénat romain. Même richesse foncière — culture du blé et de l'olivier —, industrielle — huileries et briqueteries — et concentration formidable sur la tête de quelques héritiers rigoureusement élevés et préparés à jouer un rôle dominant dans l'État, ceci depuis trois générations.

À Lorium, dans sa petite enfance Antonin a un peu connu son père consul sous Domitien, mort prématurément. Sa mère s'étant remariée — c'était presque une obligation sociale depuis Auguste pour une jeune veuve, obligation assortie de très importants avantages fiscaux — il fut éduqué d'abord sous la direction de son grand-père paternel, ce premier Aurelius Fulvus venu de Nîmes et arrivé à la fonction suprême de préfet de Rome. Puis il fut pris en charge par son grand-père maternel, un Annius Antoninus, ami de Pline, proconsul d'Asie et homme très sage puisqu'il passe pour avoir dit à Nerva lors de son élévation : « Je te souhaite bien du plaisir dans l'aventure où tu te fourvoies... » De sa jeunesse fortunée qu'a-t-il fait ? Il ne se souvient d'aucun épisode remarquable, sinon du travail très astreignant qu'exigeait la gestion des nombreuses propriétés et manufactures qu'il héritait coup sur coup en Italie et en Gaule, et du difficile apprentissage tant juridique qu'agronomique qu'impliquait cette gestion directe : dans sa famille on ne laissait pas la bride sur le cou aux intendants et l'on était son propre avocat devant les tribunaux. Ses pairs se moquaient de ce garçon trop sérieux, propriétaire de la première fortune privée de l'Empire, fortune dont il semblait être l'esclave, de ce jeune sénateur qui remplissait toutes ses charges publiques avec l'application d'un fonctionnaire débutant. On l'appelait déjà « taille cumin », autant parce qu'on le voyait assidu aux plus petites affaires que parce qu'il était économe de son argent — mais on savait aussi qu'il le prêtait au-dessous de cinq pour cent alors que le taux habituel était de dix à douze.

À la longue, comme il réussissait dans toutes ses affaires et qu'il ne faisait d'ombre à personne, au contraire, on en vint à le respecter comme un Romain de bonne race et les familles de l'aristocratie le recherchèrent comme gendre. Son alliance avec les Annii Verii mit un comble à cette ascension sociale. Tibère l'eût arrêtée bien avant par précaution, Néron aussi mais par esprit de rapine. Hadrien n'avait pas de préjugés contre ce groupe-là, bien qu'il entretînt des rapports très difficiles avec le Sénat. Mais l'élégance physique et morale du couple que formaient Aurelius Antoninus et Galeria Faustina, apparentée à sa femme Sabine, lui parut de bon augure. Il poussa le jeune sénateur au consulat, puis au proconsulat d'Asie. Antonin se souvient qu'il dut se faire violence pour accepter ce poste envié. II avait quarante-quatre ans, et ses habitudes sédentaires étaient devenues chez lui une seconde nature. S'éloigner pendant deux années des tâches juridiques dans lesquelles il s'était spécialisé au Sénat et de ses domaines italiens ne le tentait pas, alors que Faustina brûlait d'aller régner sur la province la plus prestigieuse de l'Empire. S'il céda, ce fut pour la consoler au loin de la perte de leur fille aînée. Ils partirent avec la seconde, une autre Faustina qui avait un an. Déjà ils avaient vu mourir deux garçons.

Après leur retour, Hadrien appela Antonin à siéger au Conseil impérial dont il avait fait, pour la première fois dans l'histoire de Rome, un organe permanent de gouvernement. C'était en fait une sorte de ministère sur lequel il se reposait pour assurer au sein de l'administration centrale la préparation et le suivi des problèmes qu'il traitait avec un cabinet itinérant — il a voyagé pendant plus de la moitié de son règne. Si durant ses quatre dernières années il n'a plus bougé de Tibur, c'est parce que ses forces usées par de fréquentes hémorragies ne portaient plus son insatiable curiosité. Il se résigna difficilement à rendre peu à peu au Sénat les pouvoirs qu'il lui avait confisqués et il commença à suspecter morbidement tous ceux dont il se sentait devenir dépendant et qu'il eût voulu éliminer à mesure qu'il ne pouvait plus se passer d'eux. Il fit une exception en faveur d'Antonin quand il comprit que celui-là au moins n'ambitionnait nullement de prendre sa place. C'était une raison pour qu'il eût envie de la lui léguer, il en retint l'éventualité, mais il était lié dans son choix d'un successeur par une priorité — une promesse imprudente ou une attache naturelle très profonde (ou les deux à la fois) à la personne de l'insignifiant Lucius Ceionius. Antonin a son idée sur les mobiles cachés de ce choix — idée qu'il tient secrète au point qu'il ne veut même plus y penser. Il déteste les questions inutiles, surtout celles qui touchent aux affaires de l'État. Il a réussi à régner vingt-trois ans sans faire mystère de rien, ou presque. Ce premier choix d'Hadrien était à tous égards désastreux, mais nul n'était en mesure de s'y opposer. Cependant quand l'hypothèque Ceionius eut été levée par la mort du César, l'hypothèse Antonin, que personne n'avait envisagée, se révéla tout à coup la plus plausible. Il fallait un régent pour l'enfant laissé par Ceionius et pour l'adolescent Annius Verus, ce Verissimus que le regard pénétrant de l'Empereur avait découvert dans sa famille. Antonin offrait toutes les qualités requises pour ce rôle de transition.

Il ne s'est jamais fait d'illusions sur le sens qu'Hadrien donnait à la procédure d'adoption dont il bénéficia. Quand un homme de soixante-deux ans se choisit un fils de cinquante-deux ans, c'est évidemment un simulacre. Mais conférer le pouvoir impérial à Rome ne peut être seulement un expédient temporaire, c'est un acte sacré où interviennent les dieux. Antonin était bel et bien co-Empereur de plein exercice. En attendant le jour de sa propre mort, il mettrait loyalement en place les deux héritiers qui lui étaient confiés, mais chacun selon ses mérites. Or sur ces mérites il avait déjà un jugement qui ne correspondait peut-être pas aux vœux secrets d'Hadrien. Mais on pouvait faire dire tout et son contraire au testament du mourant qui était ambivalent et déroutant comme l'avait été sa vie. D'ailleurs Antonin s'empressa, dès qu'il fut le seul maître, d'en donner une lecture claire et raisonnable : Marcus devait être porté sur le devant de la scène, il serait fiancé à sa fille. Et le petit Lucius se verrait provisoirement renvoyé à ses jeux. De fait, on n'entendit pratiquement plus parler de lui pendant une dizaine d'années, et comme il avait une nature heureuse et un peu paresseuse il ne fit aucune difficulté. Tout le monde l'aimait beaucoup.

Le nouveau style Antonin s'affirma tout de suite dans son admirable équilibre qui eut pour effet d'assouplir les rapports politiques et sociaux que les dernières manifestations d'Hadrien avaient tendus à l'extrême. Les condamnés furent graciés, les exilés rapatriés. Le train de vie de l'État subit d'importantes réductions, une grande partie du mobilier impérial fut vendu et le budget des voyages officiels pratiquement supprimé. En échange le Sénat fut prié de suspendre ses attaques contre la mémoire d'Hadrien et contre ses actes qu'il parlait d'annuler : « Dans ce cas, fit savoir Antonin, vous annulez aussi mon adoption. » On se récria, il était bien le successeur idéal. Il dut cependant se battre longtemps pour obtenir la divinisation du mort dont la dépouille attendait dans la villa de Cicéron à Pouzzoles qu'on lui fît une apothéose romaine dans le monumental mausolée circulaire qu'il s'était édifié près du Tibre. C'est à cette époque qu'on commença à ajouter au nom d'Antonin le titre de *Pius* qui lui convenait si bien, quoique personne ne pût dire vraiment ce qu'il signifiait dans sa connotation familière et sacrée à la fois. Chacun l'interprétait avec son cœur et son imagination. N'avait-on pas vu le nouvel Empereur soutenir son vieux beau-père chancelant sur les marches du Sénat ? N'avait-il pas sauvé la vie de plusieurs de ses collègues ? La vraie raison est sans doute plus simple et plus belle : l'instinct populaire avait deviné aussitôt en lui le Maître bon, vertueux et juste que les hommes attendaient toujours.

Antonin est en train de prendre froid sous les portiques ouverts à tous les vents qu'il doit emprunter en sortant des vapeurs du *tepidarium* des Thermes pour gagner le *triclinium* de la villa où le gong vient d'annoncer le dîner. Il se tient droit, plus grand que ses accompagnateurs car il n'a jamais perdu un pouce de sa taille majestueuse. S'il était tenté de se voûter, il en serait empêché par le corset renforcé de baguettes de tilleul qu'il porte depuis dix ans. Tout en lui est élégant et soigné, mais sans artifices, son collier de barbe grise est taillé court et, comme ses cheveux devenus un peu rares, frise naturellement. Ses traits sont aussi réguliers que ceux qu'on lui voit sur ses statues où on pourrait le croire idéalisé. Ses yeux très clairs accentuent le caractère de transparence et de placidité de tout son être. Bien qu'il ne soit pas distant, on l'aborde avec respect et s'il décourage la familiarité c'est pour avoir la paix. Tout paraît mesuré dans ses gestes, jusque dans ses accès de gaieté et jusque dans ses colères qui sont exceptionnelles mais motivées et fortes. Plus encore que Nerva il incarne le type d'homme supérieur tel que le nouveau siècle les aime, expression de la *moderatio* plutôt que de la *gravitas* un peu guindée des vieux Romains. À leur image il sait être stoïque, mais ce n'est pas par système.

D'ailleurs il a arrangé sa vie pour ne pas avoir à recourir à des vertus suprêmes. S'il ne peut échapper aux coups imprévus du destin — les enfants perdus jeunes et la mort de sa femme trois ans après leur entrée au Palatin —, il ne cherche pas les complications de la vie intime, et ses plaisirs sont simples. La chasse au sanglier fait partie des rites de la société aristocratique avec ses fraternités d'hommes, des plus rustiques aux plus raffinés qui se retrouvent dans les banquets passablement avinés du soir. Le jeu de paume sur la palestre des piscines est un sport où il aime se mesurer avec les champions professionnels. Mais il goûte aussi la concentration solitaire du pêcheur à la ligne où se remettent en place d'elles-mêmes, dans le silence, ses idées que des responsabilités trop diverses et trop lourdes pourraient embrouiller. Quand il se sent débordé, il se retire avec un ou deux collaborateurs et reprend les dossiers un à un méthodiquement, pendant autant d'heures qu'il le faut pour que se forme son intime conviction. Le préfet du Prétoire Gavius Maximus, un homme d'une obscure origine, a vingt années durant bénéficié de sa confiance totale, il est mort à la tâche, deux successeurs n'ont pas suffi à le remplacer. De telles fidélités, si elles ne sont pas un simple entêtement, portent au moins la marque du conservatisme. Sous aucun autre règne les hauts fonctionnaires ne sont demeurés aussi longtemps dans la même charge. C'est sans doute qu'ils ont été bien choisis par un homme qui ne se décidait qu'après de très longs examens et qui ne cédait à aucune pression — sauf dans un cas très exceptionnel dont on a ri sous cape à Rome, celui du second préfet, Cornelius Repentinus.

Repentinus est du dîner de ce soir, il est assis à la plus haute table, à la gauche de l'Empereur qui a à sa droite son gendre et collègue le César Marc Aurèle. Ils essaieront de parler de choses et d'autres, de souvenirs de chasses, du spectacle de pantomimes qui a été donné hier à Rome et où Antonin, amateur de comédies musicales, eût volontiers assisté s'il ne s'était pas senti fatigué. En tout cas pas de sujets littéraires ou philosophiques car l'Empereur et le préfet ne s'intéressent pas aux disciplines abstraites et aux jeux de l'esprit. Et comme Marc Aurèle, lui, se désintéresse visiblement de leurs propos de table, on en revient très vite aux problèmes de gouvernement dont on a déjà parlé toute la journée. La République — l'État romain n'a pas cessé de s'appeler ainsi — n'a jamais été administrée avec tant de conscience et d'assiduité. Toutes les magistratures sont gérées par des personnages d'expérience et de rigueur morale exceptionnelles. Marc Aurèle a été associé aux épreuves de sélection, les hommes de l'Empereur sont aussi les siens, il contresigne toutes les instructions qu'ils reçoivent, si bien que l'on s'est à peine aperçu que depuis quelques années le pouvoir effectif était peu à peu passé dans ses mains.

La table voisine est présidée par Faustina qui porte le titre d'Augusta hérité de sa mère, alors que son mari n'est que César. Elle a placé à sa droite l'avocat Cornelius Fronto — un vieil ami de la famille qui a été le maître de rhétorique de Marc — et à sa gauche la femme de Repentinus. On s'ennuie à sa table, Fronto brille dans l'art de parler de riens, il est charmant, mais Faustine connaît toutes ses histoires et elle aimerait la compagnie d'hommes plus jeunes et plus séduisants comme ces comédiens que son père apprécie tant et qui, en ce moment, rient aux éclats, assis sur des coussins avec Galeria Lysistrata à des tables plus basses où il n'y a pas de protocole. Le protocole est son attribution souveraine, elle y est attachée avec la même fierté que sa mère avant elle, et elle le gère avec conscience quand ses grossesses ne l'en empêchent pas, comme cela se produit environ tous les ans. Faire des enfants dont un sur deux ne vit pas, est son devoir dynastique, une autre forme de protocole. Elle s'y soumet, si l'on peut dire, rituellement avec son mari, bien qu'on la dise aussi infidèle que sa mère passe pour l'avoir été, réputation certainement très exagérée dans les deux cas. Ce qui est sûr, c'est que l'une et l'autre Faustina auront eu en commun une beauté sculpturale qui attire les hommages auxquels une femme est rarement insensible. Jusqu'où va le jeu, chacun a son opinion là-dessus, sans plus de preuves que les racontars des salons et les chansons des petits théâtres.

De Galeria Lysistrata on pourrait dire beaucoup plus de choses vraisemblables, mais son effacement dans l'ombre du Palatin la protège de la médisance. Jadis jeune affranchie grecque au service de la première Faustina, elle la remplaça dans le lit d'Antonin lorsqu'il devint veuf il y a plus de vingt ans. Sa situation à la Cour est tout à fait régulière, son titre de concubine est celui d'une épouse morganatique. Faustina doit s'accommoder de ce partage d'influence auprès de son père et il faut que tous les trois fassent preuve de beaucoup de tact. Lysistrata est experte en ce type de situation qui est traditionnel en Grèce d'où viennent les femmes les plus appréciées à Rome. Son influence sur Antonin est aussi discrète qu'efficace : tout le monde sait que Repentinus dont elle a été la maîtresse lui doit sa nomination à la préfecture du Prétoire, cas sans précédent. Aujourd'hui leurs regards ne se croisent même pas, elle est tout occupée à amuser ses voisins de table et c'est Antonin qui lui fait des petits signes complices car il aimerait être avec eux. Mais il doit aussi ménager la susceptibilité de sa fille dont il est fier et qui, aux yeux de tous les Romains, comme de tout l'Empire, incarne par substitution la présence féminine de la Maison impériale. Il a dit hier à Fronto, en espérant bien qu'il le répéterait : « J'aimerais mieux vivre à Gyaros avec Faustina que sans elle au Palatin » — Gyaros est une île déserte où l'on relègue les condamnés. Il pense sûrement la même chose à propos de Lysistrata, mais il ne le dira pas.

Cet homme modéré en tout est un bon vivant comme ne cesse de s'en étonner Marc qui cherche lui aussi l'équilibre parfait mais qui ne le trouve que dans les disciplines austères. Pendant qu'Antonin dort de longues nuits sereines, il lit Caton au cours d'insomnies dues à ses maux d'estomac qu'il calme à force de remèdes. Le vieil Empereur, lui, ignore la médecine et la pharmacie, sa devise est « *Mens sana in corpore sano* ». Ce soir Marc ne mange que quelques olives et du pain tandis qu'Antonin se délecte de chevreuil et de fromage de chèvre des Alpes. Ce fromage appelé *Vatusique* est sa gourmandise, un peu déraisonnable peut-être car, déjà fermenté à la fabrication, c'est un produit qui supporte mal le voyage. Son goût n'en est que meilleur, mais il appelle une dose de vin un peu plus forte. Le visage de l'Empereur s'empourpre. Lysistrata se permet de faire un signe à Faustina, car toutes les deux s'entendent au moins pour veiller sur la santé de leur cher septuagénaire. Faustina se lève, on renvoie les musiciens, tout le monde va se coucher.

Dans la nuit Antonin est pris de vomissements : ce ne serait pas grave s'il n'avait en même temps des troubles respiratoires. L'indigestion complique le début de bronchite, et, le lendemain 7 mars la fièvre se déclare. Le soir, devant les médecins impuissants, le délire apparaît. L'homme qui a toujours si bien mesuré ses paroles se met à divaguer. Ce qui sortira de son cerveau échauffé et de sa gorge encombrée ne sera bien compris que par Lysistrata vers laquelle se tourne son regard aux brillances connues d'elle seule, et elle seule en gardera le secret. Les témoins diront qu'il était en colère — mais quels ennemis pouvait-il avoir ? Marc a cru entendre qu'il parlait de rois étrangers, et c'est l'interprétation que l'Histoire retiendra. Elle est vraisemblable si l'on voit en Antonin l'homme possédé par le devoir d'État. Rome est depuis quelques années à nouveau défiée par Vologèse IV. Le Parthe croit que l'Empire s'est décidément endormi dans le pacifisme et il en profite pour recommencer ses attouchements sur l'Arménie. Comme s'il cherchait un *casus belli,* il réclame d'un ton arrogant le trône d'or de Darius que Trajan avait emporté et qu'Hadrien avait promis de rendre un jour. Pour Antonin ce jour n'est pas arrivé, en tout cas pas sous la menace. Il l'a fait savoir à Vologèse par une lettre très sèche tandis qu'il mobilisait toutes les légions de Syrie et du Danube. Vologèse semble avoir compris le message. C'est sans doute cette provocation qui agite l'esprit fiévreux du malade. Mais il y a plusieurs autres secteurs en difficulté.

Ce n'est pas en effet à lui ni aux chefs militaires et à leurs légions qu'il faut aller parler des douceurs de la paix antonine, ou faire le reproche de l'amollissement. Si la conquête n'est plus à l'ordre du jour, la stratégie défensive n'a pas cessé un instant d'être activement menée sur les lignes raccourcies fixées par son prédécesseur et inspectées par lui tout au long de son règne. On a pu accuser Hadrien de quelques abandons territoriaux et de tourisme militaire, on doit le créditer d'une vigilance exceptionnelle, de la Cappadoce aux Aurès, de l'Égypte à l'île de Bretagne. Là, il a élevé un formidable mur de pierre et de tours sur une ligne Tyde-Solway pour séparer les Calédoniens d'Écosse insoumis des tribus plus ou moins soumises des Brigantes au sud de cette ligne. Mais cela n'a pas suffi. Antonin a dû faire face à une insurrection des Brigantes et enfermer les Calédoniens derrière un mur plus septentrional qui porte son nom sur une nouvelle ligne Forth-Clyde. Récemment il a envoyé en Maurétanie des troupes d'Espagne et de Syrie pour mater les tribus chroniquement agitées : une médaille vient de célébrer sa victoire, on y voit l'Afrique couchée, coiffée du chapeau en forme de trompe d'éléphant, portant une corne d'abondance et caressant un lion en présence de l'Empereur et de la Victoire. Sur le Danube, la paix est maintenue par de coûteux accords avec les tribus germaniques. Une autre médaille représente Antonin tenant la main du roi qu'il a donné aux Quades, ces soi-disant « amis du peuple romain ». Les petits rois du Bosphore et du Caucase qui viennent se faire introniser à Rome sont des alliés plus sûrs : des garnisons légionnaires les protègent contre les Sarmates Alains qui attendent en tournoyant dans les prairies d'Ukraine que l'heure arrive où ils pourront aller piller les richesses de l'Empire. Apparemment ils devront attendre longtemps, des siècles peut-être. Néanmoins ils essaient toujours.

C'est probablement sur de telles menaces lointaines qu'Antonin concentrait son attention en pêchant à la ligne dans les étangs du Latium. Même Marc Aurèle qui a pu l'observer depuis vingt-trois ans en s'efforçant de l'imiter en tout n'imaginait pas quels troubles, quelles colères dissimulaient ses dehors de force tranquille. Il ne l'en admire que plus. Lui-même s'exerce à l'impassibilité, il l'a atteinte dans son comportement extérieur, pas encore dans sa vie intérieure, il doute même d'y parvenir jamais malgré toute sa philosophie : la conduite de l'État ne peut être sereine. À mesure qu'il voit la vie quitter Antonin, il se prépare à assumer la solitude du pouvoir absolu, il ressent physiquement ce transfert d'angoisse entre l'homme qui va être tout à fait libéré dans un instant peut-être et lui-même qui va recevoir la totale responsabilité de l'Empire.

L'instant n'est pas encore venu, la fièvre quitte Antonin, il dort jusqu'au lendemain [1]. Quand il reprend conscience, il sourit à ceux qui l'ont veillé et les remercie d'une voix faible. Il sait qu'il vit ses dernières heures et déjà les organise avec son calme souverain. Il demande que l'on fasse venir les deux préfets du Prétoire, les consuls, et en leur présence il recommande à Marc Aurèle la République et sa fille, puis il ordonne que l'on enlève la statue d'or de Fortuna qui est toujours à côté du lit de l'Empereur et qu'on la porte dans la chambre de son successeur. Fortuna est unique et impartageable. Lucius se passera d'elle. Il est présent dans la pièce, discret et sans état d'âme, bien qu'Antonin semble ne faire aucun cas du testament d'Hadrien en sa faveur. Mais le garçon qui est devenu un homme s'est depuis longtemps accommodé de sa position d'avantageuse irresponsabilité. L'Empereur sortant estime alors avoir fini sa tâche — mais non, il a encore un geste à accomplir. Il fait approcher le tribun de garde, comme tous les jours à la même heure. L'homme demande rituellement : « Le mot d'ordre, César ? — Équanimité », répond celui qui a maintenant assez vécu et qui se tourne comme pour dormir.

1. 7 mars 161 après J.-C.

MARC AURÈLE

OU LA MORT AU RENDEZ-VOUS

Quelque part en Europe sur la rive droite du Danube, dans les régions où le fleuve va serpenter vers la mer Noire après sa grande plongée sur le sud le long de la riche plaine de Hongrie. C'est là un confluent de voies d'eau qui viennent alimenter la royale artère des Balkans, cette artère aquatique dont on ne saurait dire si elle coupe les peuples septentrionaux de ceux du Midi ou si elle favorise leur rencontre, si elle rapproche les provinces d'Occident de celles de l'Orient ou si elle voit passer plus d'équipées douteuses que d'échanges fructueux. La nature avait laissé le choix aux hommes. Leur destin, tel qu'ils semblent l'envisager depuis deux siècles, y est lourd d'affrontements meurtriers. L'Empereur s'en est plaint dans une adresse aux armées empreinte de lassitude : « Toujours des guerres succédant à des guerres ! » Pourtant c'est lui qui a installé son grand Quartier Général sur les bords de la Save dont les eaux grossiront le Danube quelques kilomètres plus loin. La Save après la Drave, la Morave, demain la Tizza, la Drina : il y aura bientôt dix années qu'il campe sur des rives faisant face à l'adversaire invisible qu'il faut aller chercher chez lui, sur l'autre bord, dans ses marais, ses forêts ou ses montagnes. Pourquoi aller le chercher, certains se posent la question. A-t-on vraiment besoin de s'enfoncer dans ces régions ingrates, sombres et froides que l'on ne pourrait même pas garder si, à grand prix, on y prenait pied ? N'a-t-on pas tiré depuis longtemps la leçon du désastre de Varus, des expéditions sans lendemain de Germanicus, des ravages inutiles de Domitien ?

Pour Marc Aurèle et son état-major le problème ne se pose pas en ces termes simplistes. Il ne s'agit plus de choisir entre la conquête ou le pacifisme. Même la politique de paix armée s'est révélée insuffisante face à des peuples belliqueux, agités, toujours prêts à transgresser les frontières et qui ne cachent plus leur désir — ils disent plutôt : leur besoin vital — de s'installer sur des terres d'Empire. On sait depuis longtemps que si les légions ne tenaient pas fermement le *limes* européen, des hordes d'envahisseurs déferleraient sur les provinces. Combien de fois déjà César, Auguste, Tibère, Domitien ont-ils dû courir aux frontières du Rhin ? Pas un Empereur qui n'ait travaillé à renforcer la ligne de défense continue de la mer du Nord aux Alpes — et pourtant il arrive qu'elle soit encore percée. Mais la menace s'est transportée sur le Danube où, malgré la présence de dix légions l'arme au pied derrière le fleuve, des milliers de barbares ont pu descendre jusqu'en Italie et assiéger Aquilée. Ceci s'est produit une première fois par surprise il y a treize ans, et, ce qui est plus grave, une deuxième fois trois ans plus tard, alors même que les légions étaient passées à la contre-offensive. Les Romains ne peuvent plus se dissimuler qu'ils ont affaire à des adversaires redoutables.

Cependant peut-être la victoire est-elle enfin à portée de la main. La capitale de la province de Pannonie inférieure, Sirmium, à quelques kilomètres du camp de base de la IIe Légion Adjutrix voit passer des plénipotentiaires à longues moustaches, revêtus de fourrures, qui viennent négocier la paix. Ce sont des chefs germains : Quades, Marcomans et Bures, et des Sarmates : les Jazyges de la putza hongroise. Les deux groupes se surveillent car ils ont peur que la diplomatie romaine n'essaie de les diviser comme elle l'a toujours fait. Cette diplomatie est très active, elle a été longtemps plus efficace que la force, mais elle se trouve maintenant devant des coalitions politiques et militaires des peuples barbares qui ont appris à surmonter leurs rivalités héréditaires. L'évolution est récente et difficile à expliquer. Les mœurs tribales n'ont pourtant guère changé dans le magma germanique depuis que César et Tacite les ont décrites, et l'armement est toujours aussi rudimentaire. Les castes guerrières y demeurent dominantes, au détriment des activités productrices et culturelles. Toute leur force réside dans l'ardeur combative et le mépris de la mort. Sans doute il faut y ajouter l'expérience acquise au cours de décennies d'affrontements avec Rome ou de service dans les corps auxiliaires des légions. Mais les légions elles aussi ont tiré les enseignements de cette forme de combats de harcèlement et ce sont de plus en plus des commandos de mercenaires barbares sous les ordres d'officiers romains qu'on emploie contre leurs congénères. Pourtant l'ennemi a finalement imposé sa tactique, et la grande stratégie qui a fait la fortune de Rome est devenue inopérante.

Qu'il revînt à Marc Aurèle, le philosophe de la fraternité et de la paix, un des rares responsables romains à n'avoir reçu aucune éducation militaire, l'infortune de subir les premiers chocs de ce nouveau type de guerre n'est qu'un des paradoxes de son destin hors des normes. S'il a su s'y adapter jusqu'à maintenant, ce n'est pas qu'il brille par l'imagination. Au contraire, c'est sa conception un peu étroite du devoir qui l'oblige à faire front aveuglément et à forcer les issues. Il l'a écrit récemment : « L'art de vivre est plus semblable à celui de la lutte qu'à celui de la danse en ce sens qu'il faut se tenir prêt et sans broncher à parer aux coups directs et non prévus. » Son obstination a dérouté ses adversaires qui s'attendaient à trouver en lui un prince hésitant et irrésolu après tant d'années d'exercice en second d'un pouvoir routinier. Vologèse a déjà fait les frais de cette erreur de calcul. Défiant le nouvel Empereur à peine installé, il avait repris l'Arménie dans une attaque éclair, s'attirant du coup une réponse foudroyante. La campagne parthe a été menée avec autant de brio que celle de Trajan dont elle s'est d'ailleurs inspirée — ce qui a permis à Marc Aurèle de la préparer et de la diriger de Rome, sur plans pour ainsi dire. Mais les armées victorieuses avaient contracté les germes du malheur, ceux de la barbarie qui leur fit ravager les villes grecques de Mésopotamie, ceux de la peste que véhiculèrent le long du Danube et jusqu'à Rome les légions d'Europe rapatriées, ceux de l'orgueil qui enflammèrent les légions d'Orient et leurs chefs, comme on le verrait plus tard.

Peut-être est-ce le dégarnissement du front européen et la désorganisation portée par la Mort Noire qui précipitèrent les mouvements offensifs des Germains. Mais Marc Aurèle a enfin compris que ces mouvements avaient une origine beaucoup plus lointaine qui était sans liaison avec les traditionnels conflits entre les provinces et les tribus frontalières. L'agressivité des Quades et des Marcomans de Bohême et de Moravie ne peut s'expliquer que par des pressions que ces anciens royaumes « amis du peuple romain » subissent sur leurs arrières de la part d'autres tribus elles-mêmes déstabilisées. Des trafiquants d'ambre et de fourrures venus du froid font état de mouvements erratiques de populations récemment immigrées sur les côtes Baltiques. Pour quelle raison et dans quelle espérance, on ne le sait pas. On peut seulement imaginer les conséquences en chaîne d'ébranlements marginaux amplifiés par la panique dans le grand Nord inconnu de l'Europe..

Mais les hypothèses sur les causes éloignées n'intéressent pas les Romains. Que les Quades et les Marcomans se disent acculés à traverser le Danube, ou d'autres tribus Suèves le Rhin, ne justifie pas leur pénétration violente et massive sur le sol de l'Empire. Ce sol est sans doute insuffisamment occupé et cultivé, mais on ne peut en confier l'exploitation à des hordes de migrants ataviques dominés par une caste de guerriers irresponsables. Marc Aurèle a essayé d'implanter des colonies de prisonniers dans le nord de l'Italie, mais ils ont bientôt mis la région à feu et à sang. Alors, après plusieurs paix conclues et rompues, il s'est convaincu qu'il devrait conduire jusqu'à son terme une politique de refoulement et, s'il le fallait, d'annexion. Le prix en hommes, en efforts et en argent serait énorme. Lui-même y sacrifierait ses convictions humanitaires, sa santé, sa vie. Il a déjà renoncé à faire comprendre au peuple romain que son existence était en jeu, ce n'est plus un peuple militaire, il n'y a plus d'armée de conscription, plus de réflexe civique. Pour ne pas l'accabler d'impôts, il a mis en vente ses propres biens, pour qu'il ne s'ennuie pas il lui a laissé les gladiateurs et les théâtres. Quant à lui, il partage avec l'armée les vertus de courage et d'abnégation. À ceux qui lui reprochent d'exposer à la mort tant d'excellents officiers et surtout de dépenser tant de ressources dans des régions ingrates auxquelles personne ne s'intéresse, il répond : « Je fais mon devoir, le reste importe peu. »

Or il est en train de gagner. Les Quades et les Marcomans, vaincus chez eux dans une bataille décisive qui a duré plusieurs jours, ont demandé la paix. Ils devront rendre tous les prisonniers et accepter la présence d'observateurs romains qui s'assureront du désarmement effectif d'une large zone au nord du Danube. Des clauses secrètes prévoient la reprise de l'aide technique qui leur permettra de résister aux pressions des autres peuples germains en errance. Quant au Jazyges qui semblent abattus, ils peuvent espérer des conditions meilleures. Mais Marc Aurèle ne se fait pas d'illusions. Rien n'est réglé, rien ne le sera aussi longtemps que ces pays ne seront pas transformés en provinces, que leurs habitants ne comprendront pas le latin et ne sauront pas le lire — ils ignorent même l'écriture ! — ne vivront pas dans des cités — ils n'en possèdent pas une seule ! —, n'auront pas de monnaie, pas de lois équitables. Depuis plusieurs siècles ils ont été rétifs non seulement à la suprématie de Rome, mais même à son influence et à ses séductions alors que tous les autres peuples sauvages, de l'Helvétie à la Dalmatie et à la Thrace récemment soumises, s'en accommodent très bien. Peut-être s'y est-on mal pris avec eux ? Il a, il est vrai, essayé un moment de comprendre ces Germains dont tout un bataillon forme sa garde la plus sûre, et leurs rois dont les fils font leurs études à Rome. Mais ceux qu'il croyait être des alliés fidèles ont aidé les envahisseurs, sont devenus eux-mêmes envahisseurs et ont plusieurs fois rompu des trêves sacrées. C'est pourquoi il les a impitoyablement combattus, écrasés.

Maintenant il faut leur faire comprendre que leur seul avenir est de travailler avec lui à l'intérêt commun, sous des lois communes. La philosophie de toute sa vie va pouvoir enfin s'harmoniser avec son action politique. Fusionner les hommes et les peuples est un impératif de la morale naturelle qui veut que nous soyons faits les uns pour les autres, et tous ensemble pour collaborer à la même œuvre. Il est heureux d'avoir le temps de relire dans un moment de pause les réflexions qu'il note tous les soirs depuis des années sur des petits bouts de papyrus entassés sur sa table de chevet. Les nuits sont encore longues en ce milieu de mars [1] au bord de la Save glacée. Il se sent fatigué, les âpres discussions avec les plénipotentiaires Jazyges excèdent sa patience, ces gens-là négocient comme des Orientaux qu'ils sont par la race. On se demande ce qu'ils font au milieu de l'Europe dans une riche plaine qu'ils ne savent pas cultiver, et qu'ils sillonnent sur leurs petits chevaux avec leur arc à double courbure. Ce sont d'authentiques Sarmates, cousins des Parthes et des Roxolans de la mer Noire venus un jour se perdre dans la boucle du Danube. Tibère a cru astucieux de les y installer pour faire contrepoids aux Germains et aux Daces tout en les isolant des Roxolans. Le résultat est qu'ils s'allient alternativement aux uns et aux autres et qu'ils rêvent de se réunir avec leurs cousins de la Dobroudja. Des erreurs historiques comme celle-là, pense Marc Aurèle, risquent de peser longtemps sur l'équilibre de l'Europe. Il voudrait y mettre fin par une

1. 180 après J.-C.

politique d'assimilation dont Rome s'est fait une brillante spécialité.

Au milieu de la nuit des douleurs d'estomac le réveillent. C'est une poussée de son vieil ulcère qu'il soigne avec un remède miracle, la thériaque, dont il a toujours une coupe à portée de la main. La formule en a été mise au point pour lui par le célèbre médecin Gallien, elle est un mélange de soixante-dix ingrédients, entre autres des extraits de vipères broyées et de graines de pavots. Le dosage opiacé est faible mais suffit à le calmer. Peut-être est-ce là l'explication de certaines pensées euphoriques qui alternent avec les plus désabusées. Hier il s'interpellait lui-même dans un moment de découragement : « Injurie-toi, injurie-toi, ô mon âme ! Bientôt tu n'auras plus l'occasion de t'honorer, car brève est la vie et la tienne est presque achevée. » Et encore : « Sous peu tu ne seras plus rien, comme ne sont rien Auguste et Hadrien. » Il n'avait tout simplement plus envie de vivre, il ne se sentait même pas le courage d'attendre sa soixantième année dans laquelle il entrerait le mois prochain. Et puis cette nuit, voilà que la thériaque agit, il ne sent plus les lourdeurs de son corps, les pensées sereines lui reviennent. Il écrit : « Je dis au monde : j'aime ce que tu aimes. » C'est la sagesse d'Épictète retrouvée et dépassée, c'est plus que le pacte stoïcien de compromission avec la réalité, c'est un pacte d'amitié avec la nature et les hommes. Il se souvient des enthousiasmes de sa jeunesse, de ses tendres rapports avec sa petite mère, des lettres débordantes d'affection qu'il écrivait à son bon maître Fronto, des images de douceur qu'il a gardées de Faustina et de leurs jeunes enfants. Il a eu plus que sa part de bonheur. Plus encore sa part de malheur, il est vrai, mais il veut l'oublier un instant.

Il écrit : « Le monde entier est comme une Cité. Aime le genre humain », puis sa plume reste en suspens. Les Sarmates font-ils partie du genre humain ? Il en a trop vu de bestiaux, plus sauvages que leurs chevaux avec lesquels ils font corps. Mais il y a pire qu'eux. Il se souvient de s'être écrié en passant en Judée, quelques années plus tôt : « Ô Quades, Ô Sarmates, j'ai enfin vu des hommes plus demeurés que vous ! » C'étaient des Juifs survivant misérablement dans les ruines de Jérusalem. Encore ceux-là étaient-ils victimes d'une guerre dont Hadrien portait une part de responsabilité. Maintenant qu'Antonin leur a rendu le droit à la circoncision, ils acceptent mieux l'ordre romain. Mais que dire de ceux d'entre eux qui se sont engagés comme des fanatiques dans la secte des chrétiens ? On en voit partout dans l'Empire, jusqu'à Rome, jusqu'en Gaule, jusqu'en Afrique, ils prônent le mépris des dieux et le refus du culte impérial. Les dieux, ce n'est pas un crime que de les ignorer, c'en est un de renverser leurs statues. Idolâtrer l'Empereur, personne ne l'exige, mais s'abstenir ostensiblement de brûler de l'encens devant son portrait est se mettre hors la loi commune dont il est le garant suprême. Ceux qui prennent cette attitude savent très bien qu'ils portent atteinte à la dignité du peuple romain, crime capital. Apparemment certains de ces chrétiens s'en font une gloire, et encore la police a-t-elle pour consigne de ne pas les rechercher. Malgré les instructions très tolérantes de Trajan, toujours en vigueur, ils vont jusqu'à refuser trois fois l'ordre de sacrifier qui leur est donné par le juge. Ce sont des provocateurs, des abcès de la société qui se condamnent eux-mêmes à mort et ne méritent pas son pardon. Alors comment espérer faire un seul monde avec tous ces humains qui pourraient vivre comme des concitoyens sous une administration commune, celle de Rome ? Marc Aurèle se voit ramené à sa première interrogation : les Sarmates ou les Quades et les Marcomans sont-ils des êtres doués de raison, et doivent-ils être traités selon le droit des gens ?

Il ne peut éluder ce cas de conscience. Où s'arrête la défense du territoire, où commence la guerre de conquête ? Au nom de quel principe humaniste va-t-il justifier son intention encore indécise d'annexer les territoires des adversaires qui viennent lui demander la paix ? Les raisons stratégiques ne sont pas suffisantes, même s'il n'est écrit nulle part que le Danube est une frontière naturelle, même si le chef d'état-major, Pompeianus, affirme que la sécurité de Rome exige que l'on se fortifie désormais sur les monts de Bohême et que l'on occupe la poche sarmate. Les plans de provinces de Sarmatie et de Marcomanie existent. Mais une fraction des cadres de l'armée inspirée par le préfet du Prétoire, Perennis, prétend qu'ils sont irréalisables. Ce sont toujours les mêmes qui veulent arrêter la guerre et rentrer à Rome. L'ennui est qu'ils ont mis Commode dans leur jeu. Il leur a été facile de convaincre ce grand enfant qu'il perd son temps ici alors qu'il pourrait être dans sa loge au Colisée. Commode a sans doute été trop vite associé au pouvoir, il y a deux ans. Il avait seize ans et demi et l'on espérait que l'exercice des responsabilités hâterait sa maturité. En fait d'exercice, il s'est surtout adonné à l'escrime et aux courses de chars. Il est rebelle à toute étude et les affaires du gouvernement ne l'intéressent pas. Mais la camarilla qui s'est formée autour de lui intrigue contre la politique de son père.

Ce qui était vague inquiétude dans l'âme de ce père, et patiente indulgence, est devenu peu à peu angoisse, puis colère intérieure. Dépassé est le temps où il écrivait : « S'il se trompe, instruis-le avec bienveillance, et montre-lui sa méprise. Mais si tu ne le peux pas, n'en accuse que toi, ou pas même toi. » Cette généreuse philosophie de l'irresponsabilité n'est décidément pas adaptée au gouvernement de l'État. Peut-être en effet est-ce sa propre faute, ou celle de la Fatalité si Commode est né incapable de se conduire intelligemment, ou l'est devenu, mais c'est maintenant une grave réalité politique à laquelle il doit faire face sans tarder. Il sent bien que depuis longtemps ses vieux conseillers en ont pris conscience, sans oser aborder avec lui le problème de la succession tel qu'il a été réglé hâtivement il y a cinq ans au cœur d'un drame qui avait bouleversé l'équilibre dynastique. De ce drame, un coup d'État militaire, il a gardé un souvenir amer. Mais l'amertume n'est pas une vertu d'Empereur. Aujourd'hui il pourrait encore remettre en ordre une situation qui n'a cessé de s'aggraver. L'attitude intolérable des aventuriers qui ont capté la volonté de Commode le décide à en parler sérieusement dès demain au seul homme qui soit encore en position de le régler, Claudius Pompeianus, son chef d'état-major, son ami intime, son gendre.

L'usurpation orientale d'Avidius Cassius il y a quatre ans, si vite qu'elle ait été neutralisée, est un de ces grains de sable qui peuvent détraquer l'Histoire. C'est ici, à Sirmium, dans ce même décor, à cette même saison, qu'il l'a vécue. Il était déjà en train de vaincre les mêmes ennemis et préparait les mêmes plans de Marcomanie et de Samartie. Mais il était tombé malade du même mal qui le reprend ce soir, ses douleurs d'estomac suivies de crachements de sang et de fièvre, enfin d'affaiblissement rapide. On crut qu'il était à l'article de la mort. Le bruit en courut et sans doute parvint-il dramatisé à Antioche où le proconsul Avidius Cassius, encore imbu de ses glorieuses campagnes contre les Parthes à la tête des légions d'Orient, se fit proclamer aussitôt Empereur par ces légions. Il prétendait aller prendre à Rome le pouvoir laissé vacant, affirmait-il, par Marc Aurèle. Cependant à Sirmium le malade qui s'était rétabli recevait avec stupéfaction la nouvelle du putsch oriental que rien n'avait annoncé. Il mit en marche les légions du Danube et celles de Cappadoce qui toutes étaient demeurées loyales. Il fit venir d'urgence de Rome son unique fils Commode, âgé de quatorze ans, et le présenta aux armées. Mais la guerre civile n'eut pas lieu : Cassius fut bientôt abattu par deux soldats. Il avait eu le temps d'apprendre que l'Empereur n'était pas mort et que sa légitimité n'avait apparemment pas été ébranlée en Occident.

Plusieurs problèmes avaient cependant été soulevés, laissant derrière eux malentendus et mystères. En premier lieu, l'ampleur de la conspiration : sa brièveté sauva plus d'un complice qui n'eurent pas le temps de se démasquer, mais on soupçonna la présence de beaucoup d'entre eux dans l'armée et les milieux d'affaires hostiles aux guerres danubiennes. La sagesse de l'honorable légat de Cappadoce, qui prit sur lui de brûler sans les lire les lettres et documents saisis chez Cassius, évita aussi qu'on sût jamais si Faustina avait réellement fait des avances au proconsul félon, comme le bruit en courut. La mémoire de l'Impératrice souffrira toujours du doute, même si on eût pu l'excuser d'avoir pris des assurances auprès de Cassius en faveur de son fils trop jeune. Quoi qu'il en ait été, la fausse nouvelle accéléra le mécanisme successoral : dès lors qu'il y avait un César investi la continuité dynastique était assurée et la belle théorie constitutionnelle du choix du meilleur laborieusement édifiée par les premiers Antonins sans enfants était bien oubliée.

Faustina ne profita pas longtemps de la satisfaction de voir son précieux fils brûler les étapes des honneurs. Elle mourut en Asie Mineure au cours du voyage touristique qui remplaça la campagne militaire devenue sans objet. Pressentit-elle jamais que Commode non seulement n'était pas le meilleur mais qu'il serait le pire ? Elle ne pouvait ignorer qu'il était tombé sous l'influence perverse d'un jeune chambellan bithynien, Saoteros, et que le précepteur qu'elle lui avait choisi, le Phrygien Cleander, était un être très douteux. Mais comment reprocher à une mère qui a vu mourir cinq garçons d'avoir toutes les faiblesses pour le survivant qui grandit en force et en beauté ? Et peut-on accuser un père retenu pendant huit ans à la guerre de n'avoir pas veillé à l'éducation et à la moralité de son fils si soigneusement gardé au Palatin ? D'ailleurs il ne sert à rien aujourd'hui d'exprimer des regrets et des alarmes prématurées. Tel qu'il est Commode rappelle à son père le jeune Lucius, non moins léger, tout aussi jouisseur et fier de son physique, dont il fit son collègue à l'Empire. Or l'expérience n'eut rien de catastrophique, si négative et si parfaitement inutile qu'elle ait été.

Marc Aurèle est conscient que personne n'a jamais compris pourquoi il s'était embarrassé de ce frère adoptif qu'Antonin avait marginalisé et finalement oublié dans sa succession. Il n'était écrit nulle part que la fonction impériale dût être dédoublée. Nulle part sans doute, mais Marc Aurèle a toujours pensé qu'il y avait une double lecture du testament d'Hadrien sur lequel Lucius figurait autant sinon plus que lui-même. Réelle ou non, la filiation naturelle du jeune Ceionius y était présumée. Il dut néanmoins imposer au Sénat l'investiture de ce co-Empereur surnuméraire et s'imposa à lui-même de le consulter sur tout. C'est l'autre qui s'en lassa le premier. Il retourna à ses plaisirs aimables, se fit traîner à la guerre et y mourut d'usure à trente-neuf ans, comme son père. On avait eu le temps de le marier à la fille aînée de Marc et de Faustina, une insupportable Galeria Lucilla. Sitôt qu'elle fut veuve son père la remaria malgré elle à son conseiller le plus intelligent, mais aussi le plus laid, Pompeianus, l'homme dont il ne peut pas se passer.

Pompeianus est là, au pied de son lit, pendant qu'un médecin applique sur sa poitrine des compresses de laine pourpre imbibées de nard chaud, qu'un autre lui tient le pouls, qu'un troisième lui relève la tête pour lui faire boire du vin brûlant additionné de poivre afin de guérir le mal par le mal. Il a un haut-le-cœur et vomit à nouveau du sang comme il l'a fait plusieurs fois cette nuit. Les hommes de l'art semblent désemparés. Ils cherchent les symptômes de la peste dont un retour offensif est signalé dans le camp, mais ils ne décèlent que la soif et le teint terreux, pas la fièvre. Au contraire, le pouls est de plus en plus lent. Pompeianus intervient : l'Empereur fait, à son avis, une rechute de son hémorragie stomacale qui l'avait presque tué, ici, cinq années plus tôt. On l'avait guéri avec du lait, du miel et des compresses glacées sur le ventre, tout à l'opposé du traitement actuel. Les médecins se récrient, il les chasse et fait venir une nouvelle équipe. Il y en a cinq par légion, qui ne sont pas toutes de la même école. L'équipe sortante est celle des empiristes, ils essaient un peu de tout. Celle qui entre se rattache aux rationalistes. Ils tentent de comprendre les causes, mais dans le cas présent ils n'en comprennent rien parce que ces causes sont multiples et que seul un ami très proche peut mesurer les dégâts provoqués par l'usure physique et la tension morale chez un être de constitution fragile. Marc Aurèle a brûlé plus vite qu'un autre la réserve d'énergie intérieure que la nature lui avait allouée. Il est à la merci des moindres agressions. L'hémorragie interne l'emportera, ou un des germes pernicieux qui rôdent ici. Ces germes donnent des abcès buboniques, il n'en n'a pas et ce n'est sans doute pas la peste, ou des ulcères des muqueuses, on lui en découvre dans la bouche, et c'est la variole, et pour finir la fièvre qui monte. Pompeianus n'a plus d'espoir, il faut d'abord parer à la contagion — la chambre est condamnée —, et à la succession — le secret est gardé.

Le malade est assoupi et quand il sort de sa somnolence par instants il voit, penché sur lui, le visage de sa jeune concubine, la fille d'un intendant de l'Impératrice qu'il a prise à la mort de Faustina pour couper court à toute intrigue palatine. Elle lui est attachée au point de ne pas craindre les risques de contagion qui font fuir tout le monde. Il comprend peu à peu, à ces signes insolites, que l'heure de vérité approche. Il n'en paraît pas ému même si, pendant des périodes intermittentes de lucidité, il souffre que personne ne vienne plus l'informer des affaires et prendre ses ordres. Ce n'est pas indifférence de la part de ses vieux amis, Pompeianus, Aufidius Victorinus ou Pertinax qui lui ont donné d'autres preuves de courage et de dévouement. Mais ceux-là sont en train de gérer le formidable drame de son départ, et ils ne peuvent guetter à son chevet ses instants de conscience. Les autres, les Perennis, Cleander et Commode, battent le rappel de leurs amis chez les prétoriens et dans les cadres équestres de l'armée qu'ils ont noyautés depuis plusieurs mois. Ils se méfient des hiérarques du Conseil impérial qui voudront évidemment conserver une forme de pouvoir. Or Commode a plus de dix-huit ans, il est consul, *Imperator* investi de la puissance sacrée des tribuns du peuple, personne ne saurait limiter son autorité souveraine. Le père lui-même n'y peut plus rien. S'il avait voulu placer son fils sous tutelle, il aurait dû s'y prendre beaucoup plus tôt. Toutes les belles formules qu'il pourra prononcer sur son lit de mort seront sans valeur. Or justement, le soir, on informe Perennis que l'Empereur se sent la force de recevoir Commode. Le jeune homme n'a aucune envie d'approcher le malade. Perennis lui conseille d'entrer et de sortir rapidement, ce qui permettra au moins de dire que l'Empereur expirant a légué solennellement tout l'Empire à son fils.

Commode, qui n'est pas courageux et qui a toujours été impressionné jusqu'à la paralysie par ce père lointain et trop supérieur à lui, s'avance précautionneusement dans la chambre éclairée par un flambeau. Marc Aurèle qui s'est fait relever dans son lit et un peu apprêter le visage, ne lui semble pas aussi mourant qu'on le croit. Il a même la force de sourire et de lui faire un signe de la main pour l'arrêter : « Ne t'inquiète pas, lui dit-il de sa voix depuis toujours rauque et presque éteinte, je voulais seulement te rappeler que tu vas probablement avoir bientôt une formidable responsabilité : celle de terminer sans moi la guerre. Ce ne sera pas encore cette année. Je te le dis, la paix que nous négocions actuellement ne va être qu'une nouvelle trêve. Je doute même qu'on en finisse jamais avec les Germains... » Commode lève alors les bras au ciel. « Mais on ne peut tout de même pas rester ici toute sa vie ! Perennis a annoncé qu'on rentrait à Rome dans trois jours. Les bagages sont déjà partis. » Marc Aurèle demeure un instant silencieux, il n'a plus assez de force pour la colère, mais encore assez pour contenir sa déception. « Écoute, je te demande une chose : reste jusqu'à ce que je ne sois plus là. — Mais tu peux durer quelque temps, et la peste, elle, est là, tu le vois bien. Pour te succéder, il faut au moins que je vive ! Un homme mort ne vaut rien... » Marc Aurèle s'est affaissé sur son lit. Il n'a vraiment plus la force de parler. Commode se retire sur la pointe des pieds.

La nuit sera fiévreuse. Le malade voit des fantômes, il lui semble revivre le parcours initiatique d'Éleusis qu'il avait franchi il y a quatre ans en Grèce, la traversée des murs de flammes, la poursuite des Érynnies, la chute dans le Borboros, mais ensuite le breuvage bienfaisant du Kykeon et la remontée à la lumière exaltante. En réalité il a vu dans son délire ses médecins encapuchonnés qui le plongeaient dans un bain d'eau froide, il a bu une grande coupe de thériaque où l'on avait triplé la dose opiacée, et à l'aube il reprend à moitié conscience dans une paix irréelle. C'est celle de tous les matins de son enfance, à Lorium, quand il allait respirer au réveil les brumes du parc, la tête pleine des discours de Cicéron sur lesquels il s'était endormi, des matins de

Lanuvium quand il partait chevaucher avec Antonin. Il se souvient d'avoir été ivre de lectures savantes, d'exercices d'ascétisme, mais aussi de tendresses pour sa mère, du pur désir pour une Benedicta, de reconnaissance pour ses grands-pères généreux, d'échanges de lettres avec son maître Fronto, de respect pour Rusticus le stoïcien et pour Maximus le platonicien. Et puis, il a dû enfouir toutes ses exaltations, contrôler ses élans aux côtés d'un homme supérieurement équilibré qui l'a formé à une juste appréciation des problèmes quotidiens d'un Empire hérité malgré lui, ou plutôt malgré eux. Il a donc quitté, un autre matin déjà moins léger, la maison familiale avec un discours formel et désabusé à ceux qui le félicitaient d'aller vivre au Palatin. Il ne s'en est éloigné que de quelques kilomètres pendant vingt-cinq années où il a géré tout le monde connu à travers des tonnes de papier.

De cette longue période statique, routinière, mais plus harassante que les plus lointaines chevauchées, plus intense que beaucoup d'aventures héroïques, il a gardé le souvenir apaisant du travail bien fait, en accord avec sa morale personnelle en même temps qu'avec les lois de la nature universelle et les exigences de la vie en commun. Il aime à se remémorer sa profession de foi d'Empereur : « Ma cité et ma patrie, en tant qu'Antonin, c'est Rome, en tant qu'homme c'est le monde. Donc les intérêts de ces cités sont pour moi les seuls biens », et cette définition de l'ordre public qu'il destinait aux magistrats : « Toute action qui ne se rapporterait pas, soit de près, soit de loin, à une fin commune, désorganise la vie de la nation, ne lui permet pas d'être unie et revêt un caractère séditieux, tout comme un citoyen qui, dans un groupe, fait bande à part et se sépare de la solidarité requise. » Le soir il pouvait se demander avec sérénité : « Ai-je fait aujourd'hui un acte utile à la Communauté ? » et il passait en revue les lois de progrès qu'il avait signées en accord avec le Sénat, les arrêts équitables qu'il avait rendus à son tribunal jusqu'à la nuit tombante, les aides généreuses qu'il avait envoyées aux villes sinistrées du bout du monde, les ordres de marche qu'il avait adressés aux commandants de légion en Bretagne ou en Syrie, et il s'endormait apaisé lorsqu'il pouvait se dire : « Alors je me suis rendu service à moi-même. » Car sa philosophie était cohérente. Ce qui est utile à l'essaim est utile aussi à l'abeille, et vice versa.

Mais peu à peu des difficultés conjoncturelles, ou simplement une usure intérieure vinrent tempérer cet optimiste sans que rien n'en fût apparent dans son dehors. Il avait appris d'Antonin à conserver en toute circonstance une parfaite aménité à l'égard de son entourage et de ses visiteurs. Ses gardes n'écartaient personne qui voulût l'approcher. C'est seulement avec lui-même qu'il devenait plus méfiant et, dans son jugement des autres, plus sévère. Il s'interpellait sans indulgence : « Prends garde à ne pas te césariser, car c'est ce qui t'arrive » et ses ambitions mêmes s'amenuisaient : « Ne t'attends pas à la République de Platon, mais contente-toi du plus petit progrès. » C'est que la République et lui-même venaient d'entrer en même temps dans un âge critique. Y avait-il une relation entre son vieillissement et les agressions dont Rome était victime ? Il ne voit pas les choses ainsi, il ne se sent pas responsable du déclenchement et de l'enlisement des guerres extérieures. Au contraire il était sûr d'avoir fait son devoir en refoulant les Parthes et les Germains qu'il n'avait pas provoqués. Ce devoir n'est-il pas trop pénible, et injustement tombé sur lui ? La question n'a pas de sens : « Tout ce qui survient t'était destiné dès l'origine, et c'est bien ainsi. » Mais ce sont là des mots. En fait il est révolté et amer. Il a beau dire, le Danube est un enfer.

L'effet euphorisant de la thériaque s'est dissipé. Les sourdes douleurs annoncent leur retour par des contractions répétées et chacune ramène l'image désolante de Commode défiguré par la peur et sortant de la chambre en reculant. Le destin qui a épargné à Faustina le spectacle de son fils aux traits déjà avilis n'est pas cruel comme on le dit. Elle n'a connu que le bel enfant simple et timide qu'il a espéré à son tour apprivoiser. Encadré dans le magnifique appareil que Pompeianus, le véritable co-Empereur, gérait au sommet de l'armée et de l'administration, il serait beau et prestigieux sous la cuirasse, on ne lui demanderait rien d'autre. Mais l'illusion vient de se dissiper dans l'esprit de Marc Aurèle à l'instant où l'espoir de survivre le quitte. Il comprend tout à coup que c'est là l'échec irrémédiable de sa vie, peut-être la ruine de son œuvre. Pour la première fois il a peur de la mort avec laquelle il s'était familiarisé pendant des années au point de lui dédier un livre de méditations sereines. Totale, pitoyable est son illusion, dérisoire est la philosophie. Il voudrait écrire cela, mais il est trop tard et il n'a plus la force. Alors il fait appeler d'urgence les quelques vieux amis qui seuls peuvent comprendre son angoisse et sauver leur travail commun de toute une vie, finir la guerre, affermir ce superbe État de droit qu'est l'Empire tel que les Antonins ont essayé de le refonder sur l'égalité et la liberté des sujets, et la prospérité de tous.

Ils entrent. Pompeianus s'approche du lit, prend la main de l'homme dont les autres se tiennent à distance. Aufidius Victorinus n'hésite plus à prendre l'autre main. Tous les deux passeront avec lui à la postérité. Pompeianus est entré dans la famille impériale par la volonté de l'Empereur, en dépit des réticences orgueilleuses de Lucilla et de sa mère : elles voyaient en lui un chevalier syrien parvenu. Parvenu, oui, il l'est, et aux sommets grâce à ses capacités extraordinaires et sa fidélité. Marc Aurèle a voulu l'avoir aussi proche de lui que possible, de même qu'il ne s'est jamais séparé de son ami d'enfance, Aufidius. Il leur sourit et va leur parler, mais derrière eux sont entrés Perennis et sa clique. À ceux-ci il n'a plus rien à dire, alors il se tait. Le silence se prolonge, funèbre, insupportable. Enfin Pompeianus demande : « Majesté, à qui confies-tu ton fils ? — À vous, s'il en est digne, et aux dieux immortels. » Le silence revient, chacun cherche le sens caché de ce testament ambigu. Seul Perennis a bien compris : la voie est ouverte à toutes les ambitions.

Maintenant Marc Aurèle ferme les yeux. Les assistants se regardent et décident tacitement de se retirer. Le dernier, Pompeianus, passe la porte. Alors on entend la voix faible de Marc Aurèle, plaintive, comme empreinte de reproche : « Vous me quittez déjà ? Dans ce cas je vous dis adieu, et je vous précède... » Il se tourne sur le côté et relève le drap sur son visage. Bientôt il ne sera plus rien. On lira sur ses tablettes : « ...comme ne sont plus rien depuis longtemps Hadrien et Auguste. Surtout, que cela ne te trouble pas »[1].

1. 17 mars 180 après J.-C.

COMMODE

OU LA MORT DE LA BÊTE

Branle-bas de déménagement au palais Vectilien, superbe annexe du Palatin sur le mont Celius, où l'Empereur s'est installé il n'y a pas plus de deux semaines, soi-disant pour mieux dormir, en réalité pour mieux assurer sa sécurité. Une fois de plus les meubles, les tapis, la garde-robe des appartements impériaux sont emballés, étiquetés, prêts à être chargés sur des dizaines de voitures rangées en bas des escaliers, dans l'attente d'un ordre, ou d'un contrordre donné par on ne sait qui pour on ne sait quelle nouvelle destination. Les officiers de sécurité s'interrogent, ceux des prétoriens, ceux de la garde germaine, ceux des cohortes urbaines, aucun n'a reçu d'instructions, ce mystère ne leur dit rien de bon. Les mieux informés savent qu'il y a du tirage dans les profondeurs inaccessibles du palais, dans les hauteurs vertigineuses du pouvoir. Le préfet du Prétoire, Letus, est entré et sorti rapidement plusieurs fois cet après-midi, personne n'a pu joindre le grand Chambellan, Eclectus, qui pourtant doit régler tout ce ballet, on vient de voir passer Narcisse, le champion de lutte qui va comme tous les jours entraîner l'Empereur. Ce dernier ne s'est pas montré au Colisée depuis une semaine, rare infidélité, mais on peut comprendre que pendant les fêtes de fin d'année des Saturnales, qui se terminent cette nuit [1], il ait jugé prudent de ne pas descendre dans une ville en folie. Il aime la licence pour lui, pas celle qu'une tradition immémoriale accorde pendant dix jours au peuple tout entier, qui en use aux limites de la sédition. Demain Saturne aura quitté la Ville. Janus en repren-

1. 31 décembre 192 après J.-C.

dra possession et montrera son visage de droite à l'année nouvelle.

Comment débutera cette année nouvelle, la douzième du règne de Commode, c'est là justement le cœur du drame qui se joue au cœur du palais Vectilien entre les trois personnages d'une pitoyable tragi-comédie dont le dénouement est proche : un Hercule de foire, une Amazone de maison close et un Mercure de souk oriental, trois acteurs dépassés par leurs rôles paroxystiques. Car ils ne sont rien de moins que la triade qui gouverne l'Empire. Commode est l'Empereur qui s'est identifié à Hercule et qui veut être admiré comme tel. Sa maîtresse, Marcia, ne peut être que la Reine des Amazones qui le défie et qu'il vainc chaque jour depuis dix ans. Il est justement en train de la battre et de la soumettre en ce moment. Elle ne devrait pas s'en plaindre car c'est elle qui l'a encouragé à cette comédie — les gens sérieux diront : à cette *thiase*, car il y a en effet quelque chose de surnaturel dans ce jeu de rôles quand il est joué sur le théâtre du monde, devant des millions de spectateurs, avec des moyens formidables. Le metteur en scène est un Égyptien, Eclectus, affranchi impérial arrivé vingt-cinq ans plus tôt dans les bagages de Lucius Verus. Il a eu le temps de tout apprendre des détours secrets du Palatin qu'il a contribué, avec quelques autres de sa bande, à transformer en sérail oriental. Il est le compagnon de Marcia qu'il prête à l'Empereur. Celui-ci est envoûté par cette créature exceptionnelle qui a survécu à toutes les révolutions de palais, il la traite en véritable Impératrice — celle que son père lui avait donnée a été depuis longtemps répudiée et exécutée.

Si Marcia crie sous les coups furieux de Commode, ce n'est pas cette fois-ci pour lui offrir une jouissance supplémentaire, c'est qu'elle a réellement peur qu'il la tue. Il est en train de devenir fou. Beaucoup pensent qu'il l'est déjà depuis plusieurs années, mais ses intimes croyaient pouvoir encadrer cette folie, s'en protéger et la faire servir à leurs fins. Certains s'y sont trompés au point qu'ils ne sont plus de ce monde, mais sans doute étaient-ils eux-mêmes devenus fous : ils ne se contentaient plus de leur pouvoir occulte et trébuchaient sur l'avant-dernière marche du trône où ils espéraient absurdement s'asseoir. Marcia n'est encore vivante que parce qu'elle s'est toujours gardée de jouer avec le feu, ce feu sacré que l'on porte devant les Impératrices en titre. Son obscurité protocolaire a été la garantie de la toute-puissance dont elle a usé avec intelligence. Dans le monde infernal où elle règne elle peut se flatter d'avoir introduit quelques lueurs de rédemption. Ses attaches avec le milieu chrétien — son tuteur, l'eunuque palatin Hyacinthe, était membre de la Secte et l'avait, dit-on, fait baptiser — lui ont permis bien des grâces. N'est-ce pas elle qui s'est efforcée de dériver les pulsions sensuelles et la mégalomanie délirante de Commode vers les mystiques herculéennes du salut ? S'il descend encore quelquefois dans l'arène vêtu d'une peau de lion et tenant une massue, il faut comprendre qu'il est là pour purger la Terre, comme son héros, des bêtes féroces et des bandits. S'il saigne des taureaux, c'est par dévotion à Mithra qui rachète la peine des hommes. S'il exige que les prêtres d'Isis se lacèrent réellement la poitrine dans les processions, c'est par respect pour le rite qui conduit à la vie éternelle. Il y a donc eu là une véritable sublimation de l'instinct par trop primaire du jeune Empereur.

Malheureusement, emporté par cet élan de mysticisme, il semble vouloir franchir les limites de la condition humaine et devenir dieu de son vivant. Non content de donner son nom à tous les mois de l'année, il prétend désormais recréer un univers commodien, où tous les hommes deviendraient également commodiens, et où Rome ne serait plus qu'une colonie commodienne parmi d'autres. Marcia et Eclectus sont dépassés par une furie de nivellement qu'ils ont cru habile d'encourager pour reléguer la classe sénatoriale et même celle des chevaliers au rang insignifiant qui doit être le leur, celle d'adorateurs serviles du seul maître du monde. Pour une chrétienne il n'y a pas d'humiliation à cela, tous les hommes sont égaux. Pour un Égyptien non plus, tous les hommes étant esclaves. Pour les citoyens romains les choses ne sont pas aussi simples. Ils n'aiment pas voir apparaître sur leurs monnaies l'Empereur tenant la foudre et prenant le titre de *Jupiter Maximus Optimus Exsuperatorius.* Ces outrances ne sont plus le fait des graveurs des Monnaies et Médailles qui ont toujours été à Rome experts en formules de propagande et qui savent jusqu'où on peut aller dans la transmission de l'idéologie impériale. Trajan et Hadrien l'avaient utilisée avec habileté afin qu'on puisse déchiffrer jusqu'au plus profond des provinces les messages du règne : *Libertas, Felicitas, Securitas, Concordia,* etc. et les vertus du Prince : *Pius, Felix, Restitutor,* etc. Mais *Maximus et Exsuperatorius* indiquent une inquiétante enflure.

On peut voir d'ailleurs qu'au physique même Commode est en

train d'enfler. Sa musculature hypertrophiée s'expose sur ses statues, celle notamment qu'il a fait placer à l'angle du Forum et où il est représenté en Hercule bandant son arc en direction de la Curie. Les sénateurs, si moralement dégradés fussent-ils, n'ont pas aimé cette symbolique. Le peuple lui-même qui avait été enthousiasmé par sa beauté juvénile lors de ses premiers triomphes, ne le reconnaît plus lorsqu'il le voit au Colisée tuer cent lions avec cent flèches, exploit très étonnant certes, mais qui provoque un sentiment de gêne quand on constate qu'il court en robe de soie sur une galerie circulaire protégée des fauves. Il ne prend aucun risque, on ne saurait admirer que son adresse et ses poses néroniennes. Lorsqu'il est échauffé, il se fait servir du vin et laisse tomber sa robe. On voit alors son corps devenu énorme comme celui d'un pugiliste, mais c'est surtout son visage bouffi qui porte les stigmates de sa vie dissolue. Seuls son collier de barbe naturellement frisé et ses yeux globuleux rappellent qu'il est le fils de Marc Aurèle — mais le reste accréditerait plutôt la rumeur persistante qu'il est le fruit d'un adultère de Faustina avec un gladiateur.

C'est précisément de gladiature qu'il est question dans sa scène de violence avec Marcia. Cette dernière est entrée dans la chambre impériale déjà à moitié vidée pour demander la cause de tout ce remue-ménage. Commode lui annonce alors qu'il a décidé d'aller vivre à partir de cette nuit dans la caserne de ses amis gladiateurs sur le Viminal. C'est une menace qu'il profère quelquefois quand il lui vient des peurs paniques pour sa sécurité, mais on ne l'a jamais prise au sérieux. Aujourd'hui il y a un commencement d'exécution, il a donc préparé son coup sournoisement. Comme elle se plaint qu'il n'ait plus confiance en elle, elle qui lui a été si longtemps dévouée et qui l'a sauvé de plusieurs complots, il répond que, justement, la trahison est partout autour de lui. Son premier préfet du Prétoire, Paternus, a comploté son assassinat avec Lucilla, sa propre sœur, ils en sont morts, le second préfet, Perennis, l'a trahi, il en est mort, le troisième, Cleander son précepteur, l'a trahi, il en est mort, le quatrième, l'actuel, Letus, est sans doute en train de le trahir, avec ses complices. Marcia tremble, le moment qu'elle redoute depuis longtemps est arrivé, elle voit la terreur cyclique remonter des profondeurs animales du tyran débile. Cette fois-ci, elle aura peine à dériver sur d'autres ses pulsions de mort. Mais cette difficulté est aussi sa chance, car ces autres n'existent pas. Marcia, Eclectus et Letus constituent la dernière équipe de Commode, ils ont eux-mêmes détruit les précédentes et il n'y en a plus de rechange, pas qui soient visibles en tout cas. Eux seuls pourraient exécuter les ordres d'exécution lancés par la bête traquée. Pourtant Marcia se méfie, il a pu passer accord avec le chef des gladiateurs, par l'intermédiaire de l'athlète Narcisse probablement.

Elle va essayer de le raisonner, de faire appel en lui à un reste de dignité, ou à une autre forme de peur. Les gladiateurs, lui dit-elle, sont des gens très estimables, contrairement à l'opinion qu'on a d'eux, ils ont d'ailleurs reconnu qu'il était, lui, le plus grand d'entre eux puisqu'ils ont cédé mille sept cent huit fois devant ses assauts, à l'entraînement ou en public. Commode rectifie : « Mille huit cent dix fois ! Et alors ? — Et alors, continue Marcia, s'il est naturel qu'on aille passer une nuit chez eux — c'est même une distraction assez raffinée pour des jeunes sénateurs et des femmes bien nées — on ne doit pas oublier que cette nuit est la dernière de l'année, et que demain matin très tôt il faudra se rendre au Capitole, dans l'habit de pompe, sur un char triomphal, pour l'entrée en charge solennelle des deux nouveaux consuls, Erucius Clarus et Sosius Falco, avec tout le Sénat, les Vestales, les Pontifes, etc. Le cortège conduit par les prétoriens sortira du Palatin, passera sur la via Sacra... » Commode l'interrompt : « Non, le cortège partira du Ludus Magnus, il sera encadré par les gladiateurs et moi je serai en tenue de *Secutor*. C'est décidé ! » Marcia ne peut s'empêcher de pousser un cri, toutes ses fibres romaines ont tressailli. « Mais tu ne peux pas faire ça, c'est le pire des sacrilèges, les dieux ne l'accepteront pas, le peuple se révoltera, nous serons tous tués. » Commode s'est jeté sur elle, il la gifle, déchire sa robe, la griffe, la renverse. Elle sait ce qu'elle a à faire dans ces situations-là. Hercule ne tuera pas encore cette fois-ci la Reine des Amazones. Assouvi, il a oublié un instant ce qu'il se préparait à dire, mais elle l'a très bien compris : « C'est vous qui serez tous tués. » Elle se glisse hors de son étreinte et court chez Eclectus.

Quand l'Égyptien la voit entrer échevelée, les vêtements en pièces, les bras en sang, il n'attend pas d'explication : le moment de passer à l'action est arrivé. C'est un homme déterminé et patient, il est encore là parce qu'il a toujours su attendre quelques années de plus que les autres, mais il ne sera plus là s'il attend quelques minutes de trop. Le plan de détresse depuis longtemps mis au point par le couple est déclenché. « La liste ? — La voici... » Eclectus fronce les sourcils : « Bien imité, mais plus d'actualité. Il manque trois noms, les deux consuls de demain, et Pertinax. — Et aussi Narcisse, ajoute-t-elle, on pourrait avoir besoin de lui. — Le sceau ? — Je vais me le procurer. — La fiole ? — Elle est là... » Elle montre son corsage. Puis elle revient vers les appartements de Commode qui est en train de s'exercer à la lutte avec Narcisse sur la palestre de sa piscine. L'athlète est un animal assez puissant pour tenir tête à son excellent élève, assez habile pour se laisser plaquer au sol par lui sans utiliser les ressources supérieures qu'il tient en réserve, assez prudent pour ne lui avoir pas appris son coup mortel de la main sur la nuque. Il est, de plus, assez avisé pour s'être ménagé de puissantes relations dans l'état-major : le proconsul Niger lui doit son commandement des huit légions d'Orient. Il faudra compter avec ces deux-là.

Marcia n'a qu'un objectif : subtiliser un instant la bague que Commode retire pour la lutte et pose sur un guéridon. Sur cette bague est enchâssé le Sceau impérial qui n'existe qu'à un exemplaire. Elle ne peut l'atteindre sans éveiller l'attention, mais elle sait qu'elle a un complice innocent dans la salle. Innocent, le petit Philocommodus qui court tout nu autour de la piscine ne l'est pas vraiment, il aimerait jouer avec Marcia à des jeux délicieux, il a essayé en vain, elle a trop d'honneur pour initier un garçon de dix ans. Ce soir pourtant sera celui de tous les sacrilèges. Elle fait signe à l'enfant qui vient se jeter dans ses bras pour une séance de baisers qu'elle interrompt d'ordinaire au moment convenable. Cette fois-ci elle le laisse s'avancer puis lui souffle quelques mots à l'oreille. Le petit page dont le rôle est de courir porter les messages impériaux bondit sur la palestre et revient avec la bague que Marcia imprime sur un cachet de cire. Il a droit à la récompense attendue et jure le silence. Maintenant Commode a le pied sur la gorge de Narcisse qui d'un bond se dégage. Tous les deux se donnent l'accolade comme après chaque assaut où l'un et l'autre ont dominé leur pulsion de mort — mais jusqu'à quand ? Narcisse est le seul être qui tienne dans sa main la vie d'un tyran, et ce tyran a bien l'intention de se débarrasser de lui préventivement, mais pas avant d'être sous la protection des gladiateurs.

Commode remet sa bague et plonge dans la piscine. Marcia a couru porter à Eclectus le sceau qui authentifie la liste fabriquée, et elle revient préparer la coupe de vin qu'elle sert chaque jour à Commode lorsqu'il sort du bain, et se couche pour sa sieste d'avant dîner. Le rite est immuable, Commode s'impose la discipline des grands champions du sport.

Eclectus est en conversation avec Letus venu aux nouvelles. Il lui montre la liste. Le préfet n'est pas dupe mais il est bien d'accord pour agir tout de suite. Sa seule réserve porte sur le choix du successeur : il avait misé sur Septime Sévère qu'il a fait nommer à la tête des dix légions du Danube. Certes il faudra compter avec cet autre proconsul aussi, mais il est à dix jours d'ici et dans quelques heures il doit y avoir un nouvel Empereur. Il se rallie au candidat d'Eclectus et de Marcia, un troisième proconsul, le célèbre Pertinax, qu'on a sous la main, mais ce n'est pour eux qu'un expédient provisoire. Les conjurés décident de laisser croire à Commode qu'ils s'offraient à accélérer le déménagement. Ils font tripler les rations de vin aux prétoriens de garde pour la dernière soirée de l'année, et ils donnent un généreux congé au personnel. La nuit est tombée sur Rome quand Commode sort de sa piscine. Il constate avec plaisir que ses ordres sont en cours d'exécution et boit d'un seul trait son apéritif habituel. Puis il se couche et ne tarde pas à ronfler. Marcia attend que l'irrémédiable poison ait atteint le cœur de l'homme qu'elle a aimé et qui est devenu une bête fauve.

Elle est angoissée parce que le Dieu des chrétiens auquel l'a confiée Hyacinthe a édicté : « Tu ne tueras point » et il est vrai qu'elle n'a commandé elle-même aucun meurtre, qu'elle a pu sauver de la mort nombre de ses coreligionnaires et qu'elle rachète sur sa cassette personnelle ceux qui sont condamnés aux mines. Récemment elle a fait gracier le trésorier de la secte à Rome, Calixte, qui s'était mis dans un mauvais cas. Ce sont ses bonnes œuvres. Quant aux innombrables règlements de compte auxquels elle a été mêlée au Palatin, ils sont d'un tout autre ordre, celui du pouvoir politique qui a ses lois implacables dont on ne discute même pas la légitimité lorsque la raison d'État est en jeu. Considérées dans leur contexte propre, les exécutions capitales sont presque toujours des actes de légitime défense. Commode en avait assurément une conception un peu paranoïaque — il frappait préventivement tous ceux qu'on lui dénonçait — mais n'était-ce pas devenu pour ses mauvais conseillers un moyen de faire le vide autour d'eux ? Marcia et Eclectus n'ont pas eu à jouer ce jeu-là, d'autres s'en chargeaient très imprudemment. La légitime défense, le Dieu des chrétiens était resté bien vague à ce sujet. Marcia pense qu'elle peut en conscience l'invoquer aujourd'hui. Elle attend sans état d'âme la seconde qui la délivrera de son agresseur. Cette seconde arrive, il se lève brusquement, les yeux hagards, il va tomber... Non, il se met à courir comme un fou dans la chambre en poussant des rugissements et, dans un énorme hoquet, il vomit tout son vin, puis s'effondre hébété sur son lit.

Marcia, avec le même sang-froid qu'Agrippine confrontée naguère à la même situation, rejoint Eclectus et Letus qui sont derrière la porte. Ils passent aussitôt à la phase finale du plan de détresse, l'intervention de Narcisse. L'athlète n'est pas loin, on lui explique que Commode est tombé ivre-mort, qu'on a trouvé dans sa main cette liste de condamnés qu'il allait emporter chez les gladiateurs. Narcisse sait à peine lire, mais il déchiffre son nom en bonne place. Eclectus ajoute : « Tu nous débarrasses de cette loque, et nous enverrons aussitôt un message à ton ami Niger. Pertinax assurera l'intérim. » Narcisse hésite un instant, et regarde autour de lui. Letus bluffe : « Mes hommes sont là. » L'autre n'a plus le choix, il entre dans la chambre. Commode qui n'a d'instinct que pour sa survie bondit sur celui en qui il voit maintenant le tueur derrière l'ami, mais il ne connaît pas la parade au coup fatal du tranchant de la main. Les conjurés ont maintenant sur les bras un cadavre encombrant. Ils l'enveloppent dans des draps, ce sera un paquet de linge sale qu'il faudra faire évacuer plus tard par des esclaves. Officiellement, l'Empereur dort et a demandé aux prétoriens de protéger son sommeil pendant quelques heures. D'ailleurs au poste de garde on est déjà en train de noyer dans le vin la fin des Saturnales.

Non loin de là, de l'autre côté du Colisée, sur la colline de l'Esquilin, le préfet de la Ville, Helvius Pertinax, vient de regagner ses appartements de fonction où il dîne seul, très légèrement, avant d'aller se coucher seul, et exceptionnellement tôt : c'est qu'il a eu une journée très chargée par la préparation des grandes cérémonies du lendemain qui le mobiliseront dès l'aube avec les sept mille hommes des cohortes urbaines affectées au maintien de l'ordre diurne. Pour l'heure, la sécurité est assurée par les cohortes de vigiles et de pompiers, sept mille hommes aussi, qui sont sur les dents en cette dernière nuit de l'année où la licence est à son comble. On peut le réveiller à tout instant. C'est un homme grand et fort, au ventre un peu proéminent, à la barbe fournie et qui, à soixante-six ans, a gardé sa belle chevelure frisée. Son régime de vie est sobre, toute son énergie est consacrée au travail, il est un des plus hauts et des plus puissants fonctionnaires de l'État après avoir été un des plus grands généraux. Il aime les femmes mais ne s'en encombre pas dans les circonstances extrêmement périlleuses que Rome vit actuellement. Ses services de renseignement et surtout son intuition politique lui laissent prévoir que la crise qui couve depuis douze années, depuis la mort de Marc Aurèle, va connaître un dénouement rapide. C'est peut-être une question d'heures.

Douze années folles qu'il a traversées avec sang-froid, au prix de quelques petites compromissions qu'ont pu lui reprocher ses vieux compagnons, Claudius Pompeianus et Aufidius Victorinus, qui, eux, se sont bientôt retirés dans une amère solitude. Pompeianus est revenu ce soir à Rome pour assister demain matin, comme tous les ans, à la montée des consuls au Capitole, mais il lui a fait savoir qu'il repartirait aussitôt après. Victorinus est mort il y a trois ans, de tristesse sûrement, de mort volontaire peut-être. Lui, Pertinax, a cru quelque temps qu'il pourrait être utile au maintien des plans stratégiques du règne précédent, mais Perennis lui a vite signifié que la nouvelle équipe au pouvoir n'avait plus besoin de ses services. Ce Perennis, après qu'il eut ramené Commode à Rome, s'est révélé beaucoup plus capable et beaucoup moins loyal que ne l'avait cru Marc Aurèle dont la clairvoyance a décidément été très occultée dans ses dernières années. Tel un nouveau Séjan il a exercé une emprise totale sur le caractère soupçonneux du jeune Empereur dont il a favorisé la paresse et la lubricité. Il avait entrepris la relève systématique de la classe sénatoriale par celle des chevaliers, et c'est ainsi que Pertinax, déjà promu au Sénat huit ans plus tôt par Marc Aurèle, se retrouva sur ordre de Perennis assigné à résidence dans sa propriété familiale de Ligurie. Il se souvient avec quelque nostalgie du séjour de trois années qu'il fit dans la maison où son père, simple affranchi, avait tenu un petit commerce de charbon de bois.

Il y serait encore, à la tête maintenant d'une vaste entreprise, si, à Rome, Perennis ne s'était laissé aspirer par l'appel vertigineux du vide politique qu'il y avait créé, aidé en cela, il est vrai, par la maladresse de ses adversaires : Lucilla n'avait-elle pas monté un complot contre son frère avec l'aide de son amant en titre Ummidius Quadratus ? L'exécution en était confiée à un autre amant, Quintianus, qui, jouant au nouveau Brutus, leva son poignard sur l'Empereur en déclamant : « Voici ce que le Sénat t'envoie ! » Évidemment les gardes du corps l'avaient déjà ceinturé et s'il ne fit qu'une légère blessure à Commode, il avait réussi à troubler définitivement sa raison. Un poignard et une phrase stupide emportèrent ce jour-là l'État romain dans une course à l'absolutisme et aux proscriptions sanglantes qui ne s'arrêtera plus jamais. Perennis allait lui-même perdre bientôt cette course, et la vie, au profit du Phrygien Cleander. Cet ancien portefaix élevé par Marc Aurèle et Faustina à la dignité de gouverneur de leur fils va capter l'esprit de son pupille et la totalité du pouvoir impérial, sans compter les fortunes de tous ceux qu'il fait exécuter. Mais il n'aura pas l'expérience militaire de Perennis, il devra rappeler les grands légats disgraciés, et d'abord le négociant en charbon de Ligurie.

Pertinax gémit en se déshabillant. Il porte sur lui les cicatrices de ses derniers états de service : à la jambe droite les blessures infligées en Bretagne par ses propres soldats, lorsqu'ils voulurent le proclamer Empereur à son corps défendant, à la jambe gauche les marques des dents d'un lion de Numidie qu'il capturait pour les grandes boucheries de Commode au Colisée. Il était proconsul d'Afrique lorsque Cleander tomba, victime de la fureur du peuple, mais surtout des pièges que lui tendirent Eclectus et Marcia. Celle-ci était en faveur depuis sept ans déjà, depuis que l'échec pitoyable du complot de Lucilla et d'Ummidius Quadratus l'avait fait passer du patrimoine de Quadratus à celui de Commode, et du lit de l'un à celui de l'autre. Elle put installer Eclectus à la place de Cleander, et Pertinax, qu'elle admire, à la préfecture de la Ville. Maintenant elle semble attendre beaucoup de lui, s'il a bien interprété les signaux très discrets qu'elle lui a lancés il y a quelques jours. Mais l'affaire est si grave qu'il hésite encore à en tirer les conclusions. Il se couche et s'endort.

Trois heures plus tard il est réveillé par le gardien de la Préfecture qui a été sorti du lit par plusieurs individus dont l'un se dit préfet du Prétoire. Doit-il les laisser entrer ? Pertinax comprend que l'heure des grands règlements de compte qu'il pressentait est arrivée. Il y est préparé, plus curieux qu'anxieux d'en connaître l'issue. Il n'a pas un geste vers son épée qui lui a souvent sauvé la vie. Il recevra Letus, et peut-être la mort, dans son lit. Mais Letus n'a pas d'épée, Eclectus non plus et leurs aides de camp restent dans l'antichambre. « Il y a longtemps, leur dit-il, que j'attends cette visite nocturne, si vous voulez me tuer, après tant d'autres, faites vite. — Tu n'y es pas du tout, répond Letus, nous venons t'offrir la succession de Commode qui est mort il y a une heure d'une sorte d'apoplexie. — Je vois, je vois, fait Pertinax. Mais qui me dit que ce n'est pas un piège ? Je déclare que je ne suis candidat à rien. Je ne bougerai pas d'ici tant que je n'aurai pas la preuve que Commode est bien mort. » Letus et Eclectus se regardent, ils n'avaient pas prévu cela. « Écoute, dit Eclectus avec impatience, tu nous fais perdre du temps. Personne n'est encore au courant, sauf Marcia. Si la chose est découverte, Letus lui-même ne répond pas de la fureur de ses prétoriens, tout sera possible. Toi seul peux sauver la situation... »

Pertinax ne bouge pas. Letus lui dit alors : « Veux-tu savoir toute la vérité ? Si Commode n'était pas mort, c'est toi qui le serais. Regarde cette liste, regarde ton nom. » Pertinax est obstiné, c'est pourquoi justement il a été surnommé ainsi. « Je veux l'assurance que Commode est mort. — On ne pouvait tout de même pas t'apporter sa tête ! — Non, mais mon intendant Laurensis, en qui j'ai toute confiance, va aller le constater. » Les autres, exaspérés, cèdent. Pertinax a montré qu'il était plus fort qu'eux, ils sont avertis qu'il ne sera pas un Empereur facile. C'est à de tels signes que se mesurent les grands caractères. Cette démonstration retarde les choses de deux heures. Pertinax attend toujours dans son lit. Lorsque le groupe revient, il se lève et revêt son uniforme de combat avec toutes ses décorations. Si légaliste qu'il soit, il sait que la première étape avant l'investiture du Sénat est la caserne des prétoriens avec le discours d'usage — il l'a à tout hasard préparé dans sa tête depuis quelques jours — puis les acclamations espérées, à la mesure des distributions promises. Tout ce rituel illégal et constituant à la fois lui déplaît et il n'est même pas sûr d'emporter l'accord des prétoriens que la mort de Commode va rendre furieux.

Alors Letus se décide à jouer sur la troisième force politique de Rome qu'on a depuis longtemps perdu l'habitude de consulter. Il envoie dans les rues des milliers d'agents des vigiles de nuit qui informent tous les noctambules rentrant chez eux après les fêtes que Commode est mort de ses débauches et que Pertinax est en route vers le Viminal pour se faire acclamer par les prétoriens. Pertinax est immensément populaire à Rome, le cheval de la faction des Verts porte le même nom. Les gens se précipitent vers la caserne et, en chemin, réveillent leurs amis. Lorsque Pertinax arrive, il doit fendre une foule enthousiaste qui scande son nom sous les murs du camp où la cohorte de garde, un peu avinée, tarde à prendre conscience du phénomène. Bien que les discours de Letus et de Pertinax ne paraissent pas très convaincants à des hommes qui n'aiment guère qu'on leur parle de restaurer la dignité de l'État, la discipline des armées et l'esprit d'économie, ils jugent prudent de joindre leurs acclamations à celle du peuple, avec quelques restrictions mentales. Là-dessus tout le monde descend au Sénat où aura lieu l'investiture. Pendant ce temps, sur l'Aventin, il n'y a personne pour s'étonner de voir sortir du palais Vectilien, avant même le lever du jour, une petite charrette de linge sale tirée par deux esclaves. Ils s'engagent dans un dédale de ruelles jusqu'à une modeste maison devant laquelle ils déposent un gros ballot. Puis il vont réveiller la propriétaire, une forte matrone qui pousse des gémissements en dénouant les draps où gît le colosse qui fut son joli nourrisson, trente et un ans plus tôt.

PERTINAX

OU LA MORT EN SERVICE

L'homme qui a tous les pouvoirs, tous les courages, et l'indifférence aux superstitions rentre l'humeur contrariée dans ses appartements pour déposer le *paludamentum* pourpre qu'il a revêtu ce matin en vue de son apparition sur le Champ de Mars où un Concours de poésie a lieu dans l'Athénée d'Hadrien. Il paraît que les augures qui ont été pris, comme chaque matin, sont tout à fait défavorables. Les poulets sacrifiés ont des foies atrophiés et les baguettes d'encens ne veulent pas brûler. Les prêtres font état d'autres signes néfastes et déconseillent formellement à l'Empereur de sortir du palais. Il n'insiste pas et fait renvoyer l'escadron de prétoriens dans sa caserne du Viminal. Ce contretemps l'irrite parce que, depuis près de trois mois qu'il s'est mis au travail au Palatin, il ne s'est pas accordé de détente ; or il voudrait bien mettre une touche de culture dans son règne débuté trop brusquement sous le signe de l'austérité. Il a la réputation d'un homme d'ordre, essentiellement militaire, et peu instruit. Comment aurait-il pu l'être, vu son origine plus que modeste qui l'a toujours laissé un peu en marge du milieu supérieurement éduqué des amis de Marc Aurèle ? Il voudrait renouer avec ce milieu — du moins avec ce qu'il en reste après douze ans d'imbécillité et de vulgarité dont le souvenir lui donne la nausée. Mais les préjugés sont forts dans l'aristocratie romaine et il se souvient que lorsque Marc Aurèle lui a conféré la dignité de sénateur, il y eut des gens pour citer cette plainte des *Suppliantes* d'Euripide : « Voilà le prix qu'il nous faut payer pour ces guerres déplorables ! »

Pourtant il n'est pas sans instruction malgré ses humbles origines. Son père, ancien esclave affranchi, a consenti de grands sacrifices pour son éducation, et au lieu de l'attacher au petit commerce du charbon qu'il avait créé en Ligurie, il lui fit apprendre le grec et la rhétorique par un professeur réputé. Mais le jeune élève savait bien qu'on ne sort pas en une seule génération d'une si humble origine, et plutôt que d'enseigner la grammaire, métier peu honoré et peu rémunéré, il se fit accorder par protection un brevet militaire de sous-officier centurion. À partir de là tout devenait possible pour un homme de caractère. De Syrie en Bretagne et en Germanie, il se fit remarquer pour son autorité et son esprit d'organisation, et on le vit commander aussi bien des corps de cavalerie en Mésie que la flotte du Rhin. Quand il obtint une haute charge financière en Dacie, des intrigues bureaucratiques le discréditèrent à Rome auprès de Marc Aurèle qui le cassa. Mais déjà Pompeianus avait misé sur sa valeur et l'Empereur mieux informé le réhabilita publiquement. Voilà comment fonctionnait l'Empire en son zénith, voilà, pense-t-il, ce qu'il faut faire revivre pour le tirer des abîmes où il a été précipité par une clique d'aventuriers.

Il n'ignore pas que certains lui reprochent d'avoir collaboré avec ces aventuriers depuis la chute du premier d'entre eux, Perennis. C'est l'infâme Cleander qui l'a rappelé pour lui confier les légions de Bretagne, puis le proconsulat d'Afrique, et enfin la Préfecture de la Ville, c'est le très douteux Eclectus qui l'a poussé l'année dernière au consulat qu'il n'a pas répugné à partager avec Commode. Que n'a-t-il imité son ami Pompeianus qui, dès la dictature de Perennis, s'est retiré sans bruit dans ses domaines de Terracine ? C'est à lui qu'il faudrait poser la question. Il répondrait certainement : « Moi, j'avais mes raisons, je ne voulais pas cautionner la dérive d'un pouvoir que j'avais partagé. D'ailleurs on ne me l'a pas demandé. Mais je comprends très bien que Pertinax, lui, ait pensé qu'il devait continuer à défendre l'Empire et sauver ce qui pouvait l'être. » Pactiser ou non avec le mal dans l'espoir d'un moindre mal, c'est un vieux débat qui ne sera pas clos de sitôt. On peut se demander toutefois comment Pertinax se justifie d'avoir prévenu Cleander, il y a quatre ans, d'un complot tramé contre lui. Pourquoi fallut-il qu'il vole au secours de ce favori corrompu ? Là aussi, il peut invoquer des raisons d'opportunité qui échappent à la morale ordinaire. Les complots aristocratiques ne menaient à rien, ils étaient conçus légèrement et, vite éventés, servaient de prétexte à des épurations massives. Mieux valait qu'il laisse la camarilla des affranchis orientaux s'exterminer elle-même. Déjà il misait sur les ambitions dissimulées d'Eclectus et de Letus, et surtout sur l'instinct de survie de Marcia.

Pertinax est un de ces hommes dont la haute conscience et le sens du devoir d'État s'accommodent de certaines compromissions temporaires qui ne laissent aucune trace mais seulement un soupçon. Nul ne pourra apporter la preuve qu'il a donné son accord au projet tyrannicide d'Eclectus et de Marcia. Il n'est même pas certain qu'il ait souhaité l'Empire. À l'entendre, on le lui a quasiment imposé. À lire plusieurs de ses lettres qui circulent, il a horreur du pouvoir suprême. Mais on ne le croit pas, alors que personne n'avait mis en doute, un siècle plus tôt, la sincérité du patricien Nerva quand il parlait de revenir à la condition privée. On oublie que Pertinax est depuis longtemps un homme voué au service public et habitué aux manœuvres tactiques en terrain hostile. Quand il a vu que le terme de l'aventure commodienne approchait, il décida de ne plus se dérober aux invites, voire aux menaces de quiconque serait en mesure d'en précipiter la fin. S'il faut combattre, il y est toujours prêt. Mais il a été blessé par l'attitude désinvolte à son égard de ceux qu'il a aidés à se libérer et pour lesquels il s'est dangereusement engagé. À peine était-il investi par le Sénat que la question lui fut posée dans l'Assemblée : « Est-il vrai que tu as autorisé que Commode soit déjà enseveli ? » Alors tous les sénateurs se déchaînèrent : « Il ne fallait pas, il faut aller le déterrer, le traîner avec des crocs, qu'on le jette au Spoliaire comme un gladiateur qu'il était, que sa mémoire soit abolie, qu'on renverse toutes ses statues, etc. » Ces imprécations proférées par ceux qui s'étaient couchés devant leur tyran pendant des années occupent plusieurs pages du Journal Officiel, les *Acta diurna.* Ce premier désaveu de son premier acte d'humanité le déçut profondément.

Mais il ne put cacher sa colère lorsqu'il entendit le nouveau consul, Falco, qu'il venait probablement de sauver de la mort, l'interpeller : « Nous pouvons nous imaginer quelle sorte de règne tu nous prépares puisque tu vas conserver près de toi Letus, Eclectus, et Marcia qui ont été complices des crimes de Commode... » Alors il répondit fermement : « Consul, tu es jeune et tu ne connais pas encore la nécessité de se plier aux circonstances. Les personnes dont tu parles ont souffert plus que toi de la tyrannie de Commode et c'est elles qui nous en ont débarrassé dès qu'elles l'ont pu. » Falco n'avait pas tout à fait tort : ces gens-là avaient des comptes à rendre à la société, et d'ailleurs un quelconque Pertinax, s'il avait été sans scrupule, aurait eu intérêt à se défaire d'eux après qu'ils l'eurent porté au pouvoir. Mais c'était un homme d'honneur incapable d'une telle conduite, doublé d'un réaliste conscient qu'il avait besoin encore de Letus pour calmer les prétoriens et d'Eclectus pour le mettre en possession des secrets d'État et du Trésor impérial.

Ce Trésor, à vrai dire, était mince, à peine un million de sesterces — contre deux milliards et demi à la mort d'Antonin. Marc Aurèle y avait puisé pour la guerre, Commode l'avait épuisé par ses fêtes, les distributions au peuple, les donations aux prétoriens et les subventions aux Rois germains. Pour le reconstituer on vendit la somptueuse garde-robe, les meubles et jusqu'au harem du Palatin. On fit rentrer les créances, on rendit à leurs anciens propriétaires les biens confisqués. Pertinax s'attira aussitôt beaucoup d'ennemis et il eut le tort de ne pas tout régler d'un seul coup, pendant qu'il bénéficiait d'un état de grâce. En annonçant trop à l'avance qu'il publierait au jour anniversaire de la Fondation de Rome, en avril, un important train de réformes, il sema l'inquiétude dans tous les milieux qui prirent le temps de s'organiser pour défendre leurs privilèges. De plus, il commit une autre maladresse en donnant dès le troisième jour comme mot d'ordre aux cohortes prétoriennes la fière injonction : « Combattons ! » Letus eut beau lui représenter que telle n'était pas du tout leur intention, il a repris cette formule il y a quelques jours. Veut-il vraiment se mettre tout le monde à dos ?

Sans doute il dispose d'un grand crédit dans l'opinion populaire, mais il est déjà taxé d'avarice parce qu'il n'a pas les moyens de donner des Jeux ou de distribuer du blé tous les jours ni d'augmenter les soldes militaires. Des impatients se sont mis en tête d'aller chercher chez lui un jeune sénateur réputé très riche, Lascivius, et de l'amener de force chez les prétoriens qui l'ont acclamé, mais il a pu s'échapper et a couru tout nu se réfugier au Palatin. C'est dire que l'esprit public à Rome est profondément déréglé et qu'un fils d'affranchi, si capable et si glorieux soit-il, aura de la peine à restaurer les anciennes valeurs républicaines que seule la classe sénatoriale avec ses vastes clientèles a su porter sans interruption depuis deux siècles. Or cette classe, aussi ingrate qu'orgueilleuse, ne fera rien pour l'aider, surtout s'il parle de promouvoir une réforme agraire et de remettre en vigueur la politique d'Hadrien qui avait distribué aux paysans pauvres des terres insuffisamment cultivées.

Il sait qu'il ne peut pas davantage compter sur l'appui de Letus qui, après avoir espéré jouer auprès de lui un rôle de premier plan, se voit avec amertume renvoyé à ses tâches administratives. Ces tâches sont assurément très importantes et le commandement des cohortes confère au préfet une force non négligeable à Rome et en Italie, mais le pouvoir impérial va bien au-delà, et Pertinax a acquis par expérience une vue globale des immenses territoires où s'exerce la souveraineté romaine. Ce n'est pas pour cela qu'il a été porté à l'Empire par Letus et ses amis, mais c'est pour cela qu'il entend bien y rester et y poursuivre la politique de Marc Aurèle dont les Romains sont en train de perdre jusqu'au souvenir. Il a été un des hommes de l'Empereur, auprès duquel il avait droit au titre de *comes*, compagnon, et c'est en son nom qu'il a défendu pendant plus de trente ans les frontières, celles d'Arabie, de Syrie, du Rhin, du Danube, d'Écosse, des Aurès. Pas un instant il n'a cessé d'avoir conscience de vivre dans un Empire assiégé et de se battre pour une société de justice et de liberté. C'est par fidélité à la dynastie des Antonins, dont le destin vient de lui confier l'héritage, qu'il a accepté de servir sous Commode. Il a pu douter de bien faire pendant cette période, maintenant son obstination, qui lui vaut le beau nom qu'il porte, légitime son choix et dicte ses nouveaux devoirs.

Letus est incapable de comprendre ces choses-là. Voyant que Pertinax est décidé à se passer de ses conseils et à affirmer son autorité sur les provinces (il a rétabli des contacts directs avec les grands légats de son rang, Pescennius Niger en Orient, les frères Septime Sévère et Géta sur le Danube, Clodius Albinus en Bretagne), le préfet du Prétoire a noué une intrigue à Rome avec le consul Falco. Ce dernier, un jeune agité aussi riche que Lascivius, mais moins scrupuleux, s'est laissé il y a deux semaines offrir l'Empire contre une énorme donation aux cohortes. Celles-ci l'attendaient dans leur caserne, mais Pertinax fut prévenu par Eclectus et put étouffer le complot. Il y eut quelques exécutions parmi les prétoriens sur qui fut rejetée toute la responsabilité. Letus s'était mis à couvert, Falco a simulé l'innocence et Pertinax a fait semblant de les croire. Mais les camarades des victimes sont, paraît-il, très agités. Pertinax vient d'envoyer auprès d'eux son beau-père, Flavius Sulpicianus, qui lui a succédé à la préfecture de la Ville. Son épouse, Flavia, est inquiète, elle craint autant pour lui, qui est resté au Palatin, que pour son père qui va sur le Viminal dans une caserne en sédition.

Flavia, bien qu'elle soit d'une famille aristocratique, n'a pas reçu le titre d'Augusta, ou plutôt Pertinax l'a refusé pour elle, de même qu'il n'a pas voulu que son fils fût nommé César et élevé au Palatin. Il a continué à l'envoyer à l'école publique. Même Vespasien, dans sa simplicité, n'avait pas été si strict. Il ne faut voir aucune démagogie dans ces refus qui ne sont d'ailleurs appréciés par personne. Le peuple tourne même en plaisanterie la sobriété qui règne au Palatin où l'on ne sert à table que des moitiés d'artichauts. De toute évidence, les deux mots d'ordre du règne qui sont : « Économisons » et « Combattons » ne passent pas bien. En revanche, beaucoup savent gré à l'Empereur de ne pas imposer par l'exemple des mœurs trop sévères : il tolère que Flavia soit notoirement la maîtresse d'un célèbre joueur de luth, et lui-même entretient Cornificia, la plus jeune fille de Marc Aurèle, qui a la moitié de son âge. Rien dans le modèle, ni dans le programme de Pertinax n'est exaltant, mais Rome ne mérite sans doute pas mieux dans cette phase de convalescence morale et de remise en ordre administrative où elle vient d'entrer. Il lui faut à sa tête un homme de caractère, aux mœurs rudes, aux idées simples, un militaire en somme. Elle en a un. Certains pensent qu'elle en a d'autres en réserve qui feraient aussi bien. Pertinax devrait se méfier.

L'emploi du temps de la matinée est modifié par l'annulation de la sortie à l'Athénée. L'Empereur revient à son cabinet et demande qu'on lui apporte les dossiers qui lui semblent les plus urgents, celui du maintien de l'ordre intérieur, et celui de la défense des frontières qui ont été trop longtemps négligés. Rien de nouveau dans le premier, sinon des rapports sur les troubles endémiques causés par les bandes de déserteurs traqués par l'armée en Gaule et en Espagne, et plus au sud par les tribus rebelles de Maurétanie qui non seulement pillent la province, de Volubilis à Tangis, mais ont osé plusieurs fois envahir la Bétique. Les colonnes d'Hercule ne sont pas un obstacle pour les nomades du Rif, il faut les combattre chez eux avec des corps spécialisés montés sur dromadaires, et empêcher qu'ils ne débarquent massivement ou s'infiltrent en Espagne. Plus inquiétante est la pression continue qui s'exerce sur le Danube. Pertinax croyait en avoir fini pour longtemps avec le danger germanique à l'époque où les peuples Quades et Marcomans avaient imploré la paix après quinze années de combats acharnés. Il était aux côtés de Marc Aurèle et de Pompeianus à Sirmium lorsque des conditions très dures leur furent imposées, à eux et à leurs alliés intermittents, les Bures et les Sarmates Jazyges. Pour avoir conduit des contre-offensives dans les profondeurs de la Moravie et de la Bohême, il sait combien fut féroce et sanglante cette guerre que Rome n'avait pas cherchée, et où lui-même avait failli périr de soif avec toute sa légion encerclée. Une pluie miraculeuse les avait sauvés : l'armée romaine à la merci d'un miracle, ce grave avertissement l'obsède.

Les badauds qui regardent en ce moment les spirales sculptées de la colonne Aurélienne qui vient enfin d'être terminée sur le Champ de Mars peuvent frémir sans risque au spectacle des scènes de carnage que de grands artistes ont fait revivre. Mais s'ils pensent que le danger germanique est à jamais écarté, ils se trompent. Les rapports que l'Empereur reçoit des officiers des Affaires indigènes qui surveillent les tribus frontalières et contrôlent l'utilisation purement défensive des aides qu'on leur fournit, ces rapports le laissent perplexe. Ils font état de mouvements incessants de peuples nouveaux autour de la Baltique et le long de l'Elbe et de la Vistule, mouvements qui déstabilisent de proche en proche les vieilles tribus septentrionales dont on connaissait approximativement l'implantation mais qu'on ne peut plus localiser. Ce sont ces dernières qui poussent les riverains du Danube à traverser le fleuve et à envahir les Pannonies et, pourquoi pas, une fois pour toutes la plaine du Pô. Pertinax est bien placé pour savoir que les défenses les plus solides que l'état-major de Marc Aurèle a mises en place de la mer du Nord à la mer Noire ne peuvent arrêter des attaques surprises de dizaines de milliers de guerriers pour qui la mort au combat est une apothéose. S'ils parviennent, comme on en a les signes, à se confédérer militairement, ils feront de nouvelles percées là où ils le voudront. S'ils ne l'ont pas fait jusqu'à maintenant c'est parce qu'ils ont encore le souvenir des terribles représailles des légions, c'est aussi parce que Commode a acheté leur neutralité à prix d'or.

Pertinax a décidé de mettre fin à cette politique, mais Letus s'est un peu trop pressé de récupérer les sommes en cours de livraison. Le roi des Quades a trouvé le procédé inélégant et a repris ses pourparlers secrets avec les Chérusques et les Vandales. Tout cela laisse présager des jours difficiles pour Rome. Le danger germanique n'est pas perçu ici, il faut l'avoir affronté dans son cadre sauvage pour comprendre qu'il est et qu'il restera la grande affaire du siècle, et peut-être des siècles. Comment arrêter des peuples qui ne savent que migrer à partir d'une source démographique inconnue et apparemment inépuisable ? Déjà ils se sont infiltrés par dizaines de milliers dans les provinces sous-peuplées, il y en a dans la domesticité de toutes les maisons, et ils constituent l'essentiel des corps auxiliaires des légions. Mais ce n'est pas en les intégrant qu'on allégera leur pression, et pas davantage en les subventionnant qu'on les fixera chez eux. De la culture et des lois de l'Empire ils ne veulent rien entendre, ils sont seulement fascinés par ses espaces et ses richesses. C'est pourquoi Pertinax est pressé de régler ici les sordides affaires des prétoriens pour aller examiner sur place les grands problèmes de sécurité des provinces. Il va annoncer sa visite à Septime Sévère en Pannonie, puis il ira consulter Niger en Syrie pour s'assurer des dispositions pacifiques des Parthes — car Rome ne peut plus se battre sur deux fronts à la fois. Enfin il se rendra dans l'île de Bretagne où Albinus tient en respect les sauvages Calédoniens. Il a de l'estime pour ces trois anciens collègues qui ont continué à faire leur devoir sous le fils indigne de l'homme qui les avait choisis. Jusqu'à maintenant leur plus grand mérite a été d'avoir su refréner leur impatience et la colère des légions qui parlent d'aller donner une leçon aux prétoriens embusqués. Il faut donc désormais prévenir tout mouvement intempestif.

Il partira par la via Aurelia, il s'arrêtera en route en Ligurie pour inspecter son exploitation familiale, où il rêve de finir ses jours et d'installer son fils... Flavia entre, essoufflée. Elle a peine à exprimer la peur qui se lit sur son visage : une troupe désordonnée de prétoriens monte les allées du Palatin, des hommes de la Garde germaine se sont joints à eux au passage, ils sont plus de deux cents, ils sont armés. Les aides de camp de l'Empereur hurlent des ordres à leurs subordonnés qui s'enfuient dans les jardins. Eclectus arrive en courant, il dit que ce sont des excités qui, à la fin de leur service du matin, se sont donné le mot pour envahir le palais au moment de la relève. Ils ont refusé d'entendre Sulpicianus, ils veulent que l'Empereur lui-même leur rende raison de l'exécution de leurs camarades. Le grand chambellan presse Pertinax de le suivre par une sortie secrète qui le conduira sur le Forum où il sera sous la protection du peuple et du Sénat. Mais Pertinax qui a gardé tout son calme refuse énergiquement. Il demande Letus. On lui répond qu'il vient de quitter le palais, un grand chapeau enfoncé sur la tête et se disant très enrhumé. « Eh bien, je vais aller parler à ces gens qui viennent me voir. Eclectus, accompagne-moi. Qu'on mette Flavia à l'abri. »

Ce n'est pas la première fois de sa vie que Pertinax affronte la grogne ou même la mutinerie des soldats. Il sait le langage et le ton qui sont écoutés. Quant aux arguments, ils sont simples : où sont les officiers ? Il n'y en a pas dans le groupe. Eh bien, l'Empereur est ici l'officier de service et le père des soldats. Veulent-ils lui faire violence ? C'est impensable, un tel crime a toujours été payé très cher. Regrettent-ils Commode ? Cela ne sert à rien et lui, son successeur, n'y est pour rien. Il ne leur a retiré aucun privilège. Il est prêt à écouter leurs justes revendications, etc. Chaque mot fait reculer la Fatalité, chaque seconde est un sursis pour l'Histoire. Les hommes sont impressionnés par la majesté du décor — la salle à manger de Jupiter — et du personnage — le grand général à la barbe blanche. Ceux qui avaient dégainé remettent l'épée au fourreau. Certains sont en train de se retirer, ils ne pensent même plus à délivrer leur message. Pertinax s'avance vers eux comme pour les raccompagner. C'est alors qu'il reçoit une lance en pleine poitrine. Elle appartient à un Tongre aux longues moustaches, on saura qu'il s'appelait Tausius, ce n'est même pas un prétorien. Pertinax a pu voir luire la pointe de l'arme, car en un demi-siècle de combat à la tête de ses hommes il a appris à reconnaître l'éclat du fer de la lance d'un Germain.

Comme toujours le sang appelle la rage de tuer, l'Empereur gît criblé de coups. Eclectus est entré dans la mêlée, cet Égyptien est le seul qui aura ce jour-là sauvé l'honneur de Rome. Avant d'être tué à son tour il blesse plusieurs prétoriens et en transperce deux. Tous les autres s'enfuient en désordre, mais Tausius a eu la présence d'esprit d'emporter la tête de Pertinax fichée sur sa pique. Ils remontent dans leur caserne du Viminal dont ils barricadent les portes. Là ils ne craignent aucune punition du Ciel, aucune vengeance du peuple. Mais il leur faut un nouvel Empereur, bien à eux cette fois-ci. Ils ont un candidat sous la main, Sulpicianus, qui voit arriver la tête de son gendre. Nul ne saura jamais ce qui, dans sa tête à lui, va se passer en une seconde : il promet un nombre de pièces d'or bien supérieur à la dotation d'usage. Certains seraient prêts à l'accepter, mais d'autres craignent un piège et insinuent que le beau-père, une fois investi par le Sénat, vengera impitoyablement le gendre, et reprendra l'or. Sans doute ont-ils raison, car Sulpicianus a la réputation d'un homme d'honneur. Alors deux tribuns, Florianus et Aper, décident d'aller à la recherche d'autres candidats moins inquiétants et si possible plus riches. Ils se rendent chez le proconsul Didius Julianus qui est en train de déjeuner en famille et lui proposent de venir participer aux enchères qu'ils vont organiser. Il les suit. Mais c'est seulement lorsque cet ancien compagnon de Marc Aurèle, ce légat des légions de Germanie, ce collègue de Pertinax au consulat, aura suffisamment surenchéri sur Sulpicianus qu'ils lui feront franchir par une échelle la muraille du camp et l'acclameront comme Empereur.

Il est trois heures après midi, ce quatre-vingt-huitième et dernier jour du règne réparateur d'Helvius Pertinax [1]. La brutalité vient de faire honteusement sa rentrée à Rome.

1. 28 mars 193 après J.-C.

SEPTIME SÉVÈRE

OU LA MORT DU CADAVRE

Le soleil se couche tôt à Eburacum[1] en ce début de février, et dans sa grande villa de bois édifiée en guise de palais près du camp de la VIe légion *Victrix Pia Fidelis*, l'Empereur se prépare à passer encore une longue et douloureuse nuit[2]. Il n'a pas à se coucher, il vit couché depuis plusieurs mois, et il y a déjà deux ans qu'il ne met plus le pied par terre tant ses jambes et ses chevilles déformées par l'arthritisme le font souffrir. Il a néanmoins parcouru des milliers de kilomètres, de Rome à la pointe septentrionale de l'île de Bretagne où il a vu des horizons glacés au-dessous desquels le soleil, en été, ne tombe que quelques heures. Du fond de sa chaise à porteurs il a pu continuer longtemps, malgré ses infirmités croissantes, à gouverner le monde tout en pourchassant les hordes sauvages des Calédoniens. Mais il sent que le mal envahit maintenant tous ses membres et il a peu d'illusions sur le temps qui lui reste à vivre. Son horoscope qu'il calcule lui-même depuis sa jeunesse devient trouble au sortir de la soixante-troisième année climatérique qu'il a franchie deux ans plus tôt. D'autres signes ont confirmé les indications des planètes. Ainsi il a croisé sur son chemin, il y a quelques jours, un homme à la peau noire — sans doute un auxiliaire éthiopien — qui portait une branche de cyprès, présage funeste qu'aggrava le fait que l'animal du sacrifice était ce matin-là un bœuf noir. Pourquoi ces indices seraient-ils moins prophétiques que ceux qui lui avaient très tôt annoncé sa destinée royale et auxquels il accordait une

1. York.
2. 4 février 211 après J.-C.

créance totale ? Il faut savoir regarder toutes les réalités en face, la mort n'est pas la pire d'entre elles, il n'a jamais craint que l'échec et il s'est arrangé pour n'en rencontrer aucun depuis le jour où il a quitté sa Libye natale pour aller chercher fortune à Rome il y a un demi-siècle.

C'était peu après la mort d'Antonin auquel Marc Aurèle, déjà associé au pouvoir, succéda tout naturellement. Septime se souvient d'un dîner au Palatin où un oncle sénateur l'avait emmené. Il s'était trompé sur le protocole et ne portait pas la toge de cérémonie. On lui en prêta une qui venait de la garde-robe impériale. Dans la nuit il rêva qu'il tétait la louve romaine. Une autre fois il s'était assis par erreur sur un siège réservé à l'Empereur. Aujourd'hui il frémit rétrospectivement en pensant à ces imprudences de jeunesse dont il se vanta et qu'on ne manqua pas d'interpréter en termes de prémonition. Sous le règne de Commode elles valaient condamnation à mort et lui-même aujourd'hui ne plaisante pas avec de telles audaces. Si, tout bien considéré, il ne risquait rien en fait, puisque les hommes ne sauraient contrecarrer les signes envoyés par le Destin, il n'approuve pas pour autant la trop grande tolérance dont faisait preuve Marc Aurèle à l'égard des prophéties séditieuses. Papinien, le plus équitable des juristes du siècle, n'y va pas par quatre chemins en cette matière, il condamne *ad bestias* ceux qui se flattent plus ou moins innocemment d'avoir rêvé de pourpre.

Comme il ne connaît pas d'antidote aux secrets avertissements des dieux avec lesquels il a prochainement rendez-vous, il met tout en ordre en lui et autour de lui. Il a fait revenir d'urgence son épouse l'Impératrice Julia et son fils le César Géta qui sont en inspection dans le sud de l'île où ils règlent de simples affaires administratives à Londinum et dans les riches cités commerçantes qui jalonnent le fleuve Tamise jusqu'au pays des Silures. Toute cette zone est pacifiée et prospère, les talents conjugués de Julia et de son puîné Géta qui ont de la finesse politique assurent les arrières du corps expéditionnaire qui est engagé au nord du Mur d'Hadrien, du Solway Firth à l'embouchure de la Tyne et même au-delà des défenses septentrionales d'Antonin, de la Clyde au Forth. Ce corps dont il a personnellement commandé les campagnes contre les Mètes et le Calédoniens insoumis est maintenant passé sous les ordres de son aîné Antoninus, dit Caracalla, qui est particulièrement qualifié pour achever les opérations d'extermination en cours. Il a rappelé Caracalla aussi pour qu'il reçoive ses derniers ordres et ses derniers conseils mais on doute que celui-ci puisse ou veuille arriver à temps. Il est à la tête de forces considérables au milieu desquelles il se sent bien et se sait puissant, déjà plus puissant que son père malade et que son frère cantonné dans les affaires civiles. La seule personne dont il aurait à craindre la domination est sa mère dont le goût et l'expérience du pouvoir sont redoutables.

Septime Sévère voit bien les choses ainsi, mais son art de la divination qu'il n'a exercé que pour lire son propre avenir ne lui permet pas de se représenter la suite des événements. Plus exactement il voudrait se persuader que le cours qu'il leur a imprimé pendant dix-huit années de travail acharné ne peut plus être infléchi ou anéanti que par un accident majeur. Or il ne peut écarter tout à fait de son esprit l'hypothèse d'un tel accident au cas où ses deux fils qu'il a désignés conjointement comme ses héritiers, et qu'il a formés depuis leur enfance en vue de cette succession, dresseraient l'un contre l'autre après sa mort leur pouvoir absolu. Il sait bien que l'Empire ne peut être partagé que par consentement mutuel dans un climat de confiance et d'affection réciproque, et encore reconnaît-il que Marc Aurèle a commis une grave faute en s'associant son fils trop aimé. La seule expérience de dyarchie réussie dans toute l'Histoire est celle du sage Vespasien et du parfait Titus. Commode, lui, était le négatif de Titus. Quant à Caracalla... Ici l'esprit de Septime Sévère se trouble. Il cherche un autre sujet de préoccupation. Il n'en manque pas.

L'Écosse sauvage par exemple, qu'en fera-t-on lorsqu'elle aura été conquise et tous ses habitants exterminés ? Ce sont des primitifs qui combattent tout nus dans des marécages où il s'enfoncent jusqu'au cou. Il a fallu drainer ces marécages, les traverser de chaussées, abattre des forêts. Les Calédoniens ne seront jamais de bons cultivateurs chez eux, encore moins de bons esclaves à Rome. Peut-être des auxiliaires de seconde classe dans les légions du Rhin. Pourquoi avoir abandonné l'*Urbs* pour des années et peut-être à jamais avec tout l'appareil du gouvernement, suspendu l'immense travail d'unification des lois et du statut des personnes dans l'Empire, négligé la mise en valeur des ressources agricoles et industrielle des provinces riches ? Et tout cela pour la conquête de terres stériles et inhospitalières reléguées par Hadrien derrière un mur dissuasif ? Autant de questions que Septime n'aime pas se poser bien qu'il se soit fabriqué plusieurs réponses convaincantes — mais il n'a pas eu le temps de les développer dans ses Mémoires. En vérité la Bretagne est depuis César un douloureux inachèvement de la gloire romaine. Cette fin de la terre d'où ne vient aucun danger mais où résident des puissances mystérieuses et peut-être les immenses richesses de la légendaire Thulée trouble l'âme latine. Quel conquérant n'est fasciné et ne se sent défié par l'idée même de limites ? Septime a voulu être celui qui s'est aventuré le plus loin vers le monde boréal, il a accompli la circumnavigation de la pointe extrême de l'île, des camps légionnaires ont été établis jusqu'au Moray Firth. Pour rien ? La question n'a pas de sens, car l'exploit a toujours un sens mystique. Il est maintenant, avec ses fils, *Britannicus.*

C'est là du moins une des justifications qu'il se donne. S'il était tout à fait sincère — mais il ne peut plus l'être parce qu'il se sent jusqu'au fond de lui-même guetté par l'Histoire — il reconnaîtrait que cette *Expeditio felicissima Brittannica* avait pour but essentiel d'extraire ses deux fils de la dégradation morale dans laquelle ils s'enfonçaient à Rome, de les spécialiser chacun dans une mission différente et séparée dans l'espace, et de le encadrer dans les plus dures disciplines militaires. L'expérience est loin d'être concluante. Caracalla et Géta, vingt-trois et vingt-deux ans, maintenant qu'ils ne vivent plus ensemble, qu'ils ne forment plus une paire d'ennemis intimes et complémentaires dans la même chambre du palais, qu'ils ne s'arrachent plus les cheveux ni ne se mordent tous les soirs, développent des personnalités autonomes, définitivement incompatibles, avec chacun une armée privée, une cour de conseillers qui enveniment leurs ambitions concurrentes. Ils ne parlent que de se tuer l'un l'autre. Le dernier espoir de Septime est qu'ils entendront ses ultimes paroles qu'il tient prêtes, et que sa mort sera pour eux un choc salutaire. Si douloureuse est l'extrémité où il en est réduit qu'il souhaite maintenant mourir, mais pas avant d'avoir pu leur dire : « Vivez en bonne entente. C'est une prière, un conseil et un ordre. » Il va s'efforcer de durer jusqu'à leur arrivée.

Mais ils tardent, et en attendant il mesure son immense solitude. Il n'a pas d'amis, pas de confident, il n'en a jamais eu, et s'il a cru longtemps en avoir un très proche, ce fut une tragique erreur qu'il ne s'explique encore pas. Cet ami s'appelait Plautianus, c'était un membre de son clan africain de Leptis Magna, ils grandirent ensemble et Septime fit en sorte que ce camarade fût presque toujours aussi grand que lui — comme Auguste l'avait voulu d'Agrippa. La différence est qu'Agrippa méritait vraiment de partager l'Empire, tandis que Plautianus n'en avait pas la capacité mais seulement l'ambition immodérée. Son modèle était plutôt Séjan qui avait abusé de l'aveuglement de Tibère, comme Séjan il voulut être le seul préfet du Prétoire, et Septime, comme Tibère, lui permit tout, même d'insulter l'Impératrice, et Caracalla que l'on obligea à épouser sa fille, Plautilla. Comme Tibère aussi, Septime, arrivé au terme de sa vie, ne se pardonne pas cette aberration persistante qui ne prit fin que lorsque Caracalla put faire tomber l'imposteur dans un piège. Mais alors il s'aperçut qu'il avait perdu la confiance de sa femme et de son fils aîné. Julia ne revint pas à ses côtés au centre du pouvoir impérial où elle avait pris place depuis le premier jour avec le titre d'Augusta, place qu'elle tenait magistralement. Évincée par Plautianus qui avait monté contre elle une accusation d'adultère, elle s'était retirée, innocentée par miracle, mais outragée, au fond du palais où elle exerça une autre forme de pouvoir au milieu de sa cour d'admirateurs, écrivains, artistes et mages appelés de tout l'Empire. Caracalla, lui, revint en force sur le devant de la scène, bien décidé à se venger et à anticiper par tous les moyens la succession de son père. Il y a six ans de cela.

La nuit s'avance et seul le spectre livide de l'échec est au rendez-vous au chevet du souverain mourant. Que reste-t-il aujourd'hui de cette *Domus divina* qu'il avait cru construire plus belle, plus sacrée que celle de Marc Aurèle qui l'impressionnait tant dans sa jeunesse ? Ce n'est pas seulement par opportunisme qu'il a cherché à s'approprier l'héritage moral de l'Empereur-philosophe, allant même jusqu'à se proclamer son fils et donner abusivement son nom à Caracalla. Du coup, il devenait le frère de Commode dont il fit relever les statues. Il se croyait et se voulait sincèrement de la lignée des Antonins alors qu'il eût été plus raisonnable de reconnaître qu'après douze ans d'un règne incohérent, suivi par quatre ans de guerre civile, rien ne pouvait plus être comme avant. De la tolérance il ne restait pas trace, l'humanisme n'était plus qu'une nostalgie d'élites en perdition. Les hommes se réfugiaient dans des croyances irrationnelles, la soldatesque était partout. Mais les jeux, mais les parades, mais la richesse se survivaient et c'est tout ce que le peuple demandait. Septime Sévère peut se dire qu'il a maintenu l'autorité de l'État, au prix de sa militarisation sans doute, mais mieux vaut avoir, pense-t-il, l'armée au cœur du système que dans sa périphérie.

Cette armée aura été sa vraie famille. Une famille d'adoption car il n'était pas naturellement doué pour la stratégie militaire. Il avait commencé un cursus civil, et s'appliquait au Droit car il croyait à la puissance à travers l'administration. Il était né chevalier et fut poussé au Sénat par son clan africain. Il fit une carrière sans éclat jusqu'au jour où son compatriote Letus le mit à la tête des légions de Pannonie. Son horoscope royal devenait dès lors crédible pour peu que l'ère post-commodienne fût aussi anarchique qu'on pouvait le prévoir. Il n'eut pas longtemps à attendre et, à la nouvelle du meurtre de Pertinax, il saisit l'occasion avec une vitesse de réflexes qui ne devait pas se ralentir un seul instant jusqu'à ce que la maladie, récemment, vienne détendre son prodigieux ressort intérieur. Il avait quarante-sept ans, il en a maintenant soixante-cinq. Il est toujours le petit homme sec, aux cheveux crépus, au nez court, aux yeux perçants, qui prend des décisions instantanées, les « vend » à la troupe qu'il entraîne droit au but à un rythme d'enfer. Il n'eut pas de peine à soulever la fureur des légionnaires contre les prétoriens meurtriers de leur ancien général, Pertinax, et ils le suivirent dans l'expédition de la vengeance. Il avait pris soin de se faire acclamer par eux Empereur à Carnuntum, puis il vécut avec eux pendant le trajet comme un homme de troupe, s'arrêtant à peine pour manger et dormir.

Il arriva par surprise devant Rome où Didius Julianus n'était plus obéi par personne. Ses agents infiltrés — on s'aperçut alors que tout était préparé de longue main — retournèrent le Sénat et quelques chefs de la Garde qui se hâtèrent à sa rencontre pendant que Julianus était sommairement exécuté [1]. Alors il convoqua tous les prétoriens dans son camp sous les murs pour leur faire prêter serment. Ils vinrent en uniforme de parade avec des branches d'olivier et se rangèrent autour de l'estrade où le nouvel Empereur monta pour leur parler. Mais ce qu'ils virent et ce qu'ils entendirent les stupéfia, parce qu'ils se trouvèrent tout à coup cernés par les légionnaires illyriens bardés de fer, tandis que Septime tonnait : « Voyez comme nous somme plus intelligents que vous :

1. 1er juin 193 après J.-C.

je peux vous tuer comme des lâches et des parricides, mais je me contenterai de vous licencier, sans vos décorations, sans vos armes, tout nus. Qu'aucun de vous ne s'approche plus jamais de Rome ! » Ce fut un grand moment dans l'histoire de la Liberté, car on venait de voir tomber le symbole et l'instrument même de la tyrannie. Mais ce moment fut bref. Dès le lendemain, Septime Sévère reconstituait la Garde avec des soudards illyriens, deux fois plus nombreux et mieux payés encore que les Italiens dégradés : ceux-ci allèrent grossir, pendant toute une génération, les bandes d'irréguliers qui pillaient les provinces.

Ainsi, au premier jour de son règne, personne ne pouvait plus ignorer que les deux armes favorites de Septime Sévère seraient la vitesse et la ruse. En même temps qu'il précipitait ses légions sur les routes stratégiques de l'Orient où Niger, lui aussi, s'était fait proclamer Empereur, il endormait le gouverneur de Bretagne, Albinus, qui débarquait déjà sur le continent, en lui offrant fallacieusement le partage du pouvoir. C'est de cette manière qu'il parvint après quatre ans de combats sans merci à anéantir successivement les légions de ses deux compétiteurs dont seules les têtes plantées sur des piques arrivèrent jusqu'à Rome. Brillantes victoires, certes, mais sur d'autres Romains qui périrent des deux côtés par centaines de milliers. Septime en a gardé un souvenir amer, tous ses triomphes ont été achetés trop cher. Cette amertume s'est diffusée dans son caractère, elle a imprégné tous les moments de sa vie qui ne fut heureuse qu'autant qu'un homme peut trouver de satisfaction à faire plier les autres. C'est par pur besoin de gloire qu'il alla deux fois vaincre chez lui l'ennemi héréditaire, le Parthe qui ne le provoquait pas, et c'est aussi gratuitement qu'il est venu ensuite ici massacrer des Britanniques, comme si son régime fondé sur un coup d'État militaire ne se survivrait que dans la violence. Sa faiblesse cachée était qu'il ne pouvait se distancier de sa force visible. Il sait que son héritage sera hypothéqué par la dépendance où il s'est mis vis-à-vis de ses légionnaires en achetant leur fidélité par des concessions à la discipline.

Ce chef sûr de lui, autoritaire et redouté, est en effet pétri de paradoxes. On l'a vu se plier aux exigences de mutins, augmenter la solde des troupes bien au-delà de ce qu'eût nécessité l'inflation des prix, accorder aux légionnaires la permission de se marier pendant le service et leur reconnaître le droit d'association, tolérances inconcevables sous un Trajan ou même un Marc Aurèle.

Aurait-il donc plus d'humanité qu'eux ou plus simplement cède-t-il à la logique de la militarisation de son système de gouvernement ? Cette dernière hypothèse est la plus vraisemblable quand on voit qu'aux attentions envers l'armée correspond une proportionnelle persécution du Sénat. Pour la première fois dans l'histoire de Rome, la toge recule nettement devant les armes. Les légions sont commandées par des chevaliers issus eux-mêmes des cadres subalternes de l'armée. Septime est brouillé avec ce qui reste des vieilles élites romaines. Il n'est tranquille que lorsque lui et sa famille sont au milieu des camps. Il sait ce qu'il dira encore à ses fils lorsqu'ils seront autour de son lit de mort, dans quelques heures, il l'espère : « Contentez le soldat, et moquez-vous du reste. » Il n'y a plus de salut pour sa dynastie que dans une gestion cynique du pouvoir totalitaire.

Le tribun de garde entre et lui demande le mot de passe pour la nuit. Il accueille comme un soulagement ce rappel à la réalité qui interrompt sa pénible descente en lui-même. Son intelligence extravertie le porte peu aux méditations introspectives, tout au contraire de Marc Aurèle dont il a fait — autre paradoxe de sa nature — son modèle moral inaccessible. Une phrase, pourtant, qu'il a laissée échapper il y a quelques jours devant des visiteurs mériterait de figurer dans le livre des *Pensées* de l'Empereur-philosophe : « J'ai eu tout ce qu'on peut avoir, leur dit-il, et croyez-moi, ce n'est pas grand-chose... » Il a ensuite regretté cet aveu qu'on avait pu prendre pour un accès de modestie mais qui en réalité exprimait l'immense orgueil d'un perpétuel insatisfait. Il semblait en effet courir derrière un accomplissement hors d'atteinte, la vérité est qu'il manquait d'une grande vision tout en rêvant d'entrer dans la légende. Mais n'est pas Alexandre qui veut, Trajan lui-même en a fait la douloureuse expérience. Alors que peut-il faire encore, sinon continuer jusqu'à son dernier souffle sa course engagée sur un coup de dés, sans programme, sans profonde légitimité, et puis bientôt passer le relais à ses fils qui ne valent pas grand-chose mais qui devront, bon gré mal gré, prolonger ses traces ? Il y a gagné au moins le difficile défi de la durée. Être acclamé Empereur à Rome n'est plus un titre de gloire suffisant — Galba, Vitellius, Julianus, Niger en témoignent —, il faut au moins être un dynaste. Il le sera dans quelques heures. Que faire en attendant ? C'est simple : « Au travail ! » lance-t-il au tribun qui inscrit le mot sur le tesseire de bois que vont se passer de main en main les sentinelles de la nuit. Il s'est redressé énergiquement dans son lit et signe maintenant son courrier.

Julia fait fouetter les chevaux de la voiture qui roule dans la nuit précédée par douze cavaliers porteurs de flambeaux. À côté d'elle, la tête posée sur son sein, dort Géta. Des *equites singulares* venus d'York à sa rencontre la tiennent informée heure par heure de l'état de Septime, dont les membres sont gagnés par l'acide qui est monté de ses jambes. Déjà tout son corps est gonflé, et ses urines ont une consistance inquiétante. Les médecins s'étonnent qu'il ne paraisse pas souffrir atrocement et que son esprit ne soit pas troublé. Mais on connaît son courage surhumain. Il reste à la merci d'une crise fatale dans la nuit. Cependant des chutes de neige ralentissent la voiture qui n'arrivera pas avant l'aube. Julia est anxieuse pour bien des motifs précis qu'elle a clairement présents à l'esprit et qu'elle met en ordre. D'autres sont plus confus dans sa poitrine qu'écrase la tête de Géta. Cette tête précieuse est justement une de ses angoisses. Elle voudrait arriver avant que le père de ses fils ait perdu connaissance, et avant que l'aîné ait commis l'irréparable. Elle donne des ordres que remportent les cavaliers dont la course ne connaît aucun obstacle. Elle est maintenant la conscience de l'Empire. Elle va devoir régner, les circonstances l'imposent, elle va enfin régner, le destin comble son ambition. Ou plutôt il tient ses promesses : n'était-elle pas appelée dès sa naissance, par le deuxième nom araméen que lui donna son père, *Domna,* à être littéralement « la femme d'un roi », et Septime ne l'a-t-il pas choisie pour cette raison même entre plusieurs autres beaux partis lorsqu'il a voulu se remarier après la mort de sa première femme ?

Il était alors gouverneur de la Gaule lyonnaise, poste en principe de tout repos, mais où il allait avoir à s'agiter intensément à la poursuite d'un des plus dangereux chefs de bande que l'Empire ait connus, le déserteur Maternus qui, pendant deux ans, ramassa tous les hors-la-loi de l'Occident et ravagea les provinces. Ce n'est pas Septime qui le fit tomber mais un transfuge qui le vendit au moment où, déguisé en prétorien, il se préparait à assassiner Commode à Rome. Septime en liaison avec son futur rival, Niger, qui gouvernait alors l'Aquitaine, purgea autant qu'il le put la Gaule de ces bandits trop populaires auprès des pauvres gens, mais la plupart s'évanouissaient dans les forêts et les maquis d'où ils étaient sortis. Ce n'était pas une tâche digne des ambitions du jeune ménage. Lui avait quarante ans, elle moitié moins, elle ne l'avait pas attendu pour libérer ses instincts qui étaient forts, et d'autant plus faciles à satisfaire que sa séduction physique et intellectuelle était remarquable. En attendant son roi promis par les oracles elle avait mûri dans les riches domaines du temple de Baal à Émèse dont son père, Bassianus, était le grand prêtre héréditaire. Comme le culte du Baal phénicien était d'essence phallique elle ne manquait pas d'expérience sexuelle, mais c'est autant sa culture littéraire et sa fortune, et plus encore son horoscope, qui intéressèrent l'ambitieux légat, lui aussi d'origine punique, à la recherche d'une femme lunaire qui correspondrait à son signe solaire.

Rarement mariage par correspondance fut mieux réussi. Julia Domna se souvient de la longue espérance prophétique que le couple partagea au milieu de terrifiantes épreuves que seules leurs connaissances astrologiques leur permirent de surmonter. Un rêve de Septime renforça leurs certitudes : il vit dans son sommeil l'épouse divinisée de Marc Aurèle, Faustina, qui préparait leur lit nuptial dans le temple de Vénus et de Rome sur la via Sacra. Dans ce lit ils conçurent un premier fils qu'ils appelèrent Septimius Bassianus, devenu Aurelius Antoninus, plus connu aujourd'hui dans les armées sous le nom de Caracalla, tiré du petit manteau gaulois dont il s'est affublé. Julia trouve ce nom ridicule, mais tant mieux si les soldats l'aiment car tout repose sur eux. Aussi glorieux et redouté que soit Septime, son pouvoir eût été précaire s'il n'avait mis très tôt en place des successeurs de son sang, et à ce titre la mère de ses garçons pouvait se dire dynaste autant que lui. Il la combla d'ailleurs d'honneurs, et longtemps il ne décida rien d'important sans elle. Elle était trop intelligente pour abuser de sa puissance politique, elle l'utilisa habilement à faire durer le règne de la *Domus divina* afro-syrienne dont elle se sent responsable. Son problème va être de réussir la cohabitation de deux frères ennemis dont l'un se croit plus égal que l'autre, et malheureusement il est vrai que Caracalla, qui n'a qu'un an de plus que Géta, a été désigné *Imperator destinatus* dix ans avant lui, ce qui justifierait son arrogance. Julia reconnaît que ce fut une erreur, et elle se demande si elle pourra la réparer.

Bien sûr elle aime Caracalla. Ce premier-né était sa fierté, il ressemblait à son père dont elle était encore amoureuse alors, et il manifestait une grande sensibilité — les tueries du Cirque le rendaient malade. Sa nourrice lyonnaise, une chrétienne, l'élevait avec douceur. Mais quand sa mère eut Géta, elle se reconnut en ce second enfant à des signes perceptibles par elle seule et dont elle garda le secret. Ce n'est pas parce qu'il se sentit moins aimé que Caracalla développa un caractère jaloux et brutal, c'est simplement parce qu'une mauvaise hérédité se révéla en lui dans son adolescence. Il resta petit, son faciès s'enlaidit avec son moral et, plutôt qu'à se faire aimer, il s'appliqua à faire peur. Il n'était pas sans quelque intelligence et s'exprimait à la manière de son père, sèche et rapide. Il chercha furieusement à compenser la médiocrité de sa taille et de son caractère par un exercice physique intense, et il devint résistant comme les hommes de troupe auprès desquels il acquit un immense crédit en partageant leur vie. Septime encouragea d'abord ces propensions parce qu'il en avait fait avantageusement l'expérience pour lui-même dans ses débuts, et parce qu'il voyait là un dérivatif au comportement de plus en plus sauvage de son fils aîné. Mais il le regretta lorsqu'il le vit tout à fait incontrôlable et prêt à tuer tous ceux qui se trouvaient sur son chemin, même les siens.

Julia a eu un affreux pressentiment le jour où elle a appris, malgré les consignes de silence imposées par Septime, un incident digne des Atrides qui s'était produit sur un chemin d'Écosse l'an dernier. Caracalla, qui chevauchait à quelque distance en arrière de la chaise où l'on portait son père, avait subitement emballé sa monture et se précipitait en avant l'épée hors du fourreau. Ses officiers stupéfaits lancèrent des avertissements qui firent se resserrer la garde de l'Empereur, mais celui-ci eut le temps de voir son fils l'arme à la main. La scène était incroyable, absurde, mais réelle. Rien ne fut dit sur le moment, comme si chacun avait cru rêver. À l'étape, Septime évoqua, paraît-il, les problèmes de sa sécurité en termes ambigus : « Si quelqu'un veut hâter ma mort, c'est facile, je ne suis pas armé et je n'ai plus de forces. Ainsi, toi, Caracalla, tu pourrais ordonner au chef de ma garde ici présent, de me tuer, je suis sûr qu'il le ferait. N'est-ce pas, Papinien ? » On ne sut s'il fallait rire ou pleurer. Julia, elle, tremble depuis ce moment. Elle regarde la tête de Géta, tellement plus fine et aimable que celle de son frère, tellement menacée aussi. Sur cette tête, un puissant parti, au Sénat, dans la jeunesse et même dans les cadres de l'armée fonde ses espérances. Mais la troupe fait corps avec Caracalla et cette troupe a pris conscience depuis la fin de la guerre civile de sa force politique. Septime lui a abandonné trop de privilèges. L'Impératrice a beau avoir les titres de Mère des camps, Mère des Augustes, Mère de la Patrie, son autorité ne peut s'exercer qu'en coulisses. Or dans ces coulisses deux équipes de tueurs répètent leur rôle. Nul ne peut dire lesquels entreront en scène les premiers.

Sévère a encore la force, au milieu de la nuit, de signer les lettres que lui présente le secrétaire à la correspondance, Ulpien, élève et premier assistant de Papinien. Syrien comme son maître et formé comme lui à la prestigieuse École de droit de Beyrouth, il a la confiance totale de l'Empereur qui ne doute pas que ces juristes seront une des illustrations de son règne. Il est rassuré de les laisser en héritage à ses fils. On n'en aura jamais fini de mettre en ordre les lois et règlements publics et privés qui resteront comme la plus importante contribution de Rome à la civilisation. Hadrien et Marc Aurèle pensaient avoir comblé pour longtemps les lacunes du droit civil et du droit pénal, et adapté la condition des personnes aux idées humanistes de la société nouvelle. Ils avaient seulement ouvert la voie aux attentes impatientes de cette société à une plus grande justice sociale qui ne pouvait s'accomplir spontanément dans leur système libéral. Des légistes comme Papinien comprirent que les progrès vers une communauté plus étroite entre les habitants de l'Empire, telle que la prônait Marc Aurèle, ne se réaliserait qu'après lui et avec d'énergiques interventions de l'État. Comme l'interventionnisme était bien dans le tempérament de Sévère, il se trouva mieux placé que d'autres pour présider aux changements devenus nécessaires.

Ce soir il a cependant une réaction de recul en lisant l'exposé des motifs d'une loi qu'Ulpien voudrait lui faire signer : « *Attendu que, en ce qui concerne le droit naturel, tous les hommes sont égaux...* — Là, tu vas trop loin. C'est peut-être vrai dans l'absolu, mais il ne sert à rien de le dire. Tu vas mettre des idées subversives dans la tête des gens. » Ulpien explique que le pouvoir impérial est, lui, de l'ordre de la Nature, et que dans l'ordre humain, infiniment au-dessous, tous les hommes doivent une égale obéissance à la personne sacrée de l'Empereur. Il serait donc logique de leur donner un statut uniforme, de les soumettre aux mêmes obligations juridiques et économiques. Ce serait en tout cas plus commode pour l'administration, celle de l'état civil et celle du fisc en particulier. Sur ce dernier point Septime Sévère est d'accord, mais il continue à penser que l'idée est utopiste et la formulation trop radicale. Il existe des moyens beaucoup plus simples et efficaces pour réduire les privilèges abusifs des classes supérieures et pour ponctionner les grandes fortunes. L'ancien Sénat décimé par les guerres civiles a été recomposé avec des provinciaux parvenus, en majorité africains et orientaux. Le Trésor impérial, tombé à rien, a été regonflé avec le produit des confiscations et des surtaxes sur les héritages. Ces mesures ont mis fin à la suprématie de l'Italie qui est devenue une province comme les autres. Pour la première fois de l'Histoire romaine, des unités légionnaires sont cantonnées aux portes de l'*Urbs* et les prétoriens sont maintenant recrutés sur le Danube. C'est avec de telles mesures qu'on fera avancer l'unité de l'Empire.

La démocratisation ira de pair. La classe moyenne, celle des chevaliers, favorisée depuis Hadrien a enfin pris l'essentiel du pouvoir et elle prolifère comme toute bureaucratie installée. L'armée et elle s'interpénètrent. Les charges de la défense s'alourdissent, le poids de la fiscalité aussi, les prestations en nature et les corvées obligatoires comblent la différence, la tendance au nivellement social s'accélère. Les grandes théories d'Ulpien ne sont pour rien dans cette évolution, elles peuvent seulement la légitimer en droit. Tôt ou tard il aurait bien fallu prendre des mesures rigoureuses pour faire face au déséquilibre des finances et à l'inflation qui ronge depuis longtemps l'économie. Septime Sévère ne peut pas ignorer que l'Empire est en crise malgré des apparences de prospérité. On consomme plus qu'on ne produit et l'État doit être partout présent pour empêcher les Villes de faire faillite, pour obliger les notables à contribuer aux charges communes, celles de l'assistance sociale, des constructions, du cantonnement des soldats..

Il n'aspire pas à laisser le souvenir d'un grand réformateur, il s'est toujours placé dans la continuité mais la logique de cette continuité exige maintenant de vigoureux efforts de changement. Pertinax l'avait déjà compris. L'un et l'autre auront été des chefs militaires, l'avenir appartient sans doute à ce type d'hommes réalistes qui s'adaptent aux difficultés du terrain. Le terrain au cours des dernières trente années, depuis la mort de Marc Aurèle, est devenu rugueux, plus imprévisible car on ne cesse de s'éloigner du paysage humaniste planté par la philosophie gréco-romaine. Dans cette philosophie chacun privilégie aujourd'hui les aspects mystiques, les démarches instinctives, les sources irrationnelles. Des néoplatoniciens rejoignent des néopythagoriciens dans un monde initiatique qui tourne autour de la magie. Les religions révélées s'emparent des âmes que ne satisfait plus le panthéon romain qui cède chaque jour du terrain à Isis, Serapis, Cybèle, Mithra, et même au Dieu des chrétiens. Septime laisse Julia, qui a besoin de dérivatifs, explorer ces croyances exotiques. Lui est moins religieux que superstitieux, même s'il n'accepte pas que l'on qualifie de science occulte ses recherches astrologiques. À ses yeux rien n'est plus exact qu'un horoscope bien calculé. Dans ses appartements du Palatin les plafonds sont constellés d'étoiles — mais la partie du ciel où figurent ses signes astraux n'est pas accessible au regard des autres. À l'extrémité de la colline, faisant face à la via Appia, il a élevé un immense décor sculpté, le *Septizodium,* où sont figurés les sept dieux planétaires. Au centre il est lui-même Sol, le Soleil qui accueille à Rome les voyageurs venant d'Afrique.

Sol invictus, c'est déjà, il le sait, le signe de ralliement secret des officiers légionnaires de l'armée du Danube, ces Illyriens, ces Orientaux adorateurs de Mithra qui veillent sur les frontières au salut de l'Empire. En défendant une patrie commune ils ont conscience de défendre leurs terres et leurs familles, et ils sont solidaires entre eux au sein d'associations d'aide mutuelle. Ils ont la charge sacrée de protéger l'Empereur et les siens, ils seront les piliers de la dynastie nouvelle. Septime leur a fait don de son fils aîné qui s'est littéralement incarné parmi eux. Alors, puisque tout est en ordre, puisqu'il a gagné tous ses paris, à quoi bon s'obstiner à durer ? Il ne se sent plus la force d'attendre, l'acide a envahi tout son corps et voile sa pensée. Des ombres s'agitent autour de lui, peut-être les siens sont-ils enfin tous arrivés, mais il n'a plus rien à leur dire.

Tel qu'il était en chair et en os sur son lit de mort, à Eburacum, tel il se retrouve en cire un mois plus tard à Rome sur son lit de parade. Ce n'est pas parce qu'il est revenu dans une petite urne d'albâtre déjà scellée dans le Mausolée d'Hadrien que les Romains doivent être privés du spectacle extraordinaire sur lequel ils ont des droits exclusifs : la mort et l'apothéose d'un Empereur qui n'a pas daigné vivre parmi eux plus de deux années — et encore les avait-il passées dans une résidence de Campanie où il confinait ses fils. Maintenant il est bien l'otage de ces gens qu'il n'a pas aimés et qui se moquaient sous cape de son accent punique. Le lit surélevé est en ivoire, le corps est recouvert de draps brodés d'or, le visage a la pâleur des grands malades. Sur la gauche siègent les sénateurs pour lesquels il a eu si peu d'égards. Ils sont vêtus de noir. À droite sont assemblées les femmes de condition en robes blanches de deuil, sans aucune parure d'or ni collier de perles.

Cette veillée dure une semaine. Chaque soir les médecins viennent visiter le malade et, après lui avoir pris le pouls, publient un communiqué déclarant que son état empire. Et en effet la cire fond peu à peu et les couleurs s'effacent. Quand enfin la mort est reconnue, les lamentations éclatent et les chevaliers vêtus de gris portent le soi-disant cadavre sur la Voie Sacrée jusqu'au vieux Forum. Là il est accueilli par des chœurs d'enfants et de femmes, puis il est conduit au Champ de Mars où a été élevé un superbe édifice de bois doré incrusté d'ivoire, haut de quatre étages en forme de pyramide, avec fenêtres et portes. La dépouille est installée au second étage, au milieu de tableaux évoquant ses hauts faits. Des délégations des Provinces et le peuple de Rome défilent alors devant le catafalque, et déposent des objets jugés par eux précieux. De escadrons de l'ordre équestre manœuvrent tout autour, suivis de chars conduits par des auriges rouges qui véhiculent les statues des grands ancêtres.

Enfin deux jeunes hommes vêtus de pourpre s'avancent séparément, une torche à la main, et mettent le feu à ce décor fastueux et factice. Lorsque les flammes atteignent les plus hautes structures, un aigle s'envole du brasier avec le *genius* de Septime Sévère. Les deux incendiaires s'éloignent rapidement, et chacun entouré de sa garde personnelle court mettre au point dans sa moitié de Palatin son dessein fratricide.

CARACALLA

OU LA MORT AUX TROUSSES

L'escadron d'une trentaine de cavaliers en formation compacte s'avance au trot rapide en direction du sud-est. Le soleil est à peine levé sur la gauche, la lune pâlit déjà sur la droite. Le vent d'avril qui souffle très fort en face dresse dans leur dos les capes grises et les longs cheveux blonds des hommes qu'on prendrait pour des géants nordiques transportés par Wotan dans un paradis de palmiers et de buissons ardents. Ce sont en effet des guerriers germains captifs d'un nain de légende qui, au milieu d'eux, pourrait être leur prisonnier s'ils n'avaient fait de lui leur dieu. Il porte la même cape grise — la caracalla — qu'il leur a empruntée mais qu'il a fait tailler longue, et sa chevelure à lui est tout à fait rare. Il est laid autant qu'ils sont beaux. Il aura vingt-neuf ans dans deux jours si le Soleil et la Lune, ses puissances tutélaires, lui prêtent vie : pour l'heure, le couple astral qui se balance au-dessus des horizons opposés neutralise les signes auxquels il est attentif jusqu'à l'obsession. Il est si superstitieux qu'il ne tolère pas même qu'on lui souhaite une longue vie. Au Sénat de Rome qui vient de lui faire porter jusqu'ici, en Mésopotamie, des vœux d'anniversaire avec la phrase rituelle : « Puisses-tu vivre encore cent ans ! » il a répondu hier qu'une telle espérance absurde ne peut être qu'une provocation perfide et un sacrilège.

Il a décidé brusquement cette nuit[1] d'aller à Carrhes, à une cinquantaine de kilomètres d'Édesse où il a fait hiverner son armée, pour offrir un sacrifice à la divinité Lune dans son temple où elle est servie par des hommes habillés en femmes et des

1. 8 avril 217 après J.-C.

femmes habillées en hommes tant on a d'hésitation sur son véritable sexe. Pour lui, c'est bien une femme puisque sa mère Julia Domna est lunaire — mais il est vrai qu'elle se comporte actuellement comme un homme, à Antioche où il lui a laissé le gouvernement des affaires civiles de l'Empire pendant que lui conduit les armées de victoire en victoire. Avec le retour du printemps vont recommencer les campagnes contre les Parthes engagées depuis deux ans et qui l'ont déjà mené jusqu'au Tigre et même au-delà, dans cette province perse qu'on appelle Adiabène. Ces victoires par lesquelles il voudrait faire pâlir la gloire de son père sont jusqu'à présent gagnées sur un ennemi invisible. Le Roi parthe du moment, Artaban V, se soucie surtout de conserver son sanctuaire oriental dans la lointaine Médie et en Iran, de la mer Caspienne au golfe Persique. Il a renoncé à reprendre la Mésopotamie dont Sévère, plus heureux que Trajan, a fait une province romaine. Caracalla peut sillonner sans risque les terres que depuis deux siècle et demi les légions viennent dévaster de génération en génération, soi-disant pour venger la honteuse défaite de Crassus, devant la cité de Carrhes précisément. Mais cela n'a jamais été qu'un prétexte pour conquérir la gloire ou pour contrôler la route de la soie, en tout cas pour dissuader les descendants de Darius de s'aventurer trop à l'ouest vers la province de Syrie qu'ils revendiquent héréditairement.

Les facteurs héréditaires jouent un trop grand rôle dans la question d'Orient. Certains pensent qu'on n'en finira jamais si les Romains et les Parthes ne trouvent pas un moyen de surmonter cette fausse fatalité historique qui les fait s'affronter périodiquement avec des fortunes alternées pour des enjeux nuls puisqu'ils se voient tôt ou tard ramenés à leurs positions de départ. Tout se passe comme si l'on en était resté à l'époque désastreuse où les Perses et les Grecs essayaient en vain de se détruire mutuellement. Il a fallu qu'un Macédonien les mît d'accord en les soumettant les uns et les autres et en les obligeant à vivre ensemble dans un même Empire. Aujourd'hui, il y a comme une nostalgie d'Alexandre parmi les peuples. César puis Trajan ont cru pouvoir reconstituer son rêve, mais comment y fussent-ils parvenus autrement que par voie de conquête brutale, c'est-à-dire tout à l'inverse d'un projet de civilisation ? Septime Sévère est tombé dans la même contradiction, Julia Domna qui, mieux que lui, connaissait l'âme de l'Orient, savait que ses victoires dévastatrices sur les Parthes seraient à terme des défaites de Rome, qui ne pourrait tenir longtemps par la force des morceaux d'un vieil Empire rival. Si l'on voulait unir des peuples, il fallait le dire clairement, et si l'on cherchait la réconciliation, qu'on en prît alors les voies. Pour cela, il y avait un mot grec qu'Alexandre n'utilisait sans doute pas, mais dont il fit la plus grande réalité civilisatrice que l'Histoire ait retenue. Ce mot et cette réalité s'appellent « syncrétisme ».

Julia, issue d'une vieille dynastie syrienne consacrée au culte universel du dieu solaire Baal, Papinien, son cousin et conseiller, formé avec son élève Ulpien, Syrien lui aussi, aux disciplines du Droit romain, portaient la certitude mystique et juridique de l'identité fondamentale du monde visible et invisible, de l'unité de tous les dogmes religieux et de toutes les lois humaines. L'Empire, à leurs yeux, n'avait d'avenir que dans la fusion spirituelle et politique de ses différentes parties, de tous ses habitants, sous réserve cependant de particularismes et de coutumes trop fortement ancrés dans les mentalités. Ces vues généreuses mais aussi pragmatiques étaient bien dans l'esprit du temps à Rome et il n'aura manqué qu'un peu d'imagination et d'audace à Marc Aurèle pour déjà les appliquer à la réalité. Caracalla a été élevé dans le culte du Macédonien. Il était à Alexandrie avec son père quand celui-ci s'enferma seul dans le tombeau où s'éternisait la momie du héros. Il y est revenu lui-même récemment et y a déposé son manteau de pourpre et son anneau d'or. Sa mère n'a pas découragé en lui cette exaltation qui absorbe sa mégalomanie dont elle s'assure le contrôle. Il a reconstitué de toutes pièces les phalanges macédoniennes impropres au combat moderne. Ne pouvant vaincre Artaban, ce nouveau Darius qui se dérobe, il a changé de tactique et, s'inspirant toujours d'Alexandre, il lui a demandé la main de sa fille, nouvelle Roxane. Julia a approuvé cette palinodie qui aurait pu faire l'économie d'une guerre pour laquelle elle n'avait plus d'argent. Elle y voyait aussi une première mise à l'épreuve de ses grands desseins politiques inspirés du syncrétisme que professait son cercle de philosophes.

L'idée du mariage est de Caracalla, il la trouve toujours géniale bien qu'elle n'ait pas abouti pacifiquement par la faute d'Artaban. Il faudra donc l'obtenir par la force. Il ressasse dans sa course vers Carrhes l'argumentation très solide qui lui avait été fournie par les bureaux d'Ulpien dans une lettre que des ambassadeurs chargés de cadeaux portèrent au Roi des Rois. En premier lieu, disait-il dans cette lettre, il ne pouvait épouser, lui, Empereur de Rome, que la fille d'un grand Prince tel que l'Empereur des Parthes. Leurs deux Empires étaient les plus puissants de la terre. Rivaux, ils se ruinaient mutuellement, réunis rien ne pourrait leur résister. Leurs deux peuples accepteront volontiers de se soumettre à une autorité commune si on leur laisse des dirigeants de leur nationalité et si on ne touche pas à leurs plus anciennes coutumes. Le fait qu'ils aient chacun les meilleures troupes du monde, les Romains dans l'infanterie, les Parthes dans la cavalerie, ferait que la fusion de leurs forces leur assurerait l'Empire universel. De plus la complémentarité de leurs productions — les encens, les produits de luxe, les étoffes rares chez les Parthes, la métallurgie, les objets manufacturés chez les Romains — rend possible, appelle même la mise en commun de tous ces biens. Une fois les frontières supprimées, et avec elles les limitations au commerce, les échanges se trouveraient multipliés.

Ce plan d'union volontairement consenti était sans précédent, aussi les forces conservatrices et les factions nationales, inspirées par le clergé iranien de Mazda, firent pression sur Artaban pour qu'il le rejette. Il répondit ironiquement à Caracalla que la princesse d'un peuple que les Romains s'obstinaient à appeler barbare ne conviendrait évidemment pas à leur Empereur. Celui-ci n'avait qu'à chercher à Rome une fille de bonne famille. Sa fille à lui épouserait un prince de sa race et de son lignage. D'ailleurs il ne serait pas raisonnable d'unir des gens qui ne parlent pas la même langue et ne pratiquent pas les mêmes coutumes. Ainsi donc les Parthes n'avaient rien compris à l'essence même du projet d'union, ou peut-être avaient-ils trop bien compris que Rome cherchait par là à les absorber et à dominer une soi-disant communauté d'Empires égaux. Caracalla s'est vite consolé de cette déception. Il avait enfin un excellent *casus belli* et il annonça qu'il allait venger dans le sang l'insulte faite aux mânes d'Alexandre par l'héritier de Darius. Mais tout le monde ne partage pas son enthousiasme. Cette guerre de la terre brûlée n'a pas de sens aux yeux de beaucoup d'officiers qui voient leur Empereur s'enfoncer dans un délire maniaque.

Ces responsables sont d'autant mieux fondés à se poser des questions sur l'équilibre physique et moral de Caracalla qu'on le voit lui-même de plus en plus préoccupé de sa santé. Son agitation frénétique est moins un symptôme de vigueur que de débilité. Un mystérieux mal intérieur le ronge apparemment et les détours qu'il fait faire à son armée pour visiter les nombreux temples d'Esculape témoignent de sa quête anxieuse de remèdes-miracle. Ce mal qui a toujours été présent dans ses nerfs est devenu paroxystique après qu'il eut traîtreusement fait tuer Géta au cours d'une réunion de conciliation dans la chambre de leur mère. Ils régnaient concurremment depuis un an [1] sans aucune coordination et cette dualité ruinait l'État. Des conseillers suggérèrent que l'on partageât l'Empire, Géta exerçant depuis Antioche sa souveraineté sur l'Orient et l'Égypte, Caracalla gardant Rome, l'Europe et l'Afrique du Nord. L'accord était presque conclu, mais Julia, qui se doutait bien qu'à la première occasion l'aîné irait reprendre la part du puîné, déclara véhémentement que cette solution équivalait à la couper elle-même en deux, ce qu'elle n'était pas prête à accepter. Caracalla, voyant que le parti de Géta se gonflait à son détriment, décida alors de régler le problème à la manière, pensait-il, d'Alexandre qui trancha par l'épée le nœud gordien. Il feignit d'accepter le dialogue mais se fit suivre par ses gardes auxquels il donna l'ordre de tuer son frère. Ce dernier se précipita alors dans les bras de sa mère mais il y fut percé de coups qui la blessèrent elle-même au bras.

Le frère assassin courut alors à travers les rues jusqu'à la caserne des prétoriens en hurlant qu'il venait d'échapper à un attentat. Il s'enferma dans le *templum* du camp comme dans un asile sacré et cette comédie parut d'autant plus vraisemblable qu'il promit aux soldats fidèles des donations extraordinaires. Depuis, il s'est persuadé sans peine qu'il avait agi en état de légitime défense, et il est vrai que le triomphe du parti de Géta lui eût laissé peu de chances. Il lui parut donc normal d'achever la besogne en massacrant tout ce parti qui comptait déjà près de vingt mille personnes. Dans ce nombre sont compris les femmes et les enfants, les pédagogues, médecins de famille et même des musiciens et comédiens de Cour. Tous furent jetés dans des fosses communes. S'il avait à se justifier, il rappellerait que son père n'avait pas agi autrement avec les partisans d'Albinus. Mais

1. Mars 212 après J.-C.

personne ne semble se souvenir de l'existence de tous ces gens malchanceux dont les plus faibles traces ont été effacées. Le nom de Géta a disparu de tous les monuments, de toutes les monnaies. Sa mère, du moins, garde-t-elle l'image de ce fils préféré, entend-elle son dernier cri : « Au secours, Maman ! » ? Il n'y paraît pas car il lui a été interdit de porter le deuil, et elle a même dû participer à toutes les actions de grâce qui ont célébré le salut de son fils survivant.

Caracalla pense qu'il eût été bien stupide d'hésiter à recourir à de telles extrémités puisqu'aujourd'hui il n'y a plus personne pour contester sa légitimité et que sa mère est devenue son plus ferme soutien et préside son Conseil. Dans ce Conseil, Ulpien a pris la succession de son maître et ami Papinien après que ce dernier eut la tête tranchée pour avoir refusé de rédiger un mémoire validant juridiquement le meurtre de Géta. Il avait eu l'insolence de dire qu'il était plus difficile de justifier un fratricide que de le commettre. La preuve est faite qu'il n'y a pas de si grand juriste ni de si haut fonctionnaire qui ne puisse être remplacé à défaut d'être retourné. L'attrait du pouvoir, même avec ses risques mortels, est capable de dénaturer une mère et de corrompre un docteur de la Loi. Pourtant le cynisme a ses limites : si Caracalla fait maintenant galoper son cheval sur la route de Carrhes, c'est parce qu'il vient d'être à nouveau assailli par son délire récurrent qui peuple de fantasmes sa conscience malade. Ce n'est pas seulement comme on le croit la simple pulsion de gloire qui le fait courir, c'est avant tout la souffrance sans remède de n'avoir pu aimer ni être aimé. C'est celle aussi d'avoir choisi d'être le démon du mal, faute de pouvoir exceller dans le bien, ou, du moins, faute de savoir doser les deux extrêmes comme s'y était habilement employé son père, et surtout comme Alexandre le Grand en avait reçu le don génial. En vain il s'est fait représenter sur des statues à double face, la sienne et celle du Macédonien, mais il a dû se résigner à n'avoir qu'une nature, la pire, et sur ses bustes officiels on voit maintenant son visage effrayant. Récemment, à un passant qui s'en offusquait devant lui jusqu'à en rire nerveusement, il fit donner mille sesterces au lieu de le tuer. Il en était donc arrivé au comble de l'autodérision, mais on ne savait pas qu'il était habité lui-même par la terreur qu'il faisait régner.

Cette terreur qui le porte subitement à fuir en avant sur sa route ne l'éloigne pas de son fantôme familier qui est celui de Géta, dont la *damnatio memoriae* qu'il a fait décréter par le Sénat est devenue insidieusement son propre enfer. Plutôt que de subir dans ses cauchemars le retour obsédant de ce frère dont rien ici-bas ne rappelle plus l'image ou le nom — personne d'ailleurs dans l'Empire n'a plus le droit d'être nommé Géta —, il préfère maintenant le convoquer lui-même pour obtenir son pardon, mais l'autre ne daigne pas répondre à ses exorcismes. Alors il implore les mânes de Septime pour qu'il intercède auprès du fils qui l'a rejoint prématurément dans le royaume des morts, sans autre résultat que de les voir s'avancer tous les deux l'épée à la main. En dernier recours, il s'adresse à Commode, son oncle par adoption, et il s'entend dire par ce monstre : « Tu es complètement fou, à ta place j'irais me pendre ! » Que faire alors dans un monde où l'on ne peut même pas être sauvé par le repentir, ce monde où pourtant Alexandre est célébré pour avoir pleuré Clitos après l'avoir tué. Que faire, sinon s'efforcer de survivre au milieu d'une garde d'acier, continuer à se fondre dans la soldatesque pour aller toujours plus loin terroriser les ennemis de Rome et accumuler les titres triomphateurs ? Peu importe si ces triomphes sont fictifs comme ceux qu'il a gagnés sur les Germains lorsqu'il a quitté Rome il y a quatre ans.

Ces Germains étaient devenus très menaçants à l'ouest sous le nom nouveau d'Alamans, c'est-à-dire dans leur langage « tous les hommes », tous ceux de plusieurs grandes tribus suèves pour la première fois rassemblées dans une armée commune. Ils furent refoulés par une puissante contre-attaque menée par Caracalla qui avec d'immenses forces venues de partout, même d'Égypte, s'enfonça chez eux, massacrant et détruisant toute vie sur son passage. Aux femmes il donnait le choix entre l'esclavage et la mort, la plupart préféraient se suicider après avoir tué leurs enfants. Ce courage l'impressionna au point qu'il voulut s'infuser les vertus guerrières des Germains en se mêlant à eux, portant leurs habits et s'affublant d'une perruque blonde. Mais cette mode ne l'occupa pas longtemps parce qu'il dut courir sur le Danube où d'autres Germains s'agitaient : c'était le début d'un nouvel ébranlement de tous les peuples du nord et du centre de l'Europe qui, ayant reconstitué leurs forces détruites par les campagnes de Marc Aurèle, repartaient à l'assaut les uns des autres, et tous ensemble à la conquête des provinces romaines. Les généraux de Commode, puis Septime Sévère, s'étaient employés à les contenir derrière des murs de pierre de plus en plus élevés, et de les acheter avec de plus en plus d'or. Caracalla, pressé d'aller suivre les traces d'Alexandre, renchérit sur cette politique de dissuasion et d'apaisement à la fois, politique qui ne règle rien. Que trente années de temporisation aient profité surtout à la Germanie où se levait une nouvelle génération de guerriers, quelques officiers sur le Rhin et le Danube commençaient à s'en inquiéter. Mais déjà Caracalla dont la santé se dégradait malgré une cure aux eaux de Baden-Baden, ne pensait plus qu'à ses mythologiques phalanges macédoniennes.

Il les a emmenées parader à Antioche où s'est installée à demeure sa mère à la tête du Conseil qui gère les affaires de l'Empire. Là, à deux étapes d'Émèse, elle a retrouvé les racines de sa culture et les sources de son ambition. Sa puissance est considérable, toute la correspondance, toutes les relations diplomatiques passent entre ses mains. Son fils lui a donné une garde prétorienne et délégué sa signature pendant qu'il poursuit l'ombre d'Artaban. On ne sait jusqu'où vont leurs rapports affectifs, leurs désirs ou leurs méfiances réciproques, et leur complicité secrète. L'année dernière lorsqu'il est venu à Alexandrie, des rumeurs d'inceste ont couru dans une population légère et frondeuse. Caracalla était raillé sous le nom d'Œdipe et sa mère sous celui de Jocaste. D'autres libelles rappelaient que Jocaste était la mère d'Étéocle et Polynice qui s'entre-tuèrent pour la possession de Thèbes. La visite se termina dans une immense hécatombe — toute la jeunesse fut raflée et massacrée. Mais ce ne sont pas ces fantômes-là qui le troublent. Au contraire, il en tire gloire et a écrit au Sénat qu'il ne pouvait dire le nombre incalculable de factieux dont il a débarrassé l'Égypte. On les a brûlés en tas, il y avait dans le nombre des commerçants étrangers, des touristes, et même des fonctionnaires romains qui se trouvaient sur le passage des tueurs. Les officiers aiment de moins en moins faire faire ce travail à leurs hommes.

En avant et en arrière de l'escadron des gardes germains qui entourent l'Empereur voltigent des cavaliers chargés de mission d'accompagnement, *equites singulares* porteurs des messages, et *frumentarii* préposés à la logistique — approvisionnement et cantonnements. Ces corps très mobiles se sont vus depuis longtemps — depuis Hadrien — affectés à des tâches beaucoup plus spéciales, ils sont devenus les services de sécurité de l'armée sous les ordres du préfet du Prétoire. Le centurion Martialis est un agent secret du préfet actuel, Macrin, qui est seul à connaître son passé trouble et les raisons qu'il a de détester Caracalla. Macrin lui-même est un personnage inquiétant. On ne sait comment s'est élevé ce Maure de Cherchell qui porte des boucles d'oreilles. Il lui a fallu beaucoup d'intelligence et de ruse pour s'insinuer dans l'entourage africain de Sévère, entrer dans l'ordre équestre et y faire une brillante carrière administrative — plus encore pour garder la confiance de Julia Domna et de son fils. Cette confiance cependant est en train de s'effriter. L'instinct supérieur de la bête a dû fonctionner chez Caracalla qui a demandé à une de ses créatures à Rome d'enquêter sur des consultations de devins auxquelles se serait livré Macrin. La réponse revient par des voies directes, elle est positive, mais un espion du préfet a pu l'alerter par un courrier encore plus rapide. L'agent Martialis entre alors en jeu, il doit agir d'urgence, une retraite sûre lui est préparée. En ce moment il guette la première faille dans le dispositif des Germains. Ce qu'il ne sait pas, c'est que son collègue des *equites singulares* est chargé, lui, de surveiller tous ses mouvements.

Caracalla rumine ce qu'il va demander à la Lune. Il a cherché par les moyens les plus variés à se doter de la seule puissance qu'il n'a pas héritée, pas conquise, pas achetée, celle du sexe qui ne fonctionne pas. Les tentatives auxquelles il se livre sont compliquées, contre nature et insatisfaisantes. On ne peut en douter depuis le jour où la Vestale Claudia Leta qui a été condamnée à être enterrée vive pour avoir eu, prétendait-on, des rapports hétérosexuels, s'est défendue en criant : « César sait très bien, et pour cause, que je suis toujours vierge ! » Le fait est qu'il n'a jamais eu d'enfant, ce qui risque de poser un grave problème dynastique. Est-il bloqué dans sa tête ou dans sa vessie, seul Gallien, le célèbre médecin des Empereurs, pourrait le dire. Il vit encore, écrit son centième traité de physiologie, mais la prudence plus encore que le serment d'Hippocrate l'invite au secret. Que la vessie impériale soit rongée par quelque mal n'est cependant plus un secret d'État, puisque l'on voit bien que Caracalla doit fréquemment descendre de cheval. C'est sur cette infirmité-là que Martialis a établi ses plans.

Macrin est resté à Édesse, il a commandé comme toutes les

semaines un exercice d'alerte, mais il affecte d'être absorbé par des problèmes de routine. L'état financier est à l'ordre du jour, avec un important déficit du budget militaire. De fastueuses dépenses de prestige telles que la construction au sud de l'Aventin de thermes gigantesques offertes par l'Empereur au peuple de Rome, le coût croissant des subventions aux Barbares ont déséquilibré le Trésor public. Les rentrées escomptées de l'Édit qui, en étendant la citoyenneté romaine à tous les habitants de l'Empire, a augmenté le nombre des contribuables ne suffiront pas à financer la guerre contre les Parthes. Julia s'en est inquiétée auprès de son fils qui lui a répondu superbement en montrant son épée : « Rassure-toi, celle-ci s'en occupera. » Mais ce n'est pas par la terreur qu'on renflouera le budget de l'État. Julia a dû transférer dans les caisses des légions une partie de son patrimoine personnel qui est considérable. Macrin en a fait son trésor de guerre. Il attend un signal.

Caracalla met tout à coup pied à terre, donne les guides de son cheval à son ordonnance et court dans un taillis au bord du chemin en criant : « Je vais pisser, faites boire les bêtes. » Les Germains se tournent avec leurs montures vers l'autre bord où coule un ruisseau. Pour un instant la sécurité n'est plus leur affaire, c'est celle des *frumentarii* et le centurion Martialis se trouve justement, comme c'est son devoir, à la hauteur du taillis qu'il surveille. Caracalla qui semble avoir des yeux partout l'interpelle : « Viens donc, Martialis, je te défie de pisser aussi loin que moi ! » C'est une des plaisanteries par lesquelles il se plaît souvent à humilier ce centurion à l'allure un peu efféminée. Mais il n'en jouira que trois secondes. La foudre s'abat sur son dos. Non, certainement pas un poignard, ni la massue d'un homme, pas moins que le feu du ciel qui le cloue la face contre terre. Il n'a ni le temps, ni la force de crier. Ce sont d'autres qui crient au loin. Alors un second coup atroce....

Il n'a pas vu Martialis sauter sur son cheval et fuir sur la route en direction de Carrhes. Il n'a pas entendu l'officier des *equites singulares* hurler aux Germains : « Il a tué l'Empereur, abattez-le ! » et il n'a pas pu le voir se pencher sur lui pour enfoncer d'un cran le poignard de Martialis. Il ne verra pas ce dernier rattrapé et massacré par les Germains fous de rage, pendant que son collègue de la police rivale saute à son tour sur son cheval et galope en direction d'Édesse pour rendre compte à Macrin : mission remplie. Dans trois heures Macrin sera là avec tous les chefs de l'armée et plusieurs cohortes de prétoriens. Il se penchera sur le cadavre de Caracalla en gémissant, il maudira Martialis qui a évidemment agi dans un accès de folie, il félicitera celui qui s'est précipité pour essayer de sauver son Empereur et qui a lancé contre le criminel les cavaliers de la Vengeance. Tous témoigneront de la fidélité et de la piété du préfet du Prétoire qui n'abandonnera pas dans son malheur une armée orpheline. On rend les honneurs à la dépouille de Caracalla, on la brûle et ses cendres sont portées à sa mère à Antioche. Elle crie sa détresse et se frappe violemment les seins déjà rongés par le cancer.

ÉLAGABAL

OU LA MORT SURRÉALISTE

Le jour ne se lèvera pas officiellement avant midi sur les jardins de l'Ancienne Espérance où le grand prêtre du Soleil, l'Empereur, a veillé toute la nuit pour célébrer son culte avec des prostituées des deux sexes dans le bordel qu'est devenu le palais Sessorien, derrière le Coelius. Ces décalages horaires ne gênent pas les habitudes des Romains qui continuent à vivre et à travailler normalement sans se soucier trop des extrêmes fantaisies du grand enfant vicieux qui leur a été apporté il y a quatre ans [1] pour les gouverner. L'essentiel en ce qui les concerne est qu'il n'y ait plus de guerres civiles ou extérieures, pas de famines, pas de nouveaux impôts et que les fêtes continuent. L'Empire semble géré par des puissances invisibles ou, plus prosaïquement, par les automatismes de son vieux système administratif, le meilleur qui ait jamais existé. Sans doute quelques esprits sensés en contrôlent le fonctionnement, mais le pourront-ils encore longtemps, ils se le demandent eux-mêmes et l'inquiétude commence à gagner les responsables du Sénat et de l'armée et jusqu'aux occupants du Palatin. L'état ludique qui a fait suite à la sombre tyrannie de Caracalla a ramené un peu de fraîcheur à Rome, mais l'exotisme extravagant dont le nouvel Antoninius, dit Élagabal, donne le spectacle quotidien n'amuse plus les prétoriens et dégoûte franchement les gens sérieux.

Il faut avouer qu'Élagabal exagère. Il vit avec un cocher de cirque dont il prétend être l'épouse tout en ayant célébré avec éclat son mariage avec une Vestale. Il est outrageusement fardé et

1. 219 après J.-C.

parade en robes de soie rose. Il danse devant une pierre noire rapportée d'Émèse où dès son enfance il occupa la charge héréditaire de grand prêtre de Baal. Sur ce dernier point les Romains ne peuvent faire d'objection puisque les soldats, suivis par le Sénat, ont homologué ses droits à la succession de son oncle Caracalla — son vrai père, au dire de sa mère Soaemias. Mais on ne pouvait prévoir alors qu'il transporterait au Palatin son attirail culturel oriental qui est d'essence phallique et qui s'exprime rituellement dans la débauche sexuelle. L'aurige, dont il est tombé amoureux fou en le voyant perdre son casque lors d'une course au Cirque, Hiéroclès, a acquis trop de pouvoir et joue trop bien son rôle de mari jaloux qui bat publiquement sa femme. Lorsque Élagabal parle de l'adopter et de faire de lui son César, la grand-mère Julia Maesa intervient de tout son poids et les choses rentrent dans l'ordre pour quelque temps.

Depuis la mort de Julia Domna, c'est sa sœur Maesa qui est devenue à son tour la conscience de l'Empire. Elle exerce avec une merveilleuse habileté le rôle d'arbitre suprême qu'elle tient de son autorité d'ancêtre. Ses filles, Soaemias et Mammée, deux jeunes veuves, respectivement mères d'Élagabal et d'Alexandre, dix-sept et quinze ans, lui sont étroitement soumises et chacune tient son garçon bien en main. Tout *Imperator* qu'il soit, Élagabal est l'instrument de Soaemias qui est complice de ses dérèglements. Inversement, Mammée conduit son Alexandre sur les voies de la rigueur et de la culture. Julia Maesa a donc plusieurs fers au feu et elle a même réussi jusqu'à maintenant à sauvegarder une certaine unité de façade dans son clan syrien. Elle occupe le Palatin avec ses filles, mais chacune a ses appartements distincts, sa domesticité et sa garde personnelle. Alexandre, qui est César depuis un an, est confiné par sa mère dans une aile du palais et protégé jour et nuit. Mais Élagabal ne supporte plus l'atmosphère compassée qui a toujours été celle du Palatin. Il a récemment déménagé dans la villa impériale Sessorienne, plus propice à ses plaisirs tapageurs. Il laisse sa mère veiller sur place à ses intérêts qui coïncident jusqu'à nouvel ordre avec ceux de grand-mère Maesa. Il est précieux parce que tout le clan profite de sa légitimité. Mais il sent bien en même temps que cette légitimité est précarisée par l'existence d'un César de remplacement qui serait déjà en âge de régner.

Il a essayé, il y a six mois, de revenir sur cette promotion de son cousin, qui lui avait été arrachée par sa mère et sa grand-mère inquiètes de son désintérêt pour les affaires du gouvernement. Il devenait urgent de lui donner un suppléant, ou même un remplaçant puisqu'il semblait vouloir se consacrer entièrement à l'exercice de ses charges sacerdotales. Charges qui se réduisent à des manifestations gestuelles autour de la pierre sacrée, le *betyle* qui est tombé du ciel. Le culte est une savante chorégraphie exécutée par le grand prêtre dans le Temple reconstruit sur une terrasse du Palatin. Vêtu d'une longue robe de soie rouge brodée d'or, les bras et les chevilles cerclés de colliers de pierreries, les joues peintes au vermillon et les yeux ourlés de khôl, il sautille en avant et en arrière, se dandine et se déhanche, ni plus ni moins d'ailleurs que les servants de Cybèle, d'Isis et de bien d'autres divinités dont les Romains ont depuis longtemps le spectacle chaque jour dans leurs rues. L'insolite est que cet officiant soit l'Empereur lui-même, l'inquiétant est qu'il veuille se faire assister par les sénateurs et par le nouveau César habillés et grimés comme lui. Maesa et Mammée refusent net. C'est alors qu'il décide d'annuler l'adoption de son cousin et qu'il ordonne aux prétoriens d'aller couvrir de boue toutes les statues de l'ex-César. Ceux-ci estiment que la mesure est comble et vont au Palatin chercher Alexandre pour l'emmener dans leur caserne. D'autres envahissent les jardins de l'Ancienne Espérance où Élagabal se cache terrorisé. Mais il ne s'agit encore que d'une manœuvre d'intimidation. La grand-mère qui a tout manigancé avec son conseiller intime, Valerius Comazon, veut laisser une chance à sa fille Soaemias et à son rejeton qui gardent des partisans et une grande puissance financière. Un compromis est trouvé avec les prétoriens qui obtiennent la liquidation des plus louches favoris d'Élagabal, mais celui-ci est pris de convulsions lorsqu'on emmène Hiéroclès. Par pitié, on le lui laisse. Il n'est plus qu'un Empereur sursitaire.

Que se passe-t-il dans sa tête, c'est un mystère. Cette tête a été jolie quand il était le jeune enfant auquel venait d'échoir l'étrange destin de présider au culte immémorial d'un aérolithe adoré par une tribu de Bédouins du désert syrien. La petite cité caravanière, qui abritait le dieu solaire El Gabal, était devenue un lieu de pèlerinage. Elle s'appelait Émèse, et Pompée en avait fait une principauté alliée. L'Histoire n'aurait pas retenu son nom si son prêtre-roi Bassianus n'avait eu, au temps de Marc Aurèle, deux filles exceptionnellement douées par leur intelligence et leur charme. Tous les puissants de la Terre qui chevauchaient le long de l'Oronte pour la guerre, le commerce ou l'agrément connaissaient Julia Maesa et Julia Domna, fastueuses et faciles, impatientes de gloire. C'est la seconde qui réussit son vol nuptial avec l'ambitieux Septime Sévère, mais c'est tout le clan d'Émèse qui essaima à Rome. Julia Domna eut un long règne politique aux côtés de son mari d'abord, puis à la place de son fils, Caracalla. Après l'assassinat de ce dernier, son véritable meurtrier, le bref Empereur Macrin, essaya de donner le change en honorant la vieille dynaste, mais elle, à force de conspirer contre lui, perdit tout et, de désespoir, se laissa mourir de faim. Le pouvoir allait-il échapper au clan syrien ? L'affaire se joua une fois de plus sur les bords de l'Oronte où Macrin, dénué de prestige, tomba dans les pièges tendus par un trio de femmes supérieurement riches et intrigantes, Maesa la mère, et ses deux filles Soaemias et Mammée[1].

Leur instrument fut le petit prêtre-roi qu'elles firent passer pour le fils naturel de Caracalla et de sa cousine Soaemias, laquelle, veuve joyeuse, n'en était pas à un scandale près. Les soldats de l'armée d'Orient ne demandaient qu'à être dupes, la corruption et beaucoup de chance eurent le dernier mot : Macrin fut défait aux environs d'Antioche. Les Romains qui n'avaient pas eu le temps de le voir attendirent passivement la suite des événements. Ce qu'ils virent et qu'ils acclamèrent un an après, c'est une immense caravane qui avait traversé toute l'Europe au pas de danse d'un enfant traînant une pierre noire. Ils trouvèrent Élagabal joli et amusant. Aujourd'hui ils hésitent à le reconnaître dans le garçon bouffi aux allures d'androgyne qui célèbre le mariage de sa pierre solaire avec la déesse lunaire qu'il a fait venir en grande pompe de Carthage. Baal et Tanit, un couple phénicien se subordonnant en Occident Jupiter-Junon, cette nouvelle théogonie déroute les Romains les plus tolérants. Élagabal enfermé dans son univers ludique n'a rien compris au monde qui l'entoure, sinon qu'il n'y a rencontré jusqu'à maintenant aucun obstacle à son bon plaisir et qu'il peut aller au bout des plus extravagants fantasmes. Sa plus grande déception est de n'avoir pas pu se faire implanter un vagin par les médecins romains. Ils ont seulement accepté de le circon-

1. 8 juin 218 après J.-C.

cire. Aujourd'hui, dans son incessante recherche de transgression sexuelle il parle de se faire émasculer comme un prêtre de Cybèle. Ainsi, après avoir épuisé tous les accomplissements des sens, il est attiré par le vertige du néant. Il rêve déjà sa mort, elle dépassera tout ce qui a jamais été vu. Il se fait édifier une tour sur un socle qui, le moment venu, sera recouvert de diamants et de poudre d'or afin que son ultime vision, quand il se précipitera, soit éblouissante.

Mais il n'en est pas encore là. Quand il se réveille à midi, ce matin [1], tout est déjà organisé pour la visite-surprise qu'il va faire chez les prétoriens retranchés depuis deux jours derrière leurs murs dans un accès de mauvaise humeur. Ils refusent de venir monter la garde au palais aussi longtemps qu'ils n'auront pas revu les deux cousins ensemble, la main dans la main. Le bruit court qu'Alexandre a été supprimé. En réalité il est séquestré par sa mère en compagnie de ses savants professeurs. Lorsque la litière d'apparat incrustée de pierreries se présentera aux portes du camp avec les deux garçons couchés ensemble, les mutins n'auront plus qu'à se rendre. On exécutera alors les meneurs. Soaemias a obtenu par la menace que sa sœur Mammée participe à cette cérémonie expiatoire. Leur bonne entente est bien finie. Elles sont conscientes que l'une d'elles est de trop à Rome, et chacune se fait protéger par son César autant qu'elle le protège. Maesa joue l'une et l'autre alternativement et sa propre tête en même temps. Aujourd'hui elle a annoncé qu'elle resterait au Palatin, dans l'expectative. Mais tout bon observateur a compris qu'elle mise désormais sur Mammée et Alexandre. Il suffit d'observer l'attitude ambiguë de Comazon, son vieux complice. Depuis le début, depuis Émèse, il dirige la manœuvre. Il est maintenant le tout-puissant préfet de la Ville. Avec ses cohortes urbaines il pourrait rétablir la situation. Or lui aussi est resté chez lui.

Chez lui est resté également son prédécesseur à la préfecture, le proconsul Marius Maximus. Il a même pris une bonne distance du pouvoir en place puisque, après avoir cédé sa fonction à Comazon, il s'est retiré dans sa villa de Campanie où il rédige une

1. 22 mars 222 après J.-C.

histoire des Césars qui fera suite à celle de Suétone. Il en a déjà compté onze sur lesquels il a réuni une documentation considérable. Il espère bien en voir prochainement un douzième et il a son idée là-dessus. Sa brillante carrière commencée sous Marc Aurèle l'a fait participer aux grands événements contemporains, il a gouverné les Germanies, la Syrie, l'Afrique, l'Asie. Mais ce qui l'intéresse par-dessus tout, ce sont les hommes et le pouvoir, les signes qui annoncent les grands destins et ceux qui précèdent leur fin, les traits contrastés de leur caractère, les excès où les porte l'*ubris* (Commode, Caracalla, Élagabal) ou la modération dont la Nature les a dotés (Trajan, Antonin, Marc Aurèle). Il a tout noté, tout classé à la manière de Suétone et il n'a négligé aucun témoignage, aucune anecdote, même les plus scandaleuses. Il ne prétend pas être un grand historien comme son collègue Dion Cassius qui, lui aussi, a profité, pour se retirer sur ses terres, de l'entracte qu'est aux yeux de tout dignitaire romain le règne incohérent d'Élagabal. Il y rédige en grec une monumentale Histoire de Rome.

Ce qu'ils ne savent ni l'un ni l'autre, c'est qu'un troisième chroniqueur indigné a pris la plume — une plume banale de cadre moyen de l'Administration —, pour rendre compte de ce qu'il a vu depuis la mort de Marc Aurèle, depuis la fin d'un ordre majestueux où l'Empire était gouverné par des hommes supérieurs. Ces hommes aux caractères différents, plus ou moins modérés et vertueux, se considéraient tous comme des serviteurs de l'intérêt public, investis par les dieux et par le Sénat de la première charge de l'État. L'État, ce bien commun à tous, le fonctionnaire Hérodien l'a vu mis aux enchères, confisqué, humilié. Quand il raconte les farces dégradantes du jeune Prince qui ne sait même pas ce qui se passe dans son gouvernement, qui se joue de ceux et de celles qui l'ont créé de toutes pièces et qui ont perdu le contrôle de leur dérisoire créature, on peut le croire parce qu'il manque d'imagination et a l'âme neutre d'un greffier. Marius Maximus, plus prolixe, plus dilettante, force quelquefois la note et ses récits amuseront davantage les amateurs de sensations troubles. L'autre proconsul-historien, Dion Cassius, a pour sa part l'ambition de laisser un témoignage plus politique, à la Tacite, mais il ne résiste pas lui non plus à la tentation de l'anecdote, tant l'époque présente est riche de pittoresque. Élagabal est-il conscient que ces témoins qu'il n'a jamais rencontrés lui préparent une formidable légende ? Il n'en a cure. Il n'est pas mû, comme Caracalla, par l'espoir d'égaler la gloire d'Alexandre le Grand, il n'a pas de rêveries métaphysiques, il a simplement envie de tout essayer comme un enfant gourmand et capricieux. Les plus crédules des Romains ont fini par comprendre qu'ils avaient été dupés par la dynastie afro-syrienne de Septime Sévère.

Alors mieux vaut en rire, pense un homme d'esprit comme Marius Maximus, qui entreprend de raconter, sous prétexte de s'en indigner, les aventures les plus licencieuses de celui qu'il appelle Sardanapale. Par exemple l'histoire de Zoticus, cet athlète professionnel que les préposés aux plaisirs du jeune Empereur auraient découvert à Smyrne où il était réputé pour la dimension de son sexe. Ramené à Rome dans un cortège quasi royal, certains prétendent l'avoir vu se jeter aux pieds d'Élagabal habillé en femme : « Maître, que veux-tu de moi ? » demanda-t-il, et il s'entendit reprocher sur le ton de la minauderie : « Ne m'appelle pas Maître, je suis ta maîtresse, et je veux me baigner tout de suite avec toi. » Devenu bientôt tout-puissant à la Cour, il fut victime d'une cabale montée par Hiéroclès, le mari en titre, qui a fait verser des somnifères dans son vin, le rendant incapable de remplir ses devoirs. L'offense était publique car le petit Sardanapale est exhibitionniste. Marius Maximus, aussitôt informé de la défaillance et de la disgrâce du favori, y trouve matière à renchérir sur les turpitudes de Caligula et de Néron qui ont valu tant de lecteurs à Suétone. Il sait très bien pourtant que les réalités du règne sont ailleurs et que le pouvoir est entre les mains de Julia Maesa et de Valerius Comazon.

Là n'est pas le moindre des scandales. Valerius, l'amant de Maesa, est un ancien comédien de pantomimes qui est devenu, on ne sait comment, préfet de camp sous ce nom de Comazon qui n'est qu'un sobriquet signifiant « le Farceur » ou « le Fêtard ». Il est bien placé pour mesurer la fragilité d'un système qui favorise des carrières aussi fantaisistes que la sienne ou que celles de ce coiffeur devenu ministre du Ravitaillement et du muletier promu directeur des Impôts. Il estime que le moment est venu de rétablir le cours normal des choses et il lâche brusquement sa première créature pour mettre en place sa seconde. Là-bas, dans la caserne, Alexandre est acclamé, Élagabal est conspué. Il s'enferme avec sa mère, Hiéroclès et sa bande, dans le Templum, lieu inviolable où sont gardés les étendards. Il n'en sortira, dit-il, que lorsqu'on aura exécuté les mutins. C'est mal connaître l'esprit de corps des prétoriens. Ils exigent au contraire qu'on leur livre Hiéroclès. Au fil des heures le Dieu-Soleil doit abandonner un à un ses pitoyables satellites aux équipes d'équarrisseurs qui s'en répartissent les morceaux. À travers la porte, les sœurs s'insultent atrocement, applaudies par un public expert en grossièretés. À l'intérieur du Templum l'atmosphère est insoutenable. Un pauvre enfant vomit dans les bras de sa mère qui supplie qu'on les laisse aller aux latrines. Cette faveur leur est accordée. C'est là que les équarrisseurs courent les mettre en pièces. Fin logique de quatre années d'une des plus folles bacchanales de l'Histoire.

SÉVÈRE ALEXANDRE

OU LA MORT DE L'HISTOIRE

Le jeune homme est tiré du lit par le mugissement du buccin qui sonne le réveil dans le camp de la XXIIe Légion *Primigenia* de Mayence. Le soleil n'est pas encore levé sur les rives du Rhin en ce neuvième jour de mars [1]. Des flambeaux sont apportés par des ordonnances dans la grande tente où est planté le décor austère de la chambre du Palatin qu'a occupée jusqu'à sa vingt-cinquième année le fils de Mammée. Aussi ne devrait-il pas être trop dépaysé ni tarder à s'engager dès la première heure dans les activités routinières dont sa mère a fixé pour lui, à peine avait-il atteint l'âge de raison, le déroulement immuable. Elle n'est pas loin d'ailleurs, dans la tente voisine, exactement comme elle était au Palatin dans la chambre contiguë. Il n'est pas anormal qu'elle l'accompagne dans ce camp des armées de Germanie puisqu'elle est officiellement « Augusta, Mère des camps », de même qu'elle est « Mère de l'Empereur, du Sénat, et de la Patrie », et depuis peu « Mère du genre humain ». Ce qui est plus imprévu, c'est la présence de ce couple inséparable dans des lieux très exposés en ce moment, affronté à des responsabilités auxquelles il n'était pas préparé, après douze ans d'un règne sédentaire et paisible.

Alexandre a un instant d'hésitation parce qu'en réalité, dans les secondes où il se réveille, l'intangibilité du décor le trouble plus qu'elle ne le rassure. Est-il sur les bords du Tibre, de l'Oronte, de l'Euphrate, du Danube, ou du Rhin ? Il a vécu difficilement ces longs mois de pérégrinations d'une frontière à l'autre de l'Empire, traîné par sa mère qui lui parlait de dangers, de résistance, de

1. 9 mars 235 après J.-C.

devoirs, mais qui, en même temps, il le voyait bien, tremblait pour lui et essayait de le protéger en achetant la paix à l'ennemi et à ses propres soldats. Or il voyait aussi qu'elle n'en prenait pas les moyens parce qu'elle refusait de payer le vrai prix de la sécurité, comptant avaricieusement l'or qu'elle se résignait à donner aux Parthes, aux Germains et aux prétoriens. C'est là le seul point sur lequel il est en désaccord avec elle car il est, lui, porté à la générosité. Mais il se garde de la moindre critique à l'égard de cette mère irréprochable et dominatrice.

Il se lève sans entrain. Depuis son arrivée précipitée, il y a quelques semaines, sur ces frontières glacées, il a perdu la belle sérénité qui faisait de lui un modèle de prince équilibré. Pourtant sa mère a tout mis en œuvre pour le rassurer, notamment en lui offrant en quelque lieu qu'il soit ce cadre familier de sa chambre exactement reconstituée, avec son lit, son bureau, sa bibliothèque, son laraire et ses petits compagnons ailés. Mais cela n'a pas suffi. Cette chaleur intimiste, ce huis-clos confortable ne sont plus assez sécurisants pour lui. Il lui manque de pouvoir imaginer tout autour la douceur des jardins du Palatin, le parfum résineux des pins parasols. Il lui manque de se sentir encadré par les hommes pondérés qui à Rome forment ses Conseils, il n'entend plus les échos d'un Sénat amical et de prétoires impartiaux où il est respecté comme un arbitre et un juge suprême. Il se sait au contraire environné de paysages sombres, d'horizons menaçants, aujourd'hui les forêts noires du Wald après les déserts ocres de Syrie et, encerclant sa chambre, cette grande cité de toile où des milliers d'hommes brutaux fourbissent leurs armes, impatients de les faire servir.

Il n'a jamais été initié aux armes et lorsqu'il a dû se mettre à la tête des légions, il était trop tard pour qu'il en comprenne les mécanismes et y fasse sentir son autorité. Sa mère ne sait pas parler aux soldats ni négocier habilement avec eux comme s'y entendait sa grand-mère Maesa et la grand-tante Domna. Mammée est trop rigide. Élevée à Rome, elle n'a rien gardé de la subtilité orientale de ses ancêtres. Elle a voulu éduquer Alexandre comme un pur Romain, mais elle s'est trompée de modèle, elle a choisi celui de Marc Aurèle plutôt que celui de Tibère, et elle a fabriqué un être supérieurement cultivé, bon, et maître de ses sens jusqu'à l'inhibition. Elle a réussi à mettre en place le contre-exemple de Caracalla et d'Élagabal qu'elle abhorrait, mais elle n'a pas su se retirer le moment venu. C'eût été trop attendre d'elle. Le moment de la retraite ne vient jamais pour les princesses syriennes. Quand avec la disparition de Maesa, il y a dix ans, le règne incontesté de l'ancêtre prit fin, celui de la mère commença. Il dure encore, sans base légitime, étayé sur le seul principe d'autorité. Alexandre a vingt-sept ans, il dispose de tous les pouvoirs, il n'en use personnellement jamais et pourtant il est travailleur et capable. Mais l'habitude s'est prise de laisser la bureaucratie agir en son nom sous l'impulsion du préfet du Prétoire et sous le contrôle assidu de Mammée. Le système qui fonctionnait bien en temps de paix s'est détraqué depuis que la guerre est revenue et que l'armée s'impatiente de ne pas trouver dans son jeune Empereur le chef dont elle a besoin. Elle murmure. Il se lève inquiet ce matin, mais c'est pour une tout autre raison.

Il tend l'oreille, comme à la recherche d'un bruit absent. D'habitude ses jolies amies se réveillent en même temps que lui avec l'arrivée des flambeaux, et leur premier pépiement est le gai contrepoint du sinistre tuba. Leur silence en cette aube est insolite. Il court vers le fond de la tente où, derrière une cloison, sont installés des perchoirs pour plusieurs dizaines de perruches bleues et vertes qui l'accompagnent dans ses voyages. Cette petite colonie est un échantillon de l'immense volière qui jouxte sa chambre du Palatin où toutes les espèces connues d'oiseaux chanteurs sont élevées et nourries par lui. Il préside à leur reproduction et fait vendre par son intendant les spécimens en surnombre, de même qu'il envoie au marché les œufs des cailles et des faisanes qui courent dans le parc. Mais maintenant, ce qu'il découvre le plonge dans le désespoir. Par quel coup du sort, épidémie ou malveillance, ses perruches ont-elles toutes été frappées et précipitées au sol au cours de la nuit ? Il se sent subitement seul et privé de bonheur dans un monde hostile. Qui pourrait le comprendre et le consoler de cette perte ? Bien pire, qui lui veut tant de mal ? À quoi lui sert cette prétendue toute-puissance, cette quasi-divinité, si un souffle peut lui enlever ses petites créatures familières, et s'il ne trouve nulle part la plus simple marque d'attachement et de compassion ?

Quelques mois seulement il a connu la tendresse. Il avait dix-sept ans quand sa mère, pressée par Maesa qui sentait approcher le terme de sa vie, lui fit épouser une très jeune fille du nom d'Orbiana, fille du noble Sallustius. L'objectif n'était pas de faire son bonheur mais de consolider la dynastie en lui apportant l'héritier que ni Caracalla ni Élagabal n'avaient pu lui donner. Orbiana était fraîche, les intrigues familiales n'avaient encore eu aucune prise sur elle. Les deux jeunes gens firent ensemble la découverte de l'amour. Pourquoi fallut-il que Sallustius entrât dans de grandes manœuvres politiques qui le portèrent au rang de César auprès de son gendre ? Des sénateurs influents estimèrent-ils qu'un homme mûr et expérimenté, honnête au surplus, devait être installé dans cette oligarchie de femmes ? Comazon était mort, Ulpien aussi, il apparut sans doute sage qu'un nouveau tuteur fût donné au jeune Empereur. On se souvint qu'Ulpien avait édicté dans ses célèbres préceptes : « La tutelle est l'office d'un homme. Elle est incompatible avec la faiblesse féminine. » Mammée accepta de mauvais gré cette *capitis diminutio* et dès la mort de Maesa elle commença à persécuter Orbiana et à ruiner l'influence de Sallustius. Ce dernier eut l'imprudence de chercher l'appui des prétoriens. Bientôt il fut exécuté pour haute trahison et sa fille fut reléguée en Afrique sans qu'Alexandre pût s'y opposer. Aucune jeune femme n'entra plus au Palatin depuis ce jour-là.

Des blessures secrètes de cette nature, Alexandre en porte beaucoup, mais il les offre en sacrifice à la divinité suprême, Cybèle, la Grande Mère à laquelle il identifie naïvement Mammée. Il prend délicatement dans ses mains une des petites victimes au plumage mordoré et la dépose aux pieds de la déesse. Puis il allume une baguette d'encens et, comme tous les matins, fait monter sa fumée devant des images peintes qui ornent son laraire. Ce sont là les représentations des puissances de la Sagesse qu'il vénère comme des divinités. Parce qu'il va se référer à l'un ou l'autre de leurs préceptes dans chacune des circonstances de la journée, il ne manque jamais, dès l'aurore, de leur rendre un rapide hommage. Il se penche d'abord devant le portrait d'Apollonius de Tyane, le mage dans le culte duquel il a été élevé par les femmes de sa famille. La vie de cet être surhumain qui a été écrite récemment par le rhéteur Philostrate, à la demande de Domna et de Maesa, est son livre de chevet. Qui d'ailleurs ne s'enthousiasme pas actuellement à Rome pour ce récit d'une telle élévation spirituelle ? Apollonius vivait sous Domitien à la haine duquel il échappa par la seule concentration de sa pensée qui lui permettait de briser ses fers, de traverser les espaces et le temps. Combien de vies avait-il vécues, lui seul le savait. Il tenait sa sagesse à la fois de Pythagore, des prêtres égyptiens et des brahmanes de l'Inde qui l'avaient initié. Il connaissait tout, le passé et l'avenir, comprenait tout, pardonnait tout, dans son immense sympathie avec la nature et les êtres. Ses préceptes étaient simples, accessibles à chacun et exaltants à la fois. Alexandre rêve de s'y conformer pour se libérer lui aussi des pesanteurs terrestres, mais il lui faudrait s'abstenir de manger viandes, poissons, œufs et fèves, s'habiller de lin et s'en aller nu-pieds sur des routes lointaines. Sa mère s'y oppose formellement.

Il lui est permis au moins d'honorer Orphée qui siège parmi les dieux et commande aux harmonies de la nature. On lui a enseigné la peinture et la musique — mais pas la danse qui était l'apanage d'Élagabal. On lui a laissé l'innocent plaisir de s'entourer, comme Orphée, d'animaux apprivoisés. Pourquoi Abraham figure-t-il dans ce laraire à côté du divin citharède, c'est là une illustration du courant qui porte l'esprit du temps à l'œcuménisme le plus audacieux. Abraham se trouve au carrefour de grandes croyances qui sillonnent les déserts brûlés par le Soleil invincible où vivent les Sémites, et Alexandre ne peut oublier qu'il est né Émesien par sa mère. Alors on ne s'étonnera pas qu'il encense aussi l'image de Jésus, ce descendant d'Abraham à qui il sera beaucoup pardonné pour avoir édicté le précepte dont il s'efforce de faire la base de la morale impériale : « Ne fais pas aux autres ce que tu ne voudrais pas qu'ils te fassent à toi-même. » Les disciples de ce prophète crucifié sont sans doute quelquefois excités, mais il a décidé de les laisser tranquilles.

Il reste un peu d'encens. Alexandre ferme les yeux et extrait de sa mémoire une image toujours présente, celle de l'homme auquel il doit tout mais qu'il ne peut vénérer qu'en secret. Cet homme est Ulpien, que des brutes sont venues assassiner à ses côtés, il y a dix ans, alors qu'il cherchait à le protéger comme on doit protéger un père. Les glaives qui l'ont percé font encore saigner son âme. Ulpien était demeuré, après Papinien, le plus grand esprit de son temps. Il avait fait d'un enfant ignorant et incertain un prince cultivé et résolu. Du moins il était en train de le faire jour après jour, année après année. Mammée croyait qu'elle formait son fils, en réalité elle l'enfermait dans le cadre rigide de son ambition égoïste. Ce qu'elle pouvait faire de mieux était de laisser Ulpien gouverner le jeune héritier, et ensuite l'État avec lui. Mais le préfet ne fut pas longtemps accepté par ses prétoriens qui ne voulaient pas d'un civil, et encore moins d'un juriste à leur tête. Ils ne le supportèrent pas plus de trois ans et vinrent un jour le tirer des bras du jeune Empereur. Ce jour fut pour lui comme une abdication. Mammée en profita pour prendre entièrement en main et son fils et l'Empire. Ulpien rejoignit son maître Papinien dans le monde du silence, mais pas dans l'oubli. Les siècles, peut-être, vengeront l'un et l'autre.

Mammée a failli attendre son fils. Elle est au fond de sa tente, assise droite sur une simple chaise, stricte et royale. Tout est anguleux en elle, au contraire de sa défunte sœur Soaemias qui était pulpeuse et vulgaire. Maesa a dû concevoir l'une et l'autre de sources bien différentes et au demeurant incertaines, car les traces des hommes se croisaient et se perdaient très tôt dans la famille. Pas plus Alexandre qu'Élagabal n'ont connu leur père, deux riches sénateurs syriens au nom romanisé — ce qui permet au fils de Mammée de se reconstituer fièrement une généalogie italienne, fiction aussi abusive que la prétendue paternité de Caracalla invoquée pour complaire aux soldats. Heureusement Alexandre ignore cet infamant stratagème auquel sa mère s'est prêtée, tout comme la mère de son cousin, il est déjà assez complexé sans cela. Il bredouille une excuse, Mammée l'interrompt sèchement : il n'est pas question ici de perruches, mais de Germains qu'il faut, paraît-il, se décider à attaquer rapidement puisque le pont de bateaux sur le Rhin est prêt pour l'offensive de printemps. Elle rend la parole aux officiers d'état-major qui sont alignés devant elle. Les soldats sont très nerveux, insistent-ils, ceux des légions de Germanie rapatriées d'Orient qui brûlent de venger leurs familles massacrées par les Germains en leur absence, et ceux des unités orientales expatriées qui sont impatients de rentrer chez eux pour recommencer le pillage de la Mésopotamie. Il s'agit des fameux archers osrhoéniens et des terribles cataphractaires, déserteurs parthes bardés de fer de la tête aux pieds. Ils vont semer l'effroi dans les hordes germaniques dont le nombre est malheureusement infini depuis qu'ils se sont regroupés en une immense confédération. Ce sont ces Alamans apparus sous Septime Sévère, et bousculés si fort par Caracalla qu'ils se sont tenus tranquilles pendant plus de quinze ans. Mais la paix chez ces gens-là a vite fait d'enfler la population des jeunes guerriers qui maintenant se pressent à l'assaut du *limes* occidental. Le camp de Strasbourg a été brûlé il y a quelques mois. Les services de renseignements assurent qu'une offensive ennemie est probable dès la prochaine lune, elle aura pour objectif la destruction du pont flottant, il faut donc la prévenir immédiatement. Maximin a fait savoir que les corps pannoniens qu'il a levés et instruits intensivement depuis six mois sont prêts à passer à l'attaque. Dans leur camp d'entraînement, à deux heures d'ici, ils n'attendent plus que l'ordre de marche de l'Empereur. Les officiers généraux présents se permettent respectueusement de recommander qu'Alexandre aille les inspecter aujourd'hui même et qu'il les engage à le suivre dès demain. Leur niveau de combativité est au plus haut.

Le visage de Mammée n'a pas bronché. Alexandre semble l'interroger du regard, il a peine à cacher son désarroi, mais elle ne veut pas le savoir. Elle dit seulement aux officiers : « Je vous remercie, nous allons délibérer et nous vous ferons connaître notre décision. » Ils se retirent, seuls demeurent le préfet du Prétoire et quelques membres du Cabinet impérial. Mammée demande : « Où en sont nos pourparlers avec les gens d'en face ? » Le préfet répond que deux chefs chérusques sont prêts à quitter la Ligue pour six millions de sesterces chacun, en deniers d'or. Les Cattes accepteraient de se retirer à trente kilomètres du Rhin si l'on détruit les forts implantés sur leur territoire. Ils livreraient des otages en garantie de leur neutralité pendant les quatre prochaines années. Si ces accords aboutissaient, le potentiel de la Ligue serait amputé de moitié. On pourrait alors tenir contre les autres avec de solides têtes de pont sur la rive droite. Puis on ramènerait une partie des effectifs sur le Danube où d'autres peuples germains et sarmates menacent l'Illyrie. « Alors, on est là pour des années ! » s'inquiète Alexandre. « C'est possible, dit sèchement sa mère. Mais il faut d'abord faire baisser les prétentions des Hermundures : quatre millions seulement pour chacun, et la moitié en argent. Que les *frumentarii* retournent négocier. On attendra leur retour pour décider si Alexandre va voir ou non les hommes de Maximin. »

Alexandre est soulagé. Il n'est pas lâche, il serait prêt à affronter les chefs chérusques, mais la perspective de s'adresser à ses soldats du haut d'une estrade aux côtés de Maximin le paralyse. Il a beau se savoir grand et assez fort, l'image de l'autre l'écrase, c'est un géant, un athlète complet, et une brute. Maximin est né de pauvres paysans thraces, il y a un peu plus d'un demi-siècle, et il était encore un jeune berger lorsqu'il s'engagea dans un concours de lutte organisé par Septime Sévère pour distraire ses soldats au soir d'une étape. Aucun compétiteur ne lui résista et il courut à pied devant l'Empereur à cheval sur un si long trajet que celui-ci le recruta dans son armée. Il s'éleva de grade en grade jusqu'au commandement de légion, et gouverna même une province. Sa popularité est immense parmi la troupe et c'est à lui naturellement que l'on a confié la formation de nouvelles unités d'élite pour les opérations spéciales en Germanie. Il a toujours été loyal à la famille des Sévères, mais son caractère indépendant s'exprime quelquefois de façon violente. Il lui arrive de démissionner, puis de revenir en force. Alexandre se méfie intuitivement de cet Hercule imprévisible — mais pour l'instant il vient de gagner au moins deux jours de répit qu'il va employer à relire le *Traité des devoirs* de Cicéron. Il se faufile hors de la tente de Mammée qui ne cherche pas à le retenir parce qu'elle ne veut pas lui laisser deviner qu'elle est anxieuse elle aussi.

Pour la première fois cette femme de fer ploie sous une charge qui la dépasse. Elle sent qu'elle perd la maîtrise des événements. Il y a déjà deux ans, se souvient-elle, elle a vécu sans joie à Rome le triomphe qui était censé consacrer la victoire de son Alexandre sur les Parthes. Le peuple était enthousiaste parce que son char était tiré par quatre éléphants, mais elle pensait toujours, elle, aux quatre cents éléphants d'Ardachir, le nouveau Roi des Rois qui n'a pas été vraiment vaincu, loin de là. L'ennemi parthe n'est plus celui qu'affrontaient impunément Septime Sévère et Caracalla. Depuis dix ans c'est un Perse qui a détrôné l'Arsacide Artaban, usé par les Romains. Ce Perse se prétend le véritable héritier de l'Empire de Xerxès et de Darius, il revendique tout l'Orient méditerranéen, et il était en train d'envahir l'Arménie, la Syrie et la Cappadoce quand Mammée et Alexandre, appelés au secours, partirent l'affronter avec toutes les légions disponibles.

Ils essayèrent d'abord de négocier avec ce nouvel adversaire et de le corrompre, mais en vain. Alors trois grandes armées romaines s'enfoncèrent dans les immenses espaces où l'on rencontre plus souvent la soif et la peste que l'ennemi. Elle a gardé un souvenir affreux de cette campagne où, aux côtés d'Alexandre, elle voyait fondre ses légions devant lesquelles Ardachir faisait le vide. Son instinct de femme, sa prudence de mère lui évitèrent de tomber dans le piège où les cavaliers perses et parthes avaient attiré tant de conquérants romains. Elle ramena en hâte Alexandre et les restes de l'armée à Antioche. Elle sait maintenant qu'elle a affaire à un ennemi rusé et obstiné qui s'appuie sur le clergé fanatique de Mazda pour entraîner son peuple à la guerre sainte contre l'Occident romain. Il reviendra à la charge lorsqu'il aura reconstitué ses forces dans son réduit iranien. C'est pourquoi elle hésite à engager une offensive en Germanie. Rome a toujours su éviter de se battre sur deux fronts, et de toute façon Alexandre n'est pas l'homme des situations héroïques. Il a d'autres qualités qu'elle ne méconnaît pas, elle est fière de l'avoir fait vertueux et juste mais elle reste lucide, il n'est pas un entraîneur d'hommes, il n'est pas l'émule de son grand-oncle Septime, il n'est pas un Jules César et moins encore cet autre Alexandre dont il lit avec ferveur la vie dans les livres de Plutarque.

C'est sa faute à elle, elle se reproche de ne pas lui avoir donné le goût de l'initiative, elle n'avait pas prévu qu'en le protégeant trop elle se priverait un jour elle-même de sa protection et, bien pire, elle le laisserait lui aussi sans protection. Ce jour est peut-être arrivé. Le légat de la Primigenia revient : des Pannoniens de Maximin ont approché ses hommes en vue d'une action commune pour le relèvement des soldes. Ils disent que leur revendication est justifiée par la hausse des prix. Cette hausse est réelle, et depuis qu'on leur a donné le droit de se marier, leurs femmes les poussent à revendiquer. Le légat suggère qu'on prenne les devants et qu'on annonce une prime au moment de franchir le Rhin. L'Empereur, qu'il vient de voir, trouve bonne l'idée et lui a demandé d'en parler à Augusta. Mais Augusta déteste qu'on lui force la main, surtout quand il s'agit d'argent. L'argent est le vrai fondement de son pouvoir discrétionnaire, si elle se le laisse arracher elle n'est plus rien. Les soldats peuvent attendre, répond-elle, la priorité est à la négociation avec les Alamans. Elle garde son or à cette fin.

Maximin parcourt à pied le camp d'entraînement de ses corps francs pannoniens. Rien ne le distinguerait de ses hommes par sa tenue s'il n'était de beaucoup le plus grand d'entre eux. Il surveille l'exercice, corrige, montre l'exemple, mais il pense visiblement à autre chose. Ses observateurs ont vu ce matin les deux agents de Mammée qui repartaient négocier de l'autre côté du Rhin. Il vient d'être informé que l'augmentation des soldes a été refusée. La nouvelle s'en est répandue, et même s'il était tout à fait loyal il ne pourrait l'arrêter. Mais il n'a plus envie d'user son crédit pour soutenir une dynastie qui est décidément incapable de faire face aux dangers qui menacent l'Empire. Pendant le règne d'Élagabal, il était revenu en Thrace, cette fois comme grand propriétaire, mais, demeuré foncièrement paysan, il comprenait les inquiétudes de ses compatriotes des provinces-frontières qui vivaient au contact du monde germanique dont ils captaient les bruits d'une sourde agitation. C'est dans les familles de petits exploitants que se recrutaient maintenant les légions, c'est parmi elles que s'installaient les vétérans. S'il accepta de reprendre du service, ce fut davantage pour défendre ces *limitanei*, comme on les appelait, que pour défendre Rome où il n'avait jamais mis les pieds. Il se souciait peu d'être sénateur ou consul. Pourtant aujourd'hui il se demande s'il ne va pas être Empereur.

Le risque, plus que la chance, lui en est apparu récemment lorsqu'il a compris qu'Alexandre et sa mère feraient tout pour éviter l'affrontement avec les Germains, ou pour en reculer le moment dans l'espoir d'un improbable compromis, voire d'on ne sait quel miracle. C'est une grande tragédie à ses yeux que cette attitude qui est moins de la lâcheté que de l'aveuglement. Mammée croit que tous les problèmes se résolvent par l'intrigue et la diplomatie, Alexandre ne pense la guerre qu'en termes de stratégie défensive. Quand ils se disputent c'est pour savoir si l'argent sera mieux dépensé en corruption qu'en fortifications. Finalement ils se le partagent et perdront tout. Mais les soldats ne leur en laisseront même pas le temps. Maximin lit dans leur regard la méfiance et la colère. Ils sentent instinctivement qu'on cherche à les abuser, le bruit court que leur solde va servir à acheter la paix. On se prépare donc à les voler avant de les déshonorer. Leurs chefs ne les détrompent pas, eux aussi sont troublés. Tous les regards, les interrogations muettes se portent sur Maximin. Il n'est pas très surpris lorsqu'un groupe l'entoure près du *praetorium* en scandant son nom mais il ne s'attendait pas à être tout à coup enveloppé d'un manteau de pourpre et hissé sur les épaules des Pannoniens. Ce geste a une valeur de sacrement, il n'en faut pas plus pour introniser un Empereur, fût-ce malgré lui.

Ses protestations font partie du rituel, il importe peu qu'elles soient sincères ou simulées. Dans le cas présent il n'est pas satisfait du déroulement précipité de l'opération. Il eût été préférable qu'Alexandre fût supprimé d'abord dans une obscure mutinerie de sa garde et qu'on fît appel à lui, le militaire le plus prestigieux, pour combler le vide devant l'ennemi. Mais le voici maintenant usurpateur et obligé d'aller tuer son Empereur légitime. C'est un mauvais début, les gens de Rome le lui feront payer cher, il devra donc se débarrasser immédiatement des plus influents d'entre eux alors qu'il pouvait espérer négocier avec le Sénat son investiture justifiée par la force majeure. Il va franchir un Rubicon moral, mais le sacrilège sera vite effacé quand, dans quelques jours, il aura franchi le Rhin pour sauver l'Empire. C'est son obsession. Il s'est informé depuis plusieurs années de l'état réel de la Germanie. Il sait que de formidables flux migratoires sont en marche dans les profondeurs du pays, que des peuples nouveaux exercent des poussées écrasantes sur leurs voisins et que ceux ci sont projetés sur les frontières de l'Empire souvent à leur corps défendant. Rome doit aller mettre de l'ordre dans ce magma si elle veut éviter une prochaine invasion de masses barbares. C'est cette certitude, plus que la trouble satisfaction d'être le premier fils de paysan à revêtir la pourpre, qui lui donne le courage de marcher sur le camp impérial.

Alexandre a été appelé par Mammée sous sa tente pour faire des comptes avec leur intendant. Elle veut lui prouver qu'elle n'a pas l'argent de plusieurs politiques et qu'il faut choisir entre les libéralités aux soldats et les subventions à l'étranger, entre la construction d'un mur de pierre de Bonn à Mayence et l'achèvement à Rome des Thermes de Caracalla. Le paradoxe est que la paix armée et la coopération avec les clients barbares coûtent plus cher que la guerre où la troupe se nourrit et se satisfait du pillage. L'intendant sait qu'Augusta est beaucoup plus riche qu'elle ne l'avoue, elle possède des milliers d'hectares dans la vallée de l'Oronte et sur les bords du Nil. Mais ils constituent son trésor de guerre contre les Perses, les ennemis ataviques de sa race. À mesure qu'elle vieillit, son rêve reprend doucement le chemin de l'Orient. Les provinces d'Europe ne l'intéressent pas, elle a une peur panique de la Germanie. Maximin et ses hommes se méfient d'elle à juste titre, ils la soupçonnent de préparer son retour en Syrie avec les auxiliaires osrhoéniens auxquels elle s'adresse dans leur langue et qui paraissent heureux. L'un d'eux monte la garde devant la tente. Il rentre brusquement, le visage convulsé par la peur. Il vient d'entendre dire que Maximin était maintenant le nouvel Empereur, qu'il arrivait avec deux mille Pannoniens. D'un bout à l'autre du camp les centurions hurlent des ordres, le buccin retentit, on ferme les portes, et bientôt tout l'état-major fait cercle autour d'Alexandre.

Il est livide, mais droit et calme, son beau visage régulier encadré d'un léger collier de barbe eût pu être celui d'un très digne descendant d'Auguste s'il avait hérité aussi la présence d'esprit et la détermination froide du vainqueur d'Actium. Un instant on peut croire que le miracle va se produire, Mammée elle-même interroge son fils d'un regard anxieux. Il rompt le silence : « De combien de temps disposons-nous ? — D'un peu plus d'une heure. — Les hommes sont-ils sûrs ? — Oui, si tu leur parles. — De quoi ? — Si tu leur dis que tu les as compris, qu'ils auront ce soir leur augmentation, qu'ils partiront avec toi demain matin, mais à condition qu'ils refusent les offres de Maximin et persuadent les Pannoniens qu'il serait monstrueux de s'entre-tuer devant l'ennemi. — C'est bon, allons-y. Qu'on prépare l'argent ! — Combien ? demande l'intendant. —Tout. » Un cri sort de la gorge de Mammée : « Non, pas tout, la moitié. » Alors Alexandre se tourne vers sa mère et lui lance un regard froid. « J'ai dit : tout. Ton avarice nous a fait déjà assez de mal. » Elle s'effondre en l'injuriant. Bientôt on entend des acclamations dans le camp. Le discours est bien reçu. Chacun est à son poste. Une longue attente s'installe, un long silence.

Nul ne pourrait dire ce qui se passe dans la tête de ces hommes aux aguets. Ils scrutent un horizon d'où doivent venir des assaillants qui ne sont pas des ennemis, contre lesquels ils n'ont aucun motif de se battre, sinon la défense d'une légitimité bien usée qui se cache sous sa tente. Il y a trop longtemps qu'ils entendent parler des excentricités ou de la débilité de jeunes empereurs trop mal ou trop bien élevés. Ils rêvent d'un chef prestigieux, paternel et exigeant, qui leur explique où il les mène et pourquoi il faut se battre — en gros pour se constituer un pécule tout en défendant leur famille. Il en existe un, pas loin, mais il a déjà tout promis à ses propres soldats. C'est injuste, il faut lui parler et s'entendre avec ces frères pannoniens qui, en ce moment même, s'avancent à l'horizon sur une large ligne étincelante. Le son des tubas les précède. Ils chantent des chants familiers. Devant eux, un cavalier seul, immense dans son manteau pourpre. Quand il arrive à portée de voix du camp on peut l'entendre donner des ordres, comme à l'exercice, et c'est en effet à une grande parade que vont assister les hommes de la *Primigenia* qui se hissent sur les murs du camp. Sous leurs yeux les Pannoniens de Maximin exécutent des figures acrobatiques qu'il leur a enseignées depuis six mois, ils simulent des combats, rampent, sautent, rugissent, puis ils défient leurs spectateurs enthousiastes à venir se mesurer à eux. Bientôt c'est à un concours d'athlétisme, toutes unités confondues, que préside dans la plaine de Mayence l'Empereur des soldats. L'autre, qui n'est plus que celui du Sénat, court dans les allées du camp, insultant ou implorant ses derniers défenseurs. Il a ordonné en vain aux Osrhoéniens de percer de flèches les transfuges, il promet une prime fabuleuse à celui qui abattra l'usurpateur qu'écoutent avec respect les centurions de la *Primigenia.*

Le soleil brille haut dans le ciel maintenant. Alexandre Sévère est rentré dans la tente de sa mère, pleurant de rage. Il va lui parler, elle sait déjà ce qu'il lui dira : que tout est perdu parce qu'elle a trop tardé à satisfaire les soldats, comme l'avait pourtant recommandé Septime Sévère. Elle rejettera alors sur lui la responsabilité : il devrait avoir honte, il ne s'est pas montré un homme devant ces soldats. Il lui criera au visage qu'elle l'en a empêché, qu'elle a contrarié son épanouissement naturel. Elle le giflera... Non, elle a encore trop de pouvoir sur elle-même, trop de dignité, et trop d'amour pour humilier cet enfant qui vient dans ses bras pour mourir. Deux centurions font irruption et mettent fin par le glaive à une dynastie qui laisse Rome pour des siècles aux mains de soldats de fortune.

ULTIMA VERBA

La coutume semble désormais bien établie, les Empereurs seront assassinés l'un après l'autre par les soldats qui les avaient choisis parmi leurs généraux. Dans les cinquante ans qui suivirent le meurtre de Sévère Alexandre en 235, puis celui de Maximin en 238, une douzaine de Césars moururent de mort violente. Le complot militaire était devenu une pratique constitutionnelle, le mode d'expression normal de la démocratie armée qui assurait de son propre chef la défense de l'Empire. On a tort de taxer d'anarchie cette période où, au contraire, le besoin d'ordre suscitait dans les légions danubiennes des hommes d'autorité prêts à relever le défi des grandes invasions. Certains étaient proclamés à leur corps défendant. Des officiers généraux qui se voyaient choisis inopinément pour combler un vide du pouvoir, ou pour faire mieux que le titulaire actuel de ce pouvoir, n'avaient sans doute pas d'illusions sur leurs chances de durée. Nous savons mal comment se déroulaient les tractations au sein de ce qui apparaît comme un véritable syndicat d'officiers et de soldats pannoniens et dalmates basés principalement à Sirmium pendant le IIIe siècle. Une chose est sûre, Rome n'y est plus pour grand-chose, plusieurs Empereurs ne sont jamais entrés dans l'*Urbs*.

Nous ne possédons pas non plus de témoignages valables sur les circonstances de la mort au combat ou dans une rébellion de ces chefs de guerre qui prirent la suite de nos vingt premiers Césars. Les historiens s'étaient mis en congé après Hérodien et assurément aucun spectateur ne pouvait comprendre le sens des événements que les acteurs ne contrôlaient plus. Il serait donc inconsistant de spéculer sur les derniers instants d'hommes dont nous ignorons presque tout du caractère et de la culture. La plupart étaient nés dans les camps du Danube, pépinières de soldats de carrière restés proches de leurs origines paysannes, comme Maximin. Leur patriotisme était celui des habitants des provinces-frontières, toujours menacées, leur idéal celui de la fraternité dans le culte de Mithra fortement implanté au sein des légions. Il nous est difficile de savoir si ce culte et ses initiations secrètes les aidaient à affronter les dangers et la mort, ou s'ils ne contribuaient pas surtout à nouer entre eux des solidarités corporatives. Peut-être avons-nous trop tendance à les considérer comme des reîtres un peu frustes. Mithra tirait les âmes vers la Lumière, il promettait le salut à ses adeptes. Il fallait de plus être compétent et doué d'un grand charisme pour entraîner les plus puissantes armées du monde.

Une seule fois au cours du funeste IIIe siècle ces armées, comme si elles eussent désespéré de leurs Empereurs de fortune, renouèrent avec la tradition et investirent un général issu d'une illustre famille sénatoriale, Valérien. Alors les vieilles croyances romaines furent remises en honneur au détriment des nouvelles religions venues d'Orient, particulièrement celle des chrétiens. La tentation est grande pour nous d'imaginer les ultimes pensées de ce vieux dignitaire tombé en 260 aux mains du fils d'Ardachir, Shapur, et contraint de servir de marchepied au Grand Roi perse lorsqu'il montait à cheval. Qu'il serait beau de nous représenter au même moment son fils ingrat, Gallien, s'entretenant sous sa tente, entre deux batailles, de l'immortalité de l'âme avec l'illustre Plotin. Mais c'est là plutôt un sujet pour romancier. En réalité nous ne savons rien du sort du malheureux Valérien après sa capture, même si les chrétiens assurèrent qu'on le voyait empaillé dans le salon de Schapur. Cet intermède dans la disparition programmée des élites romaines et leur relève par des soldats sortis du rang, a nourri beaucoup trop de fantasmes.

Plus consistante serait l'image d'un Dioclétien, le plus étonnant de ces condottiere, finissant ses jours dans son superbe palais de Split où il s'est retiré volontairement pour cultiver ses choux, en 305, après vingt ans d'un règne réformateur et férocement dirigiste. Ici l'interprétation historique reprend ses droits. Nous ne manquons pas d'informations pour brosser le tableau qu'avait sous les yeux à l'heure de sa mort le dernier grand persécuteur qui s'était condamné lui-même à voir ses épigones mettre en pièces son œuvre de reconstruction radicale du gouvernement, de l'économie et de la religion. A-t-il deviné que le jeune Constantin allait inaugurer peu d'années après un pouvoir théocratique au terme duquel les Empereurs rendraient désormais humblement leur âme au seul Dieu des chrétiens ? C'est en tout cas avec Dioclétien que la trajectoire de la société romaine change d'orbite. Pourquoi d'ailleurs continue-t-on à l'appeler romaine puisque tout a fini par basculer — conception du pouvoir, mentalités, croyances — sur le pôle oriental de l'Empire ? Le transfert du siège impérial à Nicomédie, puis son installation à Byzance, en 330, seront au-delà de la nécessité stratégique, un choix de société irréversible. Sans doute on parlerait toujours les mêmes langues, le latin et le grec, mais pour exprimer d'autres concepts, jouer avec une autre logique, professer une autre doctrine religieuse. Le *Traité des devoirs* de Cicéron, qui était encore le bréviaire de l'anachronique Sévère Alexandre au matin de sa mort, va dormir pendant des siècles dans des coffres oubliés. Le Testament d'Auguste sera détourné par des potentats qui se transmettront abusivement son nom et les prestiges de son autorité. À quoi bon se le cacher, à partir de Constantin la belle aventure en cours de la pensée occidentale sera suspendue *sine die*.

Vainement l'excentrique Empereur Julien tentera en 360 de faire revivre l'âge de Marc Aurèle avec sa morale stoïcienne et ses dieux tutélaires. Ce fanatique du classicisme vieux-romain était un égaré et ses admirateurs modernes doivent convenir de l'ambiguïté et du fiasco de son expérience. Du moins peut-on toujours disserter sur les dernières paroles que lui a prêtées perfidement la légende chrétienne : « Tu as vaincu, Galiléen », aveu apocryphe mais plus vrai que nature. Les Empereurs, puis les Rois mourront désormais pendant plus de quinze siècles « dans la paix de l'Église », c'est-à-dire dans la hantise de l'Enfer et en tout cas dans le secret de la confession. Ce que ces fins conformes occulteront à nos yeux, et peut-être même à la conscience des mourants eux-mêmes, manquera à notre compréhension des grands règnes du Bas-Empire. Qu'on pense seulement au bouleversant « *Tu quoque, filii* » de Jules, à l'ambigu « Ai-je bien joué la pièce de la vie ? » d'Auguste, à l'abominable « Tu le tueras et un autre te tuera » de Tibère, au dérisoire « *Qualis artifex pereo* » de Néron, au superbe « Un Empereur meurt debout » de Vespasien... De tels mots éclairants n'ont pu être inventés, à l'extrême ils ont pu être choisis par le biographe dans un contexte vrai, comme ont pu être saisis au vol les déchirants adieux de Titus, l'apaisante équanimité d'Antonin, le rendez-vous désabusé de Marc Aurèle à ses amis. Dans chaque cas, c'est l'homme tout entier qu'on retrouve dans ses derniers mots, des mots d'auteur qu'on n'entendra plus lorsque la mort aura cessé d'appartenir aux mourants.

Avec le christianisme en effet celui qui est congédié de la vie n'a plus le droit au désespoir, à la colère, à l'ironie ou à l'indifférence. Le sens de la mort est inversé. Elle n'est plus la fin mais le début de la vraie vie, plus un malheur ni même cette chose neutre qu'elle était pour les stoïciens, elle est une renaissance et une nouvelle espérance. Pas un obscur cheminement dans des lieux souterrains, ou une atomisation dans l'Univers, mais une promesse conditionnelle de visions éblouissantes. Dès lors les ultimes comportements prenaient une tout autre signification. Personne n'a plus de comptes à rendre à ses semblables et moins encore le monarque à l'Histoire. Il lui est nécessaire et suffisant d'être attentif à ne pas manquer un rendez-vous très précis avec Celui qui l'attend patiemment et qui le laisse libre d'être exact ou de se perdre. C'est pourquoi la présence d'un conseiller-intercesseur agréé, l'homme de Dieu avec ses saintes huiles, sera plus importante aux yeux d'un Constantin ou d'un Louis XIV que celle de tous ces survivants qui ne peuvent plus rien pour le confort de leur voyage dans l'autre monde. C'est là un changement radical. Avant le quatrième siècle, il n'y avait pas officiellement un autre monde. Tout se jouait *hic et nunc*. L'important était alors de ne pas manquer sa sortie et de bien mettre au point l'image qu'on allait laisser derrière soi. Car il était évident qu'on ne serait guère plus qu'une image dans les mémoires ou au mieux dans le marbre. Auguste et Marc Aurèle se faisaient arranger le visage et appelaient leurs amis à leur lit de mort, Hadrien y convoquait Antonin, Antonin les préfets du Prétoire pour témoigner qu'ils étaient partis dans la *dignitas*. Néron avait besoin d'Épaphrodite et de Sporus pour finir en beauté devant deux spectateurs, et Vespasien se moquait à la cantonade de l'apothéose qu'on lui préparait. Les Empereurs se souciaient moins du jugement des dieux, dont ils allaient être, en principe, les collègues, que de celui des hommes qu'ils quittaient.

Un vrai Romain paradait toujours plus ou moins devant l'Histoire, et l'Histoire était le discours par excellence. La rhétorique répondait à toutes les interrogations sur le bien et le mal, sur la vie et la mort, elle tenait lieu jusqu'à la dernière extrémité d'assurances, de prières, de remords ou d'exorcismes. De là tant d'ultimes morceaux d'éloquence ou d'attitudes significatives qui nous sont parvenus. De là aussi l'embarras où nous sommes pour typer une personnalité quand ce message nous manque, ce qui va être le cas après nos vingt Césars. Nous aimerions savoir par exemple ce que Constantin a osé dire dans le secret de la confession à l'évêque schismatique qu'il a bizarrement choisi pour se mettre en règle avec son Dieu — mais quel Dieu au juste ? Et que pouvait avouer le terrible Théodose quand il s'écrasait devant saint Ambroise ? Le silence oppressif de la théocratie byzantine nous a privés des séquences les plus révélatrices, celles qui en une phrase mettent l'âme d'un homme à nu.

« Sévère Alexandre, ou la mort de l'Histoire », oui, d'une certaine Histoire assurément. Après ce personnage à la nature déjà un peu évanescente à nos yeux, nous perdons à peu près tous les repères psychologiques qui nous permettraient de caractériser ses successeurs selon nos critères classiques. Par classicisme nous entendons la tradition qui va de Thucydide à Polybe, de Tite-Live à Tacite. Mais peut-être une trop grande familiarité avec ces écrivains de génie qui règnent encore sur notre culture nous enferme-t-elle dans les cadres formels d'un rationalisme et d'un déterminisme dont une nouvelle sociologie encore dans l'enfance voudrait nous libérer. Autrement dit, sommes-nous si sûrs de comprendre l'homme romain jusque dans les profondeurs obscures du vieux Quirite qu'il a été et qu'il n'a cessé d'être ? Est-il prudent de juger son comportement individuel et collectif d'après ses historiens tous plus ou moins moralistes qui le représentaient tel qu'ils voulaient qu'il soit, tel qu'une société prodigieusement disciplinée, volontariste, obsédée par l'efficacité et le besoin de dominer le contraignait à être ? En vérité les règles de la logique formelle qui gouvernaient l'éducation intensive du jeune Romain destiné ensuite à gouverner le monde encadraient une nature humaine demeurée dionysiaque et c'est dans ce cadre que nous a été transmis le portrait schématisé, rectifié, de cet individu en voie de civilisation. Or l'individualisme est beaucoup plus apparent que réel à Rome où le conditionnement collectif découle normalement de la persistance du système tribal. D'autres facteurs sociologiques viennent restreindre encore l'autonomie de la personne, en premier lieu les liens de patronage qui sont aussi forts que sera plus tard la protection féodale et, limitation supplémentaire de la liberté de conscience, le réseau terrifiant des superstitions qui entravent la volonté.

Ces contraintes ne se lisent évidemment pas à chaque ligne de Tacite, de Suétone ou de Dion Cassius, mais à y mieux regarder nous les déchiffrons entre les lignes. C'est la trame invisible sous les figures du tableau où nous ne voyons superficiellement que des séquences logiques, des mouvements coordonnés, et des individus conscients de leurs actes. Il appartiendra aux prochaines générations d'historiens de mettre en perspective ces différents plans qui reconstitueront dans leur totalité le relief des événements et l'épaisseur des personnages. Le même travail s'imposera d'ailleurs pour toutes les époques sur lesquelles nous disposons d'informations trop légèrement classées jusqu'à maintenant comme secondaires, hors sujet ou aléatoires. C'est le cas de l'immense domaine en cours de défrichement de l'économie, des manipulations monétaires et du progrès technique. Mais les découvertes les plus surprenantes résulteront probablement de l'étude des mentalités, c'est-à-dire des mobiles invisibles ou inconscients des acteurs de l'Histoire et de l'influence qu'exercent sur eux des croyances irrationnelles. C'est le champ privilégié de la Mort que nous avons approché à vingt reprises avec nos Césars et sur lequel il nous faut revenir avant de les quitter.

On a peine à imaginer, dans le monde peuplé de religions de salut dans lequel nous vivons, l'angoisse de l'homme romain face aux incertitudes de l'au-delà. C'est moins l'absence de réponses à ses interrogations qui aurait pu l'inquiéter que leur diversité, leurs contradictions et leur flou. Trop de choix entre trop de religions aux perspectives variées n'est pas une vraie liberté de conscience. Les cultes officiels dénués de dogme, dispersant le regard entre une douzaine de divinités tutélaires, masculines, féminines, dotées chacune de grâces spécifiques, multipliaient les garanties partielles mais ne rassuraient pas sur l'essentiel — s'il était vrai déjà, et comment en douter, que le continuel ouvrage de la vie est de bâtir la mort, Montaigne *dixit.* L'Olympe de Jupiter n'était promis à personne particulièrement, et pas plus d'ailleurs l'Hadès de Pluton. C'est ici-bas qu'il pouvait y avoir un sens à se placer sous le signe d'Apollon qui dispensait des charmes — Auguste lui devait beaucoup — et surtout sous celui d'Hercule — on a vu que Trajan, mais aussi Commode et Caracalla l'invoquaient pour des raisons exactement opposées, le premier pour ses grands travaux, les deux autres comme champion de la matraque. Au surplus, aucune de ces divinités d'État n'offrait la certitude d'une récompense des vertus, et si elles sanctionnaient l'impiété on n'aurait su dire où ni comment.

Les Enfers, tels que décrits par Virgile, préfiguraient bien ceux que populariseront les chrétiens, mais on avait déjà entendu Caton affirmer que César ne croyait pas à ces fariboles. Les Champs-Élysées ressemblaient aux odes d'Horace, mais Horace croyait-il davantage à la survie que son maître Épicure qui professait : « Vivants, la mort ne nous concerne pas et quand elle est, alors nous ne sommes plus. » Sophisme dont on pouvait lire une version très abrégée inscrite sur les tombes d'anciens bons vivants : « *Non fui, Fui, Non sum, Non curo* » (Je n'étais pas, je fus, je ne suis plus, je n'en ai cure). Plus sérieux, comme on peut s'y attendre, est le raisonnement de Lucrèce auquel personne n'a pu encore apporter réfutation ni confirmation : « ...l'âme, si étroitement liée au corps que l'on ne peut évidemment les séparer sans les anéantir l'un et l'autre... », idée conforme à la tradition naturaliste des Romains bien représentée par Pline l'Ancien : « Qu'est-ce que la substance de l'âme réduite à elle-même ? Quelle en serait la matière ? Où siégerait sa pensée ? Comment pourrait-elle voir, entendre, toucher ? Ce sont là des chimères, des rêves puérils de l'humanité. » Les stoïciens sont plus prudents, ils ne nient pas la réalité de l'âme, ils vont jusqu'à lui reconnaître une consistance matérielle puisqu'elle est, comme toute vie, composée d'atomes éternels, pris et rendus à la nature. « Ainsi donc, écrit Marc Aurèle, chaque partie de mon être sera redistribuée, par transformation, en quelque autre partie du monde, et ainsi de suite jusqu'à l'infini. »

Cette pensée de l'Empereur-philosophe exprime bien l'embarras du siècle qui voit les fondements du rationalisme latin ébranlés par les courants spiritualistes importés d'Orient. La *Pietas* ne se contente plus de la vieille religion où le rituel l'emporte sur l'adhésion de l'âme, où le culte des ancêtres est la réponse à la mort, et où les superstitions influent sur le destin. Il y a un autre monde, une autre vie. Les néopythagoriciens affirment que « l'air est plein d'âmes ». Elles vont se loger dans d'autres corps, mais il faut être sage durant son existence terrestre pour ne pas revivre n'importe où trop longtemps. Ici une objection de bon sens vient à l'esprit d'hommes scrupuleux. « Si les âmes survivent, demande Marc Aurèle, comment depuis l'éternité l'air suffit-il à les contenir ? Et comment la terre suffit-elle à contenir le corps de ceux qui sont morts depuis la même éternité ? » Mais le ciel est vaste. Cicéron qui avait son idée sur toute chose avait suggéré que « l'âme, qu'elle soit souffle ou qu'elle soit feu, s'élève au ciel ». Il était de ceux qui avaient vu la comète portant l'âme de César traverser en sept jours le ciel de Rome. Des courtisans ou des esprits charitables persuadèrent Hadrien qu'une nouvelle étoile est apparue à la mort d'Antinoüs.

Où vont les Empereurs, où Marc Aurèle donne-t-il rendez-vous à ses amis ? Quelque part dans le Cosmos, où il rejoindra Faustina enlevée par un génie ailé, comme Sabine qu'Hadrien regarde placidement partir sur le magnifique relief de son assomption. Marc, ou plutôt son *genius,* son souffle, sera emporté sur les ailes de l'aigle qui fuira son bûcher. Mais cela lui est indifférent, ou du moins il cherche à s'en convaincre avec une insistance suspecte. Presque toutes ses méditations, on l'a vu, tournent autour de cette même idée : « Ne te trouble pas : chaque chose arrive conformément à la nature universelle, et sous peu de temps tu ne seras plus rien, comme ne sont plus rien Hadrien et Auguste. » Il a besoin de toutes les ressources de la dialectique, de toutes les recettes du stoïcisme et en désespoir de cause il s'en remet à la sagesse d'Épictète : « Le jugement que nous portons sur la mort en la déclarant redoutable, c'est là ce qui est redoutable. » Autrement dit, n'y pensons pas.

C'est la grâce que l'on peut souhaiter aux hommes, c'est celle dont bénéficient ceux qui sont emportés dans l'élan de l'action au point de ne pas avoir le temps de penser à la mort ni de la voir fondre sur eux. Exemples : Caligula et Caracalla, frappés dans le dos sans avertissement. Moins heureux, Domitien, qui s'attendait à cette traîtrise et eut quelques instants pour voir la mort lui faire face tout aussi traîtreusement — sort qui fut aussi celui de Commode. Cette chance relative, ils l'avaient déjà chèrement payée par toute une existence gâtée par la peur. Gardons-nous bien cependant de croire que la mort de César ait été un grand moment de la métaphysique parce qu'il eut, lui, le temps d'être frappé dans sa conscience avant que le « sinistre croissant » des poignards ne se refermât sur lui. En réalité la mort qu'il reçut fut celle qu'il attendait, c'est-à-dire « la plus inattendue », selon son vœu ou sa prescience du dîner chez Lépide. Quelques instants il s'est débattu, puis à la dernière seconde il s'est couché, ce ne fut rien de plus que la mort du loup. Pertinax lui aussi, dont la devise était « Combattons », fut bien servi dans son ultime et brève bataille contre des Germains soi-disant apprivoisés. Ni l'un ni l'autre de ces grands capitaines ne nous fait avancer dans la connaissance de l'homme devant la mort. Ils n'avaient pas le goût, ils n'eurent pas le temps de spéculer sur leurs fins dernières.

Ceux qui sont morts dans leur lit, entourés, épiés, nous ont-ils au moins livré quelques secrets ? On a vu Auguste qui s'était de longue main préparé à l'événement et qui n'est pas parvenu à maquiller sa pensée aussi bien qu'on le fit de son visage. En marge de la comédie que nous savons et qui lui a valu les applaudissements des spectateurs et de la postérité, nous apprenons qu'il a eu une vision étrange : il s'est plaint, peu avant de se taire pour toujours, de se sentir tiré par quarante jeunes gens. Une force irrésistible l'entraînait donc quelque part malgré lui. Suétone pense que ce fut plutôt un présage qu'un délire car son corps fut en effet porté par quarante soldats. Cette explication ne nous avance guère et il serait plus simple de supposer qu'Auguste, inventeur de son propre mythe, avait déjà bien réglé ses obsèques. Mais il s'en plaignait et c'est là où il révèle le fond tragique de son âme si continûment dissimulée, de même qu'il nous touchera par son attendrissement inattendu envers Livie. Il a fallu qu'il fût déjà sur le seuil du mystère de la Mort pour dévoiler un pan du mystère de sa vie. Tibère en revanche tint jusqu'au bout son âme et sa main contractées. Vespasien eut le trait d'humour qui est la pudeur des capitaines courageux. Il avait l'esprit tranquille du bon professionnel qui laisse sa charge à un bon subordonné. Mais ce dernier partirait dans peu d'années le cœur lourd : le *lamento* de Titus est de toutes les fins historiques, de tous les adieux humains un des plus émouvants. Les Romains exprimaient bien cette injustice scandaleuse de la mort prématurée, c'était pour eux la *mors intempestiva.*

Exactement à son heure arriva au contraire la mort de Nerva. Personne ne songea à la hâter, le temps des Agrippine semblait aussi loin que celui des Clytemnestre. Mais l'honorable sénateur se devait de rendre la politesse à ceux qui lui avaient confié l'intérim de l'Histoire. À ce moment-là, l'ambition de Trajan n'en était pas à quelques mois près et sa flegmatique prise du pouvoir nous impressionne encore. Mais quinze ans plus tard il comptait les jours et les heures qui le ramèneraient à Rome sur le navire où il avait, sans vouloir y croire, embarqué la Mort. Chacun peut avoir son idée sur le mystère de Sélinonte où lui fut arraché un testament ambigu. Qui moins que lui dont la puissance était incontestée et le bonheur célébré méritait de mourir dans l'isolement d'un petit port inconnu, enfermé dans la gangue de son corps paralysé, chambré par un entourage acquis déjà à son successeur ? La dernière nuit de ce mort-vivant est encore une autre manière, hallucinante, de quitter un Empire pour un autre, ou pour le Néant. Mais nous allons voir que ce Néant est encore assez confortable, et très privilégié.

La longue agonie d'Hadrien, s'il eût pu en dicter les phrases à Phlégon en vue de ses Mémoires, eût au moins inspiré Shakespeare. Toute la douleur et la fureur du malade qui veut et ne peut mourir — ce destin lui avait été prophétisé par une de ses victimes — furent jouées, on l'a vu, sur la scène de Tivoli dans un décor féerique, puis au dernier acte dans la douceur marine de Baïes. Nul ne s'était mieux préparé une retraite à la mesure d'une vie voluptueuse, nul n'avait édifié à son propre usage sur les bords du Tibre un Mausolée plus imposant. Mais la Mort déjoua ses précautions et ses plans, elle ne lui permit pas même de trancher le trajet vital qu'il s'était fait inscrire sur la poitrine, elle ne lui révéla pas le secret qu'il était allé chercher dans les prisons où l'on exécutait les condamnés. Son dernier souffle, comme celui des suppliciés, serait indéchiffrable, peut-être parce qu'il était totalement insignifiant. Merveilleusement signifiante fut au contraire la fin d'Antonin dont la consigne laissée aux vivants, « Égalité d'âme », annonce le « Ne te trouble pas » de Marc Aurèle. Dira-t-on que ce sont là des esquives et qu'un Empereur qui délivre un message d'ataraxie sur son lit de mort prépare le lit de mort de l'Histoire ? À plus ou moins bref délai, oui sans doute. On entendra encore un Septime Sévère s'écrier : « Au travail ! » mais c'était une forfanterie : il était déjà à l'agonie et dans son testament il y avait Caracalla, et deux ectoplasmes en dernier recours.

Ceux qui vont devenir dieux n'ont rien à nous dire. Alors quelle peut être l'espérance du commun des mortels dans la Rome préchrétienne ? C'est simple : ne pas mourir tout à fait. Ce projet qui est sans doute encore aujourd'hui celui d'une grande partie de l'humanité, faute de mieux, n'a nulle part été si franchement, si ingénument déclaré que par ce peuple de réalistes dont le fatalisme atavique n'a jamais altéré le courage et le goût de l'action. À sa base il est émouvant d'observer la masse des petites gens — non exclus parce que cette notion n'existait pas alors — économiser sesterce après sesterce leur droit d'entrer dans la fraternité des cimetières où là au moins ils ne seraient pas mangés par les chiens. En attendant la sécurité de cette « sépulture décente » ils se réunissaient pour des agapes régulières dans les *collegia funeraria* que l'État tolérait malgré sa méfiance envers les associations. Il n'y manquait que le message évangélique, qui arriverait beaucoup plus tard, pour que ces mutualités deviennent la chrétienté. D'une vie future, point ou peu d'images — il fallait alors les chercher auprès d'Isis et de Cybèle qui avaient leur clientèle chez les immigrés et chez quelques amateurs de cultes exotiques.

Mais les âmes généreuses, mais les intelligences inquiètes que l'épicurisme facile ou le stoïcisme difficile laissaient insatisfaites et que le pythagorisme trop élitique ne retenait pas, où trouvaient-elles la réponse à l'inévitable question : après la vie, quoi ? Où situaient-elles implicitement ou explicitement, dans leur instinctif refus de l'anéantissement total, leurs chers disparus et leur *ego* non moins cher ? C'est ici qu'on retrouve la fonction primordiale de la mémoire dans la société romaine. Elle est le ciment qui consolide les brisures du temps, le temps dont Rome doit avoir la maîtrise avant même celle de l'espace. L'espace, Auguste a décidé que l'on en avait atteint les limites et que l'Empire ne devait pas être agrandi. Le temps, lui, ne peut être moins qu'éternel. L'*Urbs*, si elle n'avait guère que neuf siècles, s'était liée dans un pacte avec Vénus pour un passé sans commencement et un avenir sans fin. Certes, le souvenir de chaque citoyen romain se perd vite dans le passé, il se perdra bientôt dans l'avenir, mais qu'à cela ne tienne ! Il se doit d'occuper en arrière tout le souvenir qu'il pourra — c'est l'étude de l'Histoire, c'est le culte des ancêtres — et devant lui toute la renommée qu'il va s'efforcer de laisser. Ce sera même son obsession.

Il ne faut pas chercher plus loin l'explication de la grandeur des Romains : les premiers colonisateurs des marécages du Forum dont on retrouve les huttes sous le Temple de Vénus et de Rome avaient contracté le prurit de la gloire considérée comme repoussoir de la Mort. Cicéron nous livre ingénument le secret de cette thaumaturgie qui lui a si bien réussi : « La mort est terrible pour ceux dont tout s'éteint avec la vie, mais non pour ceux dont la renommée ne peut périr complètement. » Et il est bien vrai que nous entendons encore parmi nous le chant du poète du bonheur, Horace, qui annonçait il y a deux mille ans : « Non, je ne mourrai pas tout entier. » Et le défi qu'Ovide lançait dans son exil sur la mer Noire à ses persécuteurs semble avoir été définitivement gagné : « Mes livres qui m'ont valu tous mes malheurs me donneront l'immortalité. » Sénèque pouvait s'ouvrir les veines sans trop d'angoisse : « Bien que nous ne serons plus là pour en jouir, on nous honorera plus tard. *On parlera de nous.* » On parlera même d'un illustre quidam qui, avec tant d'autres, avait élevé son petit barrage de pierre contre l'oubli : « On a placé Lollius sur le bord de cette route pour que les passants lui disent à jamais : “ Bonjour, Lollius ! ” » Saluons ce Romain Inconnu qui, aussi sûrement que Trajan sous sa colonne et Hadrien dans son Mausolée, a vaincu la Mort en rase campagne.

ANNEXES

SOURCES

Si le papyrus avait été moins rare et moins périssable, si des générations de moines copistes n'avaient pas gratté les feuillets des *Annales* pour y calligraphier des vies de saints imaginaires, si nos aïeules n'avaient pas fait des papillotes avec les parchemins des vraies Mémoires d'Hadrien, si les Ostrogoths n'avaient pas brûlé les Actes du Sénat, si les rats n'avaient pas mangé le reste, l'Histoire de l'Empire romain nous serait aussi familière que celle de notre Premier ou de notre Second Empire. L'activité littéraire et la paperasserie administrative ne le cédaient en rien aux nôtres, et quand bien même l'imprimerie n'existait pas, les œuvres reproduites par des milliers d'esclaves spécialisés encombraient les bibliothèques privées et publiques, de Volubilis à Beyrouth, de Messine à Londres, Trèves et Byzance. L'Antiquité croyait s'être très bien organisée pour la durée, il a fallu un formidable concours de circonstances négatives pour anéantir presque tout l'héritage qu'elle nous laissait.

Par chance, d'importants fragments d'œuvres historiques majeures ont survécu à ce naufrage. Personne en réalité ne s'en était jamais pris systématiquement à la culture romaine, pas plus les fameux Vandales que les chrétiens iconoclastes. Tous avaient besoin d'un minimum de cadres lettrés pour gérer la succession et pendant des siècles encore il n'existera de lettres que latines et grecques. Si durable était le prestige de l'Empire englouti qu'un respect sacré s'attachait aux quelques miraculeuses épaves dont nous avons tiré les récits de ce livre : la quasi-totalité des *Douze Césars* de Suétone, les deux tiers subsistant des *Annales* et des *Histoires* de Tacite, un résumé de l'*Histoire Romaine* de Dion Cassius, l'intégralité de l'*Histoire des Empereurs* d'Hérodien, les

Hommes Illustres de Plutarque, et comme pour faire suite à Suétone un étrange recueil de biographies compilées à une époque tardive par un polygraphe inconnu — c'est la fameuse *Histoire Auguste* où l'on croit retrouver une partie de l'œuvre perdue de Marius Maximus, le contemporain de Dion Cassius et d'Hérodien que nous avons aperçu sous le règne des Sévères.

Alors faut-il se plaindre que cette bibliothèque soit à moitié vide ou se réjouir qu'elle soit en dépit de tout à moitié pleine d'une documentation que nous avons encore peine à maîtriser ? Les optimistes se rencontrent surtout chez les universitaires dont c'est la raison d'être que de rassembler et faire parler des textes fragmentaires. Ils n'en finiront jamais de classer les pièces de leur Musée, et n'aiment pas qu'on les bouscule. Ils comprennent mal les questions des profanes déçus par leurs hésitations à conclure, frustrés d'images cohérentes de cette société-mère et trop pressés de s'identifier à elle ou à la rejeter. Loin et proche à la fois nous apparaît en effet Rome, familière et étrangère, moderne et primitive, trop souvent caricaturale.

Cette ambivalence irritante tient assurément aux lacunes de nos sources qui vont jusqu'à décaler nos perspectives : ainsi pourquoi Cicéron et César nous apparaissent-ils plus actuels, plus facilement transposables dans notre environnement que Pline et Trajan, Fronto et Antonin qui vivaient un siècle plus tard ? Si ce n'est pas une illusion d'optique on peut penser que la société républicaine était plus démocratique, plus compétitive, plus pragmatique que son avatar impérial. En revanche elle était inadaptée aux dimensions nouvelles de la souveraineté de Rome et aux aspirations des peuples. Il y a sans doute d'autres explications à ce déphasage que le génie de Polybe pouvait entrevoir et que celui de Tacite ne discernait déjà plus dans la complexité d'un monde sur-dimensionné et sous-informé. L'analyse s'était recentrée sur ses données immédiates et quoi de plus immédiat que le pouvoir impérial, l'homme quasi divin qui l'incarnait, et son entourage ? Désormais l'Histoire serait anecdotique, ou elle ne serait plus.

Le génie romain ne laissa pas passer cette opportunité. Peu doué pour l'imagination, amateur d'historiettes, attentif aux petits événements porteurs de grands présages (le rêve prémonitoire de Calpurnia, celui de Néron), expert en portraits, féru de ses origines, il se passionnait pour toutes les formes de chroniques. Avec l'agonie de la République et la révolution césarienne, le besoin de vengeance, de justification, de propagande ouvrit la carrière à une multitude de vocations d'historiens. À en juger par la masse des ouvrages dont nous avons la trace et qui ont péri corps et biens (chaque règne avait son historiographe, Agrippine, Hadrien et Septime Sévère avaient eux-mêmes laissé des Mémoires, Germanicus, Trajan et Lucius Verus veillaient à la relation de leurs guerres en Orient, etc.) et au vu des nombreux récits qui ont surnagé par miracle (les campagnes de Tibère par Velleius Paterculus, et la guerre des Juifs de Flavius Josèphe) on peut évaluer la richesse des sources auxquelles se référaient les « grands » de la profession. Et si l'on se souvient que Suétone était le directeur des Archives impériales on apprécie toute la valeur des informations dont il est prodigue.

Ces Archives étaient monumentales dans un État formaliste, aux structures bureaucratiques. Si confidentielles fussent-elles, elles ne l'étaient jamais longtemps car les successions se passaient généralement mal et, à l'exception des couples Vespasien-Titus, et Antonin-Marc Aurèle, chaque nouveau règne laissait volontiers éventer les secrets du précédent pour le discréditer à son propre avantage. Aussi l'Histoire pouvait-elle s'écrire à chaud, d'autant que les auteurs n'étaient jamais loin des foyers de l'action. L'un d'eux s'y brûla sous Tibère, l'historien-sénateur Cremutius Cordus qui périt avec son œuvre. Est-ce parce que Tacite craignait un sort semblable qu'il entra dans le silence sous Hadrien, avant d'avoir raconté, comme il l'avait promis, « le bonheur des temps actuels » ? Ce bonheur était mitigé. Nous retrouvons là une des zones d'ombre que nous avons côtoyées dans nos récits et sur lesquelles nous nous étions promis de revenir.

La mort de Trajan et l'avènement d'Hadrien demeurent un sombre mystère au sein d'une période heureuse entre toutes de l'Histoire romaine. On a vu qu'un accident cérébral avait frappé l'*Optimus Princeps* alors qu'il revenait d'une campagne difficile chez les Parthes. Contrarié, mais vainqueur tout de même, il rentrait par mer à Rome où un triomphe l'attendait. Il n'y arriva pas. On dut le débarquer, agonisant, dans le petit port de Sélinonte en Cilicie. Tout ce que nous savons, c'est que l'Empire resta sans maître pendant trois jours, jusqu'à ce qu'Hadrien, le neveu demeuré à Antioche, se fît proclamer en vertu de lettres d'adoption qu'il venait de recevoir. L'*Histoire Auguste* qui rapporte cette version, mentionne aussi les rumeurs d'une imposture organisée par l'Impératrice Plotine : caché sous le lit du mourant quelqu'un aurait contrefait sa voix. Cette hypothèse ne serait pas crédible si nous n'avions cet autre témoignage de Dion Cassius : « Hadrien ne fut jamais adopté par Trajan. Mon père Apronianus, qui gouvernait la Cilicie et était très bien informé des affaires d'Hadrien, m'a raconté que l'on tint secrète pendant quelques jours la mort de Trajan afin d'arranger l'adoption d'Hadrien et que la dernière lettre qui fut envoyée au Sénat sous le nom de Trajan était signée non de lui, mais de Plotine, pratique tout à fait insolite. »

Tous les éléments d'un drame eschylien sont réunis pendant quelques heures à Sélinonte. Trajan est paralysé, Plotine, la femme de sa vie, est à son chevet. On sait qu'elle a un très fort penchant pour son neveu Hadrien — mais jusqu'où ? Le préfet du Prétoire, Attianus, est présent : il a déjà attaché son sort à celui d'Hadrien, pour le compte de qui il va bientôt faire exécuter les quatre grands « maréchaux » de Trajan. Un troisième homme est dans l'ombre de l'*Imperator* foudroyé, l'aide de camp Phaedimos, dont une pierre tombale atteste la mort le lendemain même de celle de son chef. Alors peut-on continuer à croire les historiens qui parlent de succession naturelle sous prétexte que Trajan avait favorisé la carrière de son neveu ? Faut-il remettre en question les appréciations des modernes sur la grandeur morale d'Hadrien ? Les biographes anciens nous ont mis sur la piste d'une énigme, libre à nous d'en proposer les solutions.

Tacite nous avait déjà laissé devant des problèmes non moins troublants lors de la mort d'Auguste. Là encore la modeste maison où s'est éteint l'Empereur a été mise en état de siège pendant plusieurs jours, le temps, avons-nous écrit, « de nettoyer le terrain avant que ne s'engage la bataille de la succession : il y a deux êtres de trop... » La suite nous échappe. Les sources ne manquent pourtant pas sur le destin sinistre de Julie, la fille unique d'Auguste, et celui des enfants qu'elle avait eus d'Agrippa, mais le mystère subsiste autour des raisons exactes de la déchéance de la mère et de son dernier fils, puis des circonstances de leur suppression. Les allusions plus ou moins concordantes de Tacite, Suétone, Sénèque, Pline l'Ancien, Dion Cassius, se heurtent visiblement ici au mur du secret d'État. Nous savons qu'Auguste a condamné Julie et Posthumus à la relégation, puis les a exclus de son testament et de son Mausolée, mais il est douteux qu'il ait lui-même donné l'ordre de les faire disparaître à sa mort. « Il n'a jamais fait couler le sang d'un des siens », affirme Tacite. Mais ni Livie, ni Tibère ne voulaient se salir les mains et couvrir les exécutants qui, semble-t-il, se rebiffèrent. Alors l'enquête reste ouverte. Elle est fascinante.

Continuons à remonter le temps : la mort de César dont nous possédons plusieurs récits d'époque (Suétone, Plutarque, Dion Cassius, Appien...) nous laisse sur beaucoup d'interrogations. La première est celle-ci : y avait-il complot ? Oui, sans doute, si l'on peut appeler comploteurs un nombre indéterminé d'hommes mus par des motifs différents, engagés au cours de palabres fumeux, sans programme, pressés par une échéance, passant à l'action dans une enceinte fermée, au milieu de plusieurs centaines de collègues aux réactions imprévisibles. En vérité, c'est l'absurde témérité ou, si l'on préfère, la folle légèreté de l'entreprise qui assura sa réussite. L'Empire d'Auguste ne tarda pas à en tirer les leçons et aucune conspiration, sauf celles qui se tramaient dans la chambre même ou dans les postes de garde des nouveaux Césars, ne fut menée à son terme. Toutes furent dénoncées et férocement réprimées. Seule la molle tentative de Cinna s'acheva opportunément dans les embrassades. Une seconde question se pose à propos de César : se croyait-il protégé par une chance surnaturelle, était-ce son orgueil qui le poussait à prendre des risques démesurés, ou bien s'abandonnait-il à un fatalisme désabusé ? Cette dernière hypothèse romantique a été émise par des contemporains dont Suétone se fait l'écho. Elle est en contradiction apparente avec la vitalité d'un homme de cinquante-six ans qui se prépare à une gigantesque campagne de conquête. Mais elle est plausible chez le dictateur perpétuel de Rome, le Grand Pontife, qui pense prendre définitivement congé d'une politique dont il méprise, après en avoir usé, les médiocres dimensions locales.

Il se sait menacé, pourtant il ne peut pas croire que ses opposants oseront aller jusqu'au sacrilège. À ceux qui lui conseillaient de se méfier de Brutus il a répondu en se touchant le corps : « Bah, il attendra bien que cette chose tombe enfin toute seule... » et à d'autres : « Ces gens sont plus intéressés que moi à ma sauvegarde. » Sans doute était-il convaincu que son Destin l'attendait ailleurs, et Cicéron n'avait pas tort quand il disait que César ne serait jamais revenu d'Orient. Voulait-il vraiment être Roi ? Cette troisième question n'est vaine que pour nous, elle était essentielle pour les Romains, elle fut le fil rouge du complot, sa motivation, et son excuse. Mais ce fil était fragile. Que le consul Antoine se fût débarrassé trois minutes plus tôt de l'interlocuteur qui le retenait à dessein sur le parvis (Brutus Albinus selon les uns, Caïus Trebonius selon d'autres), qu'il eût ouvert la séance et mis en discussion la motion constitutionnelle convenue, et les conjurés n'eussent peut-être plus été en position d'encercler César. Celui-ci fût reparti muni de l'autorisation de ceindre le diadème royal en Orient et il eût délivré Rome de sa présence écrasante.

L'hypothèse bouscule alors l'Histoire, elle lui fait gagner trois siècles : César prend de vitesse Dioclétien et Constantin, c'est lui qui installe le centre du pouvoir universel à quinze cents kilomètres plus à l'est, sur les Détroits, choix stratégique meilleur que celui d'Alexandrie. Son successeur, son neveu Octave qu'il a déjà adopté, ne sera pas le champion de la vieille Rome et de l'Occident, ce rôle sera tenu par Antoine qui, demeuré en Italie, perdra d'ailleurs la bataille navale d'Actium remportée par Octave et son amiral Agrippa. Ce dernier devenu dans cette histoire-fiction l'amant de Cléopâtre adoptera Césarion qu'on opposera à Octave comme seul héritier direct de César. Octave, preuves à l'appui, contestera cette filiation. Il ira reconquérir l'Égypte et se l'appropriera. Il prendra le nom d'Auguste, se fera plébisciter par les sujets de l'Empire et portera le diadème à Byzance... De là il reviendra s'emparer de Rome et en chassera la République, etc. Cette hypothèse n'est, après tout, que le cauchemar de Brutus, elle a eu lieu dans sa tête, cette tête au front bas et aux cheveux mal plantés.

Paradoxalement nos informations les plus sûres concernent les caractéristiques physiques les plus intimes de nos personnages. Le naturalisme régnait sur les arts plastiques et la littérature au point que la Galerie des bustes est toujours une parfaite illustration, voire un approfondissement, des portraits psychologiques tirés des biographies romaines. De César nous savons évidemment, tant il s'est ingénié à le cacher, qu'il était chauve et sujet à vertiges. Son visage du Musée de Berlin taillé dans le basalte vert est impressionnant d'autorité et de dédain : son génie s'ennuyait dans son siècle. Beaucoup mieux adapté fut Auguste que nous ne voyons malheureusement que comme un perpétuel Octave sur des statues apolliniennes, mais dont nous connaissons surtout les infirmités : sa jambe gauche faible qu'il appareillait de sangles, l'index droit engourdi, le foie fragile, la vessie encombrée de calculs. Nous n'avons pas inventé non plus ses accoutrements de toges et ses bandes molletières, ni ses plaques de rousseur sur le corps. Pourquoi aurions-nous ajouté aux détails triviaux que nous fournissent Suétone et Tacite qui connaissaient bien leur sujet ? De même nous n'avons aucune raison de douter des témoignages de Philon d'Alexandrie qui, à la tête de l'Ambassade juive auprès de Caligula, fut frappé par son agitation pathologique. Quand Sénèque fait une caricature de Claude, il a le modèle sous les yeux, et quand Pline l'Ancien nous informe de la myopie des yeux verts de Néron, nous pouvons le croire. Plus tard, quand l'*Histoire Auguste,* après nous avoir parlé du corset orthopédique d'Antonin, nous décrira les symptômes de l'ulcère gastrique de Marc Aurèle, de l'amygdalite de Commode et de sa tumeur à l'aine, nous contrôlerons ces diagnostics dans les ouvrages du médecin Gallien.

Nul besoin donc de faire appel à l'imagination pour mettre en situation nos personnages. Les bustes officiels de Caracalla rendent suffisamment compte de la tragédie que fut sa vie, les médailles des femmes de sa famille et de ses neveux donnent un sérieux crédit aux incohérences de leurs règnes, telles que les rapporte l'*Histoire Auguste.* Aussi notre lecteur peut-il refermer ce livre avec l'esprit rassuré : tout y est historique, et quel intérêt l'Histoire aurait-elle à nous tromper ?

REPÈRES CHRONOLOGIQUES

CÉSAR	assassiné	15 mars 44 av. J.-C.
AUGUSTE	mort naturelle	17 août 14 ap. J.-C.
TIBÈRE	mort naturelle	17 mars 37
CALIGULA	assassiné	24 janvier 41
CLAUDE	empoisonné	12 octobre 54
NÉRON	suicidé	11 juin 68
VESPASIEN	mort naturelle	24 juin 79
TITUS	mort naturelle	13 septembre 81
DOMITIEN	assassiné	18 septembre 96
NERVA	mort naturelle	27 janvier 98
TRAJAN	mort naturelle	8 août 117
HADRIEN	mort naturelle	10 juillet 138
ANTONIN	mort naturelle	7 mars 161
MARC AURÈLE	mort naturelle	17 mars 180
COMMODE	assassiné	31 décembre 192
PERTINAX	assassiné	28 mars 193
SEPTIME SÉVÈRE	mort naturelle	4 février 211
CARACALLA	assassiné	8 avril 217
ÉLAGABAL	assassiné	22 mars 222
SÉVÈRE ALEXANDRE	assassiné	9 mars 235

REPÈRES HISTORIQUES

	Avant J.-C.
Naissance de César	juin 101
César en Gaule	58-50
Passage du Rubicon	janv 49
Mort de Pompée	48
César en Égypte	48-47
Octave Triumvir	nov. 43
Suicide de Brutus. Meurtre de Cicéron	déc. 43
Octave plébiscité en Occident	32
Bataille d'Actium	2 sept. 31
Suicide d'Antoine et Cléopâtre	août 30
Virgile : *Géorgiques*	29
Octave devient Auguste	31 janv. 27
Tibère en Pannonie	mars 12

	Après J.-C.
Désastre de Varus en Germanie	9
Tibère en Germanie	11
Tibère quitte Rome pour Capri	28
Chute de Séjan	31
Campagne de Claude en Bretagne	43
Corbulon conquiert l'Arménie	58-62
Assassinat d'Agrippine	59
Incendie de Rome. Chrétiens persécutés	64
Suicide de Sénèque	65
Soulèvement des Juifs en Judée	67
Prise de Jérusalem par Titus	70

Éruption du Vésuve. Fin de Pompéi	70
Massada	73
Trajan conquiert la Dacie et l'Arabie	105
Tacite : *Annales*	112-113
Campagne parthe de Trajan	115-116
Soulèvement des Juifs en Orient	117
Suétone : *Vies des douze Césars*	119
Mur d'Hadrien en Écosse	141-143
900e anniversaire de Rome	148
Lucius Commodus co-Empereur	161-169
Campagne parthe de Marc Aurèle	161-166
Peste en Europe. Attaque des Germains	167
Première campagne germanique de Marc Aurèle	170-175
Usurpation d'Avidius Cassius en Orient	175
Deuxième campagne germanique de Marc Aurèle	177-180
Conspiration de Lucilla contre Commode	182
Conquête du pouvoir par Septime Sévère	193-197
Campagne parthe de Septime Sévère	198
Septime Sévère en Bretagne	208-211
Campagne parthe de Caralla	215-217
Campagne parthe de Sévère Alexandre	231-234
Assassinat de Maximun	238
Les Alamans et les Francs en Gaule	252
Campagne parthe de Valérien, capturé par Sapor	259
Aurélien capture Zénobie	273
« Anarchie militaire »	275-284
Avènement de Dioclétien	284
Avènement de Constantin	306
Avènement de Julien	361
Prise de Rome par Alaric	410

PAO éditions
Achevé d'imprimer sur presse CAMERON
dans les ateliers de la S.E.P.C.
à Saint-Amand-Montrond (Cher)
en octobre 1994

N° d'édition : 217. N° d'impression : 2585.
Dépôt légal : octobre 1994

Imprimé en France